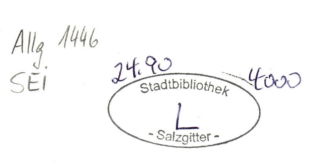

Constantin Seibt · Deadline

CONSTANTIN SEIBT

Deadline

WIE MAN BESSER SCHREIBT

KEIN & ABER

Die Texte in dem vorliegenden Band sind eine überarbeitete Auswahl
des Blogs »Deadline« des *Tages-Anzeigers*, Zürich.
Kapitel 5.6 ist in ähnlicher Form als Vorwort des Buches
Live-Ticker (Echtzeit Verlag, Basel 2012) erschienen.

Diskutieren Sie mit: www.blog.tagesanzeiger.ch/deadline

Satz: Dörlemann Satz, Lemförde
Druck und Bindung: CPI – Ebner & Spiegel, Ulm
ISBN 978-3-0369-5685-5
Auch als eBook erhältlich

www.keinundaber.ch

Für Rachel und Lynne, die zwei Zimmer weiter schliefen,
als ich das meiste hiervon schrieb.
Und für alle, die im Büro träumen.

Inhalt

Vorwort
Eine Menge Ärger 13

Die Lage
Fünfzehn Thesen zum Journalismus im 21. Jahrhundert 17

1 DER ROHSTOFF

1.1 Der Produzent
Journalismus ist ein Existenzialismus 27

1.2 Das Produkt
Die letzte exklusive Ware: Komprimierte Zeit 31

1.3 Das Rezept
Wie wäre es, wenn wir es ganz anders machten? 35

1.4 Das Motto
Sagen, was ist 40

2 STORYIDEEN

2.1 Die beste Storyidee der Welt
Warum wirklich gute Einfälle selten neu sind 45

2.2 Fruchtbare und nicht fruchtbare Ideen
Es sind die Fragen, nicht die Gewissheiten, Dummkopf 46

2.3 Die zwei Richtungen der Recherche
Der Journalist als Detektiv 50

2.4 Die Entwicklung von Ideen
Wie man das Unbekannte im Bekannten entdeckt 57

2.5 Der 360-Grad-Blick
Wie Storyideen blind machen 63

2.6 Ideen ausbauen und sterben lassen
Töten Sie den Tyrannosaurier, aber ziehen Sie Ihr Baby groß! 67

3 TRICKS UND TECHNIKEN

3.1 Die Ratteninsel, Teil I
Die Theorie 77

3.2 Die Ratteninsel, Teil II
Die Praxis 79

3.3 Zwischentitel
Das Problem der Übergänge 87

3.4 Im Notfall
Werfen Sie Glasperlen vors Volk 91

3.5 Wie-Vergleiche
Der schärfste Spezialeffekt beim Schreiben 93

3.6 Zitate, Teil I
Beweis es, du Bisamratte! 101

3.7 Zitate, Teil II
Das Klassikerzitat als Waffe 105

3.8 Schwurbel
Eine Frage des Respekts 110

3.9 Personenbeschreibungen
Jeder Krüppel hat seine eigene Art zu laufen 114

3.10 Halbdistanz
Schreiben Sie Kino! 120

3.11 Schlüsse
Der elegante Schwanzbeißer 124

4 DIE SCHWARZE LISTE

4.1 Scheiß-Detektor, Teil I
Guter Stil 129

4.2 Scheiß-Detektor, Teil II
Thesen zu Thesen 132

4.3 Scheiß-Detektor, Teil III
Billige Tricks 136

4.4 Redigieren, Teil I
Der 2/3-Trick 141

4.5 Redigieren, Teil II
Töten Sie Ihre Feinde! 144

5 GENRES

5.1 Die Breitleinwand-Nacherzählung
Der Journalist als Historiker der Gegenwart 155

5.2 Der Dreispalter
Journalismus aus dem Mittelalter 159

5.3 Dreispalter vs. Kurzporträt
Die hässliche und die schöne Schwester 161

5.4 Der CEO-Text
Porträt oder Landschaft? 166

5.5 Das Königsdrama
Shakespeares Rückkehr 171

5.6 Der Liveticker
Das letzte große Abenteuer 177

5.7 Der Ich-Artikel
Die drei schmutzigen Buchstaben 181

5.8 Der Szenetext
Das Rezept für einen Becher Gift 187

5.9 Der Maßanzugsartikel, Teil I
Der Journalist als Dandy 192

5.10 Der Maßanzugsartikel, Teil II
Wie man einen Welterfolg landet 199

6 THEORIE UND PRAXIS DER KOLUMNE

6.1 Eingekaufte Köpfe
Warum Kolumnen hassenswert sind 207

6.2 Das Scheitern in Serie
Warum Sie zu uninspiriert sind. Zu langweilig.
Und Ihre Meinungen nichts wert 210

6.3 Der Motor der Kolumne
Wie man Ideen frisiert 215

6.4 Anatomie einer Kolumne
Die Simulation von Inspiration 220

6.5 Der Test
Werden Sie durch die Hölle gehen? 224

6.6 Das Honorar
Verhandle, gottverdammtes Arschloch 225

7 KARRIERETIPPS

7.1 Verkaufsargumente für Einsteiger
Eifersucht. Jugend. Sex mit der Chefetage 231

7.2 Frechheiten
Opportunismus für Fortgeschrittene 237

7.3 In der Redaktion
Wer für seine Zeitung arbeiten will, arbeitet gegen sie 239

7.4 Die Pflicht zur Größe
Warum man sich nicht in der Provinz hängen lassen sollte 244

7.5 Mut im Büro
Just give a damn! 248

7.6 Die Korruption des Geschäftsmodells
Die Frage ist nicht, ob Journalisten bestechlich sind.
Sondern, von wem 252

7.7 Die Korruption privat
Welches ist Ihr Preis? 257

7.8 Erfolgsrezepte
Was, wenn man Erfolg hat? 260

7.9 Trost
Drei Geißeln des Journalismus 263

8 DIE LESER

8.1 Was Leser beim Kaffee erwarten
Warum man in Tageszeitungen schreiben sollte 267

8.2 Kurze Theorie des Publikums
Alles Bastarde? 270

8.3 Geliebt werden
Wie verführe ich Menschen? 275

8.4 Zeit für Rache
Wie Sie einen Journalisten abschießen können 278

8.5 Blattkritik
Der Ein-Wochen-Chefredakteur 281

9 DIE ZUKUNFT DER ZEITUNG

9.1 Das Anti-Mainstream-Konzept
Eine Rede vor den Aktionären der Basler Zeitung 287

9.2 Die Strategie für die Zeitung von morgen, Teil I
Das Modell HBO 296

9.3 Die Strategie für die Zeitung von morgen, Teil II
Das Wagnis 301

Nachwort zum Problem der Magie
Warum es beim Schreiben keine Garantie gibt 310

Dank 314
Register 315
Quellenangaben 319

Vorwort
Eine Menge Ärger

Seit drei Nächten versuche ich, dieses Vorwort hinzukriegen. Bis jetzt vergeblich.

Es ist nicht gerade eine Empfehlung für ein Buch mit Tricks zum Schreiben, wenn der Autor schon bei den ersten Sätzen aus der Kurve fliegt. Aber Scheitern gehört zum Job.

Aus der Ferne ist Schreiben ein eleganter Beruf: Man braucht wenig Material dafür, lediglich einen Computer und etwas Frechheit. Und was zu tun ist, ist einfach: Sieh hin und schreibs auf.

Nur ist es verblüffend schwierig, das Wesentliche zu sehen. Und es hinzuschreiben, auch.

Dieses Buch handelt von allem Ärger, den man als professioneller Schreiber vor dem Computer hat: mit Ideen, Dramaturgie eines Texts, Redigieren und der eigenen Blindheit. Und von allem Ärger, den man als Journalist in seinem Job hat: mit Karriere, Geld, Lesern und der Pressekrise.

Aus der Ferne ist Journalismus ein erfreulicher Beruf. Er besteht aus einer Kette von kleinen Abenteuern. Und die Freiheit ist groß. Wie kaum ein anderer Büroangestellter hat ein Journalist die Kontrolle über sein Produkt. Zwar gibt es in jeder Redaktion eine Menge Chefs, doch mit etwas Erfahrung lassen diese sich austricksen. Die einzige Kompassnadel, die zählt, ist die eigene Nase.

Aber manchmal ist es eine schreckliche Freiheit. Für einen längeren Artikel muss man mehrere Dutzend Entscheidungen treffen. Trifft man zu viele falsch, oder trifft man sie nicht, passiert immer das Schlimmste, was einem als Autor passieren kann: Aus einer lebendigen Geschichte wird ein lebloses Stück Text. Man produziert eine Leiche.

Und wenn das passiert, gibt es keinen anderen Schuldigen als: ihn. Er hat es vermasselt. Kein Wunder, dass sich zuweilen selbst Profis wünschen, sie hätten einen angenehmeren Job gelernt, etwa Kanalreiniger.

Doch das ist nur die Hälfte des Ärgers. Das Internet hat den Journalismus radikal verändert. Traditionelle Nachrichtenorganisationen haben große Teile ihrer Einnahmen ans Netz verloren. Und das Verhältnis zum Publikum hat sich um 180 Grad gedreht. Früher schrieb ein Journalist für abhängige Abonnenten. Heute konkurriert er im Netz mit der weltweiten Unterhaltungsindustrie.

Der verschärfte Kampf um Aufmerksamkeit bedeutet, dass die eingespielte Maschinerie der Tageszeitung neu gedacht werden muss: von den Artikeln bis zur Strategie. Die bisherigen Produkte und Routinen sind nicht mehr zeitgemäß. Sie zielen alle auf das traditionelle Publikum: auf die nun langsam aussterbenden Abonnenten ohne Alternative. Für den Journalismus im 21. Jahrhundert braucht man neue Konzepte.

In der Chefetage findet man dafür kaum Interesse. Die meisten Verlage haben als zentrales Gegenmittel zur Zeitungskrise das Sparen entdeckt. Und wurden süchtig danach. Erst schnitten sie das Fett weg, dann Muskeln und Blutbahnen.

Tatsächlich ist es erstaunlich, wie wenig selbst große Medienkonzerne trotz der Krise über Journalismus nachdenken. Und etwa systematisch Entwicklungsabteilungen ins Leben rufen: für neue Produkte und eine neue Haltung bei den alten. Sie haben für den Journalismus im 21. Jahrhundert nicht nur kein Konzept, sie haben nicht einmal die Melancholie, keins zu haben. Doch damit sind sie nicht allein. Auch die meisten Redaktionen reagieren erstaunlich defensiv: Sie machen lieber das Blatt für morgen früh statt das Konzept für morgen.

Für den einzelnen Journalisten bedeutet das: Auf Hilfe von

oben kann man nicht hoffen. Deshalb macht sich dieses Buch nicht nur Überlegungen zum journalistischen Handwerk. Sondern auch zur Frage: Mit welcher Strategie überlebt man als einzelner Journalist im 21. Jahrhundert?

Der Grund, warum die Nachrichtenindustrie so konservativ ist, lässt sich in vier Worten beschreiben: über hundert Jahre Erfolg. Kein Wunder, dass die Branche auch unter Druck wenig nachdenkt. Und das ist auch der Ansatzpunkt für jede zeitgemäße publizistische Strategie. Nach hundert Jahren Erfolg kann man mit einer Menge Kalk im System rechnen: mit erstarrten Routinen, übersät mit blinden Flecken.

Der Konservativismus der eigenen Branche ist die verlässlichste Ressource, die man als Journalist in der Krise hat. Und die Rebellion dagegen ist die vernünftigste Strategie, auf die man setzen kann. Nicht zuletzt, weil man sich in der Aufmerksamkeitsbranche befindet. In dieser wird die Abweichung honoriert, nicht die Norm.

Deshalb lautet die zentrale Frage in diesem Buch: »Wie wäre es, wenn wir es ganz anders machten?« Sie ist die entscheidende Überlegung in jeder Situation: beim Schreiben eines Artikels, beim Nachdenken über die eigene Haltung, bei der Konzeption der gesamten Zeitung.

Wie man das in der Praxis macht, darum dreht sich dieses Buch. Es geht um praktische Tricks beim Schreiben. Um die Haltung zur Welt, zu Texten, zum Publikum, zur Karriere. Und im letzten Kapitel um eine publizistische Strategie, wie die Tageszeitung in der heutigen Zeit zu machen wäre.

Fast alle Kapitel dieses Buchs wurden neben meinem Job als Reporter beim *Tages-Anzeiger* in Zürich geschrieben, meist nach Mitternacht, wenn das Kindchen schlief. Sie erschienen ursprünglich als Blog auf der Website der Zeitung. Für dieses Buch wurde das Material geordnet, gekürzt, ergänzt, verschlagwortet.

Die meisten dieser Kapitel behandeln meine eigenen sowie die berufsüblichen Katastrophen. Also die Momente, in denen ich beim Schreiben im Sumpf landete und nachdenken musste, was schieflief. Und wie ich mich und den Artikel retten könnte.

Deshalb ist der Journalismus auch ein abenteuerlicher Beruf: Es geht im Kleinen immer darum, dass man überlebt. Und im Großen auch.

Die Lage
Fünfzehn Thesen zum Journalismus im 21. Jahrhundert

Ladies and Gentlemen,

willkommen an Bord der prächtigen, aber sinkenden Galeere des Printjournalismus. Zwar herrscht in Zeitungen seit Jahrhunderten dieselbe Zeit wie auf dem Meer oder im Totenreich: eine ewige Gegenwart. Aber irgendwann findet auch diese ihr Ende.

Jedenfalls ist es fast Selbstmord, in diesem Gewerbe zu arbeiten, ohne über dessen Zukunft nachzudenken. Die Gründe sind bekannt: Das traditionelle Geschäftsmodell zerfällt. Es bestand darin, Zeitungen an die Leser und die Leser an die Werber zu verkaufen. Nun verschwindet die Werbung ins Netz und die jüngeren Leser auch. Printjournalisten sind längst – wie alternde Schlagersänger – zum größten Teil in der Seniorenunterhaltung tätig.

Als die Einnahmen sanken, verfolgten die Galeereneigner – die Verleger – im Kern zwei Strategien. Erstens das Zusammenstreichen und Zusammenlegen von Abteilungen. Zweitens versuchten sie, ihr Produkt irgendwie im Netz zu vermarkten.

Die Sparmaßnahmen hatten einen gewissen Erfolg. Denn das Internet erwischte die Zeitungsbranche 2001 auf ihrem Höhepunkt. In den zehn Jahren davor waren die Zeitungen Gelddruckmaschinen gewesen. Sie waren – ironischerweise gemästet durch die Anzeigen der Internet-Start-up-Unternehmen – fetter denn je: in Sachen Umfang, Redaktion, Etats, Teppichetage, Overhead. Entsprechend orgiastisch konnte gestrichen werden.

Eine Zukunftsstrategie ist die fortgesetzte Synergie- und

Streichungsorgie nicht. Außer, man glaubt an eine homöopathische Wirkung: Dass eine Substanz umso stärker wirkt, je stärker sie verdünnt wird.

Ein solider Ersatz für das Geschäftsmodell wurde im Netz bisher nicht gefunden. Zwar wird viel experimentiert. Doch das alte Modell – Werber UND Kunden bezahlen – funktionierte für große Nachrichtentanker bisher nur bei wenigen First-Class-Produkten der Finanzpresse. Hier bezahlen die Kunden. Sonst zahlen sie fast nie. Verglichen mit dem vorherigen Geschäft, verdienen Zeitungsredaktionen im Netz nur Peanuts.

Kurz: Der Sturm in unserer Branche ist noch lange nicht am Ende. Er hat erst begonnen. Dieses Buch befasst sich mit den Konsequenzen der Krise. Leider nicht vorrangig auf der Ebene des Geschäftsmodells. (Hätte ich dazu das todsichere Konzept, würde ich überhaupt nichts mehr schreiben, sondern nur noch gelegentlich schreiben lassen – und zwar ausschließlich Schecks von den Verlagshäusern.)

Neben dem Geschäftsmodell hat die neue Lage im Journalismus auch enorme praktische Konsequenzen für Journalisten, ihre Storys und die Organisation des Zeitungmachens. Darum geht es hier. Der Journalismus muss im 21. Jahrhundert neu erfunden werden.

Dazu folgende fünfzehn Thesen:

1. **Was wir verkauft haben, war eine Gewohnheit.** Über Jahrhunderte hielten Journalisten Nachrichten für ihr Kernprodukt. Das stellt sich nun als Irrtum heraus. Das wahre Produkt, das eine abonnierte Tageszeitung verkaufte, war eine Gewohnheit. Die Gewohnheit, sich am Morgen ohne Kaffee, Zigarette und Zeitung schlecht zu fühlen. Nun fällt bei den nachwachsenden Generationen die Zigarette weg. Und das Zeitungsabonnement.

2. **Nachrichten sind keine attraktive Ware mehr.** Das ehemalige Kernprodukt, die Nachrichten, ist inflationär geworden. Information dringt 24 Stunden pro Tag aus dem Netz. Das News-Business ist zwar knochenharte Arbeit für Profis: Verlangt wird Genauigkeit bei höchstem Tempo. Doch das Verkaufsargument für das Publikum – Nachrichten möglichst in Echtzeit – garantiert den schnellen Verfall der Ware: Jede neueste Nachricht killt die vorherige. Kein Wunder, dass bei Teilen des Publikums Information längst keine respektierte Ware mehr ist. Sie gleicht eher einer Belästigung. Nicht zuletzt, weil Kopieren so einfach ist. Selbst spektakuläre Scoops, also skandalöse Enthüllungen, sind nur Minuten Eigentum des Mediums, das die Recherchen bezahlt hat. Dann stehen sie auf allen Websites der Konkurrenz.

3. **Die Kanzel ist kaputt.** Wir leben in einer Welt, die Verlierer verachtet. Und gehören nun auch dazu. Der ökonomische Rückgang der Presse bedeutet nicht zuletzt: Machtverlust. Publikum wie Machtträger haben deutlich an Respekt verloren. Und an Frechheit gewonnen. (Wers nicht glaubt, lese die Online-Kommentare unter seinem Artikel. Oder trinke einen Kaffee mit den Leuten von Konzernen und Politik.)

4. **Der Journalist kann sich auf nichts mehr verlassen.** Der heutige Journalist sitzt somit gleich dreifach in der Klemme: Sein bewährtes Produkt, die Nachricht, ist fast wertlos. Ebenso zerfällt seine Definitionsmacht – die Kanzel ist ihm unter dem Hintern weggeschossen worden. Und für seinen Arbeitgeber ist er ein bald zu streichender Kostenfaktor.

5. **Bravheit und Effizienz sind tödlich.** Was also tun? Der Weg, die bewährte Arbeit zu optimieren, also noch besser, schneller, effizienter zu tun, ist Selbstmord. Alle Massenentlassungen der letzten Zeit trafen in ihrer Mehrheit kompetente

Leute: Menschen, die seriös, verlässlich, fleißig ihren Job machten. Nichts ist tödlicher, als ein treuer Soldat in einer verlierenden Armee, ein gut funktionierendes Rad in einer veraltenden Maschine zu sein.

6. **Wir erleben eine Zeitmaschine:** Tausendfünfhundert Jahre zurück. Die Situation von Zeitungen und jedem einzelnen Journalisten hat sich mit dem Internet um über tausend Jahre verlagert. Quasi vom Mittelalter zurück ins antike Athen: Von der sicheren Abonnementskanzel vor der braven Herde hinunter auf den profanen Marktplatz – in den Nahkampf unter die Eselhändler, Marktschreier, Philosophen, Prediger, Messerverkäufer und Scharlatane. Eins kann sich hier niemand leisten: Unauffälligkeit.

7. **Das Publikum muss immer wieder neu erobert werden.** Die wichtigste Qualität, die ein Journalist auf diesem Markt verkauft, heißt zwar immer noch Verlässlichkeit. Aber was bisher Verlässlichkeit bedeutete – regelmäßige Produktivität und seriöse Fakten –, meint dies nur in zweiter Linie. Das eigentliche Produkt ist die verlässliche Erregung von Aufmerksamkeit. Oder präziser und härter gesagt: von Begeisterung. Denn anders als aus Begeisterung zahlt niemand mehr auf dem Markt des 21. Jahrhunderts. Besonders, da die Zeitungspreise weiter steigen werden, weil die Werbung schneller verschwindet als die Leser.

8. **Wir brauchen eine komplett neue Strategie.** Begeisterung frei flottierender Leser ist ein anderes Ziel als die Befriedigung eines Abonnementpublikums. Befriedigung heißt im Kern Nicht-Enttäuschung. Und lässt sich deshalb weit leichter durch eine Art Industriestandard abdecken: durch meist verlässliche Fakten, durch eine verlässliche Mischung von harten und weichen Themen, Nachricht und Kommentar,

links und rechts, Inland und Ausland, Ernst und Zuckerguss. Also durch das, was wir können. (Mal besser, mal schlechter.) Begeisterung hingegen ist Sache des Lesers und wie jeder Publikumserfolg nicht direkt planbar. Es sind nur die Chancen maximierbar, genügend oft einen Hit zu landen, damit das Publikum in der Hoffnung auf einen weiteren zurückkommt. Und irgendwann Stammgast wird.

9. **Fakten sind Dreck – wie jeder Rohstoff.** Die wichtigste handwerkliche Konsequenz für unser Produkt betrifft etwas, was die besseren Journalisten schon immer gewusst haben: Fakten sind Dreck – so wie jeder Rohstoff Dreck ist. Ihre Richtigkeit ist insofern wichtig, wie die Reinheit und Vollständigkeit von Zutaten beim Backen wichtig ist. Aber ein Kuchen sind sie noch nicht. Die Fakten müssen erst zu einer echten Geschichte gebacken werden: zu einer, die auch ohne jede Neuigkeit interessant wäre. Denn nur solche Geschichten reißen Leser mit.

10. **Stil ist eine große, ungenutzte Ressource.** Stil ist eines der letzten Tabus und eine der großen unerschlossenen Ressourcen im Journalismus. Dabei ist der Ton einer Geschichte die Hälfte der Botschaft – und der Ton fast aller Zeitungsstorys ist gleich. Er hinterlässt den gleichen monochromen Eindruck – egal, was und worüber der Journalist gerade schreibt. (Es läuft mit den Inhalten dieser Artikel dann sehr ähnlich wie der Witz mit dem Haarschneidehelm, dessen Erfinder man fragte: »Aber sind die Köpfe nicht verschieden groß?« Worauf dieser antwortete: »Ja, aber nur beim ersten Mal.«)

11. **Was Individuen anspricht: Individualität.** Der individuelle Ton jeder Story, jedes Journalisten, jeder Zeitung ist ihr bestes Verkaufsargument. Nicht, weil dieser in jedem Fall (vielleicht nicht einmal in der Mehrheit der Fälle) den Ge-

schmack der Leser trifft, sondern weil er, im Gegensatz zum neutralen Industrieton, die Möglichkeit hat, dann und wann Leser wirklich zu berühren oder zu begeistern. Da ein Massenmedium nicht alle seine Kunden persönlich ansprechen kann, muss die Individualität im Produkt stecken.

12. **Die Antwort auf unsere drei Hauptprobleme heißt: Stil.** Warum sollte gerade in der Epoche der Sparprogramme Zeit, Geld und Planung in Stil verschwendet werden? Weil Stil ein eleganter, energischer Weg ist, die drei zentralen Probleme im heutigen Journalismus gleichzeitig anzugehen: die angeschlagene Glaubwürdigkeit, die in Routine erstarrten Redaktionsstrukturen, das alternde Publikum. Zunächst zum Problem der Glaubwürdigkeit. Die Welt ist teuflisch komplex geworden. Ideologien aller Farbe haben sich blamiert. Aber nicht nur die Ideen: auch die Autoritäten. Politiker und Manager stürzen in rauen Mengen. Intellektuelle sind fast ausgestorben. Wir leben in einer Zeit der Ratlosigkeit. Das führt Journalisten in ein Dilemma. Man erwartet von ihnen Klarheit, Entschiedenheit, Aufrichtigkeit, Kompetenz. Und das in einer Welt der ramponierten Ideen und ramponierten Köpfe.

Woher also nehmen und nicht schummeln? Natürlich kann man Ersatzstoffe liefern: Meinung, Behauptung, neutrale Häppchen oder das Jesus-Spiel: die Neuankömmlinge heute bejubeln und morgen kreuzigen. Doch das ist alles billige Ware. Sich der Gegenwart zu stellen, heißt, sich der Komplexität zu stellen. Um die aufs Papier zu bringen, braucht es Stil. Oder genauer: mehrere Stile, je nach Sachlage. Stil ist nie Selbstzweck, er ist ein Maßanzug für die Fakten. Und somit die einzige Methode, komplexe Dinge zu sagen, ohne zu lügen und ohne an Schwung und Klarheit zu verlieren. Ohne raffiniertes Handwerk ist die Welt nicht mehr zu begreifen.

Zweitens zwingt die Förderung von Stil eine Zeitung zur Diskussion über ihre Erneuerung. Denn Stil ist das Gegenteil von Ornament, Design, Oberfläche. Er ist im Kern: Haltung. Haltung ist, sobald man sie hat, eine hocheffiziente Sache, denn sie zeigt sich in jeder Handlung, jedem Produkt. Das allerdings nur deshalb, weil Stil und Haltung keine einfache Sache sind (sie sehen nur so aus), sondern das Ergebnis von einer Menge Versuchen, Irrtümern und darauf folgenden harten Debatten. Diese müssen geführt werden, zu den uralten Fragen: Wohin wollen wir? Was wollen wir und was nicht? Und wie zur Hölle machen wir das am klügsten? Zeitungen scheuen diese Debatte: Naturgemäß interessiert sie weder Vergangenheit noch Zukunft, sondern nur die nächste Nummer. Doch die Mühe lohnt sich: Nichts verkauft sich besser als das eigentlich Unverkäufliche. Haltung ist auch auf dem Massenmarkt ein extrem gefragtes Produkt (von Johnny Cash bis Apple). Denn ein klarer Stil – also Produkt gewordene Haltung – fasziniert ein Publikum immer. Und das zuverlässig. Er schafft damit das, was wir zum ökonomischen Überleben dringend brauchen: eine überzeugte Gruppe von Lesern, eine zahlende Community.

13. **Autismus können sich nur Sieger leisten.** Involvierung der Leser ist die zweite große, ungenutzte Ressource im Journalismus. Dazu gehört zunächst Transparenz: der Blick des Kunden in Küche und Kochbuch. Das Zugeben von Fehlern, Unsicherheiten, leeren Flecken. Das regelmäßige Antworten auf Fragen des Lesers. Und noch wichtiger: dass von Zeit zu Zeit ernsthaft zurückgefragt wird. Denn nichts erobert Menschen leichter als echte Fragen. Und nur mit einer überzeugten Community wird eine Zeitung überleben. Zugegeben, ein kräftiger Schuss Autismus ist die Versuchung für alle Kommunikationsberufe. (Man muss einmal sehen, wie viele Fragen an Werber-, Künstler- oder Journalistenpartys gestellt werden: verdammt wenige.) Aber den Luxus des Autismus können sich eigentlich nur erfolgreiche Branchen leisten.

14. **Die Maschinerie der Zeitung muss umgebaut werden.** Neue Produktionsziele wie Transparenz, mehr potenzielle Hits, individuelle Töne, dazu ein untreueres, anspruchsvolleres Publikum – all das bedeutet, dass sich die riesige, seit Jahrzehnten eingespielte Maschinerie der Zeitung fundamental verändern muss. Doch Zeitungen haben den Wendekreis eines Tankers. Sie sind konservativ: Unhinterfragte Routine ist eine ihrer wichtigsten Ressourcen. Das ist kein Wunder, denn sie sind riesige, lange eingeschliffene Entscheidungsmaschinen. Pro Tag werden in einer größeren Redaktion ein paar Tausend kleinere und mittlere Entscheidungen getroffen. Um auf der Höhe der Zeit zu bleiben, müssen nun ein paar Hundert anders getroffen werden. Nur welche? Und wie? Das ist die Herausforderung für die Kapitänsetage: einen Tanker auf hoher See in ein anderes Schiff umzubauen.

15. **Du darfst alles verschwenden. Aber nie eine Krise.** Für Journalismus ist der Vertriebskanal letztlich irrelevant – die Gesetze der Aufmerksamkeit gelten für Papier wie für Tablets und sogar Smartphones. Auf die Länge gesehen, sind wir alle Online-Journalisten. Die Frage ist, ob und wie man die Institution einer großen Nachrichtenorganisation ins 21. Jahrhundert retten kann. Möglich, dass die Qualität der Arbeit dabei nur eine untergeordnete Rolle spielt: so wie bei vielen untergegangenen Branchen auch. Klar ist aber, dass sich die Chancen zum Überleben wesentlich verbessern lassen: durch Wachheit, cleveres Handwerk und ein wenig Mut. Dieser Beruf ist nicht bis zum Ende erfunden worden.

Darum, geehrte Damen und Herren, dreht sich also dieses Buch: um die Fragen einer zeitgemäßen Haltung im Journalismus, um effizienteres Handwerk, um Organisationsmodelle und wie immer, wenn es ums Schreiben geht, um die Neuerfindung der Welt.

1

Der Rohstoff

1.1 Der Produzent

Journalismus ist ein Existenzialismus

Teufel und Hölle, nach diesem Titel könnte man das Buch eigentlich schon wieder zuklappen. Denn das Wesentliche ist gesagt.

Das Wesentliche ist: Ein Profi recherchiert immer in zwei Richtungen. Nach außen, was die Fakten sind. Und dann nach innen, ins eigene Herz, was diese Fakten bedeuten.

Die zweite Recherche ist seltsamerweise nicht viel unkomplizierter als die erste. Zu wissen, was man eigentlich gesehen hat, ist oft geradezu lächerlich schwierig. Es ist aber unverzichtbar.

Denn die Frage ist jedes Mal, was der Haufen der zusammenrecherchierten Zahlen, Fakten, Statements eigentlich soll. Der neue Chef der indischen Regierungspartei oder der Großbank XY; der neueste Vorstoß dieser oder jener Partei; der örtliche Kaninchenzüchter mit dem rekordgroßen Hasen: All diese Themen in einer Tageszeitung zu bringen, scheint selbstverständlich.

Ist es auch. Immerhin muss die Informationspflicht erfüllt werden. Und die Zeitung gefüllt. Trotzdem stellt sich dem Leser bei jedem dieser Themen die Frage: Was geht es mich an? Und die Antwort lautet bei fast allen Artikeln für neunundneunzig Prozent der Leser: Eigentlich nichts.

Selbst wenn es ihn etwas angeht, ist kaum jemand in der Lage, aus den Informationen irgendeinen praktischen Nutzen zu ziehen oder etwas an der Sache zu ändern.

Das heißt zum Ersten: Wir sind nur offiziell im Informationsbusiness tätig. In Wahrheit sind wir im Zeitverschwendungsgeschäft. Unsere heilige Pflicht ist dieselbe, die auch verwandte Kaffeehausberufe wie Philosophie oder Literatur kennen: das Leben möglichst aufregend mit der Betrachtung desselben zu verbringen.

In der täglichen Praxis bedeutet das: Obwohl der Auftrag für einen Artikel von der Redaktion schon vergeben ist, der Platz in der Zeitung reserviert, das Gehalt dafür schon fast überwiesen, ist die Frage nach Sinn und Dringlichkeit dieses Artikels noch keinesfalls gelöst. Aber was zur Hölle ist dringlich? Hier gibt es nur eine einzige zweifelhafte Instanz, die das beantworten kann: der Mensch, der schreibt. Nicht die Redaktion, nicht irgendwelche Faustregeln, kein Kodex, kein Chef.

Die Frage muss gelöst werden, wenn man gelesen werden will. Der simple Grund dafür ist, dass Kommunikation eine verblüffend einfache Sache ist: Ein Mensch spricht von etwas, was ihm wichtig ist. Und dann hört der andere fast immer zu. Sonst nicht. Ohne Dringlichkeit regiert nur die Höflichkeit des Small Talks: Jemand tut so, als ob er spricht, und ein anderer, als ob er zuhört.

Gerade deshalb muss der Journalist immer von Neuem herausfinden, was ihn an dem Thema ehrlich etwas angeht. Denn ein Artikel, der auch nur einen Leser bewegen soll, muss zuvor seinen Autor bewegt haben. Daher bezieht sich die Meditation, was zum Teufel einen an der Sache etwas angeht, keineswegs nur auf leichte oder subjektive Genres wie Kommentar, Kolumne oder Porträt. Sondern auf alle. Speziell auf die harten und trockenen Stoffe. Also auf Routinedinge wie Pressekonferenzen, auf Folterthemen wie Renten-Debatten, auf komplexe wie die Finanzkrise.

Der größte Feind jedes Journalisten, der gelesen werden will, ist die Konvention. Sie fängt im Deutschunterricht an, mit der klassischen Aufsatzstruktur: Sage, was du sagen wirst – sag es – sage, was du gesagt hast. Und setzt sich dann in Journalistenschulen und der Redaktion fort. Etwa mit den fünf W-Fragen oder der Magazin-Regel mit dem szenischen Einstieg oder der Tageszeitungsregel, das Aktuelle im ersten Absatz zu bringen. All das sind zwar vernünftige Faustregeln. Aber nur für die Fälle, in denen einem nichts einfällt.

In ihrer automatischen Anwendung sind diese Regeln tödlich. Sie bringen jeden Stoff in dieselbe Form. Und vernichten ihn dadurch. Denn egal, um was es geht, alles klingt gleich. Zwar kann niemand protestieren, nicht der Leser, nicht der Schlussredakteur, da alles saubere Arbeit ist. Nur, man verbreitet Langeweile.

Hört man hingegen auf sein Herz, geht es um zwei Dinge: Erstens um den Grundton des Artikels und zweitens um das Finden des wirklichen Inhalts.

Der Ton ist die wichtigste Entscheidung. Nehmen wir das klassische Beispiel: der Kaninchenzüchter-Artikel. Ein Mann hat – und deshalb wird der Journalist hingeschickt – den größten Rammler des Landes gezüchtet. Sie sprechen mit ihm. Und dann fragen Sie sich Folgendes:

Ist das, was Sie gesehen haben, eine Liebesgeschichte: Ein Mann und ein Rammler, ein Herz und eine Seele? Oder eine Tragödie: Ein Mann lebt ein einsames Leben für die Hasenzucht? Oder ein weiteres Kapitel der Bibel: Und siehe, der Mensch macht sich die Erde untertan? Eine Geschichte des mörderischen Ehrgeizes in der neiderfüllten Hasenzüchterszene? Die Geschichte eines wahr gewordenen Traums: Ein kleiner Junge züchtet Hasen, und heute, mit achtundsiebzig, hat er den größten Rammler? Eine technische Frage: Ein Ingenieur, der die Hasenzucht optimiert?

Komödie, Tragödie, Intrige, Kindheitsgeschichte, oder was immer Sie auch hier entdecken: Dies ist der Ton und der Kern der Story. Nicht Herr X und der XY Kilogramm schwere Hase. Sondern das, was Sie darin gesehen haben.

Das gilt auch für sehr kaninchenferne Themen wie, sagen wir, Finanzderivate. Nehmen wir an, Sie wollen über die wertlosen Hypothekenpapiere schreiben, die als angeblich sichere Anlagen verkauft wurden. Was fasziniert Sie daran? Nun, es kann die Art sein, wie heute Verantwortung funktioniert: Sie wird von Hauskäufer zur Hypothekenbank, zum Derivatspezialisten, zum Verkäufer, zum Kunden weitergereicht wie ein Stück Butter – am Ende haben alle fettige Hände, aber die Butter ist nicht mehr da. Oder, da alle am Ende implodierten Derivate ursprünglich als Versicherungsinstrumente erfunden wurden, die alte Geschichte von dem, der alle Mauern seines Hauses gegen den Tod hochzog, der doch längst in seiner Küche saß? Oder, da Physiker die Instrumente entwarfen, die die Banken in die Luft sprengten, die Geschichte vom gemieteten Zauberlehrling? Oder ist es, da die Top-Banker fast alle dasselbe taten, die Farce von einem Rudel kapitalistischer Wölfe, die in Wahrheit eine Herde kapitalistischer Schafe sind? Oder schlicht eine Geschichte des Betrugs an unwissenden Kunden? Oder eine Art Naturkatastrophe, in der die Fluten von nervösem, gierigem Spargeld wie ein Tsunami über den amerikanischen Häusermarkt hergefallen sind?

Natürlich ist es schon Arbeit genug, die gottverdammten Derivate zu verstehen. Und sie verständlich zu erklären. Eine mitreißende Geschichte ist das noch lange nicht. Aber welche ist es dann? Das müssen Sie entscheiden – Ihr Kopf und Ihr Herz. Die recherchierten Fakten sind dabei nur Ihr Rohstoff.

Also: Seien Sie ein eiskalter Profi, und hören Sie auf Ihr Herz.

1.2 Das Produkt

Die letzte exklusive Ware: Komprimierte Zeit

Was bleibt dem klassischen Journalismus als Marktlücke übrig? Nun, es gibt den Traum jeden Teenagers. Dieser unterhält sich mit einer begehrenswerten Frau, einem begehrenswerten Mann – und geht mit dem schrecklichen Gefühl, versagt zu haben: Keinen geraden Satz gesagt, nur Bruchstücke, Gestammel, peinliche Dummheiten.

Und mitten in seiner Erniedrigung träumt der Teenager von ungleichmäßiger Zeit. Dass er oder sie nach dieser und jener Bemerkung der Gegenseite eine Stunde Zeit gehabt hätte, über die richtige Antwort nachzudenken. Um dann die funkelnde Pointe, die kluge Nebenbemerkung oder den perfekten Anmachsatz zu äußern, die dem Teenager jetzt eingefallen ist. Jetzt, wo es zu spät ist, da er längst einsam nach Hause geht.

Nach dieser kurzen Abschweifung zurück zur Eingangsfrage dieses Kapitels: Was zum Henker verkaufen wir eigentlich noch exklusiv? Oder marketingtechnisch formuliert: Was ist heute noch das Alleinstellungsmerkmal, die *unique selling proposition*, von Journalismus? Denn längst sind nicht nur die Einnahmequellen – allen voran die lukrative Rubrikenwerbung – ins Internet abgehauen. Sondern auch fast alle Exklusivprodukte: erst die News, dann die Kommentarkanzel sowie – last but not least – das öffentliche Debattenforum, das es einst nur in Kneipen und auf Leserbriefseiten gab. All das gehörte über hundert Jahre lang exklusiv uns.

In nur zehn Jahren sind fast alle Verteidigungslinien der Zeitung gefallen. Anfangs gab es zwar noch Polemiken: Man hörte von der sinnlichen Qualität des Papiers und von kalten Computern, von erfahrenen Redaktionen und der chaotischen Desinformation im Netz. Das sind heute alles Argumente alter Männer. Natürlich gibt es im Netz viel Schrott. Aber auch tonnenweise verlässliche Nachrichten, brillante Faktensammlungen und viel zitierte Expertenblogs. Nicht zu sprechen von Dienstleistungen wie Film-, Literatur- und Gastrokritik, die ebenfalls zunehmend vom Netz übernommen werden. Und so sinnlich Papier raschelt – ein iPad hat auch seinen Reiz.

Tatsache ist, dass der Besitzer eines Computers heute so informiert ist wie vor dreißig Jahren nur der damalige DDR-Geheimdienstchef Erich Mielke. Das größte Problem für jeden Rechercheur ist die gigantische Unübersichtlichkeit. Aber genau so war es im Stasi-Archiv auch.

Im Gegenzug hat das Internet jedem einzelnen Journalisten neben der Konkurrenz auch die Freiheit geschenkt: über jedes mögliche Thema zu schreiben. Etwas, was sich bis etwa 1997 nur Starjournalisten von Großzeitungen leisten konnten – etwa die Reporter des *Spiegels* mit dessen legendärem Archiv. Das Internet hat uns von der Pflicht, uns zu spezialisieren, erlöst. (Das Resultat ist zwar nicht immer vorteilhaft; doch der Beweis der Freiheit ist ja gerade ihr Missbrauch.)

Aber zurück zum Thema: Was also bleibt Zeitungsredaktionen bei der neuen Konkurrenz als exklusive Ware übrig?

Es ist der Teenagertraum.

Denn die Ware im Journalismus ist komprimierte Zeit.

Um das zu verstehen, hilft ein einfaches Rechenbeispiel: Wenn ich als Journalist die grundsätzlichen Fakten für einen Artikel zusammenhabe, rechne ich mit einem Schreibtempo von 1000 Zeichen die Stunde. Diese 1000 Zeichen lesen Sie in knapp einer Minute weg.

Das heißt: Es ist für mich keine große Kunst, etwas cleverer, informierter, verblüffender zu sein als Sie, denn ich habe 60 Mal mehr Zeit, nachzudenken.

Zu dieser Zeit gehört nicht nur das pure Vorwärtsschreiben, sondern gelegentliches Herumträumen, das Streichen von Dummheiten, das Feilen an Pointen. Und in finsteren Momenten sogar der Service, den Text abstürzen zu lassen. Lieber Schweigen als Unfug.

Das Konzept von komprimierter Zeit ist auch der Grund, warum Leute gern lesen: Sie machen ein blendendes Geschäft. In einer Minute haben sie eine Stunde fremde Denkarbeit gewonnen.

Das ist auch der Grund, warum Journalismus nicht beliebig rationalisierbar ist: Je höher der Output des einzelnen Redakteurs, desto korrupter ist die Qualität der Ware. Zugegeben, es gibt helle Momente, in denen man seine Artikel wie diktiert herunterschreibt. Und oft sind das die besten. Aber Inspiration ist Gnade. Die Regel ist sie nicht. (Und die Recherche ist ebenfalls nicht eingerechnet.)

Als Geschäftsmodell versagt das Sweat-Shop-Schreiben. Je mehr sich die Schreib- der Lesezeit annähert, desto überflüssiger, fehleranfälliger, eintöniger ist das Produkt.

Deshalb – so meine erste Prognose – haben Zeitungen langfristig nur eine Chance: die Flucht in die Qualität, also die Investition in zeitraubende Bereiche wie Recherche und Stil. Es werden eher die Rolls-Royces überleben als die Fiats. Eventuell als dünnere Blätter, als Wochenzeitungen oder als teure Zeitungen für die Elite. Denn das letzte Alleinstellungsmerkmal, das sie anbieten, ist konkurrenzlos. Redaktionen sind Manufakturen für komprimierte Zeit: eine organisierte Gruppe von Profis, die zehn Stunden am Tag für nichts anderes bezahlt werden, als sich mit der Welt zu beschäftigen.

Auch Online-Nachrichtenportale werden – so meine zweite Prognose –, spätestens sobald Kunden bezahlen müssen, nicht vermeiden können, erstens weniger Texte zu veröffentlichen, zweitens einen wesentlichen Anteil ihrer Artikel langsamer zu produzieren. Ihr Lesenutzen bei zu großem Tempo tendiert gegen null. (So gewann etwa das US-Online-Magazin *Salon* zu seiner eigenen Überraschung Leser nach einem Abbau der Artikelzahl.)

Für Zeitungen, die sich erneuern, für Journalisten, die sich etablieren wollen, heißt das Gesetz der komprimierten Zeit: unverschnittene Ware zu liefern. Die richtige Strategie heißt, im Zweifelsfall weniger und konzentrierter zu schreiben.

Alles andere läuft am Produkt und damit am Markt vorbei.

1.3 Das Rezept
Wie wäre es, wenn wir es ganz anders machten?

In seinem Interviewbuch mit Truffaut beschreibt Sir Alfred Hitchcock eine seiner Lieblingsmethoden, auf Ideen zu kommen. Er empfiehlt, die Konventionen des eigenen Genres genau zu studieren. Und sich dann die Frage zu stellen: »Wie wäre es, wenn wir es ganz anders machten?«

Um seinen Helden in Lebensgefahr zu bringen, überlegte Hitchcock wie folgt:

Ein Mann kommt an einen Ort, wo er wahrscheinlich umgebracht wird. Wie wird das im Allgemeinen gemacht? Eine finstere Nacht an einer engen Kreuzung in einer Stadt. Das Opfer steht im Lichtkegel einer Laterne. Das Pflaster ist noch feucht vom Regen. Großaufnahme einer schwarzen Katze, die eine Mauer entlangstreicht. Eine Einstellung von einem Fenster, hinter dem schemenhaft das Gesicht eines Mannes auftaucht. Langsam nähert sich eine schwarze Limousine, und so weiter. Ich habe mich gefragt, was das genaue Gegenteil einer solchen Szene wäre. Eine völlig verlassene Ebene in hellem Sonnenschein, keine Musik, keine schwarze Katze.

Daraus entstand einer der berühmtesten Mordanschläge der Filmgeschichte. Die Szene in *North by Northwest*, in der Cary Grant von einem Sprühflugzeug angegriffen wird, auf offenem Feld, bei hellem Sonnenschein, einsam und ohne schwarze Katze.

In der Tat sind die wirklich guten Ideen oft das direkte Gegenteil der verbreiteten Ideen. Deshalb lohnt sich für jeden Journalisten, alle Regeln, Praktiken und Tabus seines Standes präzis zu studieren. Um sich dann die Frage zu stellen: »Wie wäre es, wenn wir das genaue Gegenteil machten?«

Der Vorteil dieser Methode ist, dass die Inspiration nicht wie ein Blitz Gottes über einen kommen muss. Sondern dass man sie mit kühler Logik aus der herrschenden Praxis entwickeln kann. Etwa so:

Die verbreitete These: Zeitungen sind im Nachrichtenbusiness. Ihre Ware sind die Neuigkeiten.

Die Gegenthese: Das glauben nur Naive. In Wahrheit verkaufen Zeitungen (getarnt durch Neuigkeiten) eine mindestens viertausend Jahre alte Ware: Geschichten. Und zwar immer dieselben. Etwa: Der Gott Kronos, der seine Kinder frisst. Der Umjubelte, der gekreuzigt wird. Der Gekreuzigte, der wiederaufersteht. Lady Macbeth und ihre Pläne für ihren Mann. Überhaupt sollte jede ernsthafte Nachrichtengeschichte so beginnen wie eine Geschichte am Feuer in der Steinzeit. Mit dem Satz »Es war eine dunkle, stürmische Nacht, als …«.

Die Anwendung: Suchen Sie das uralte Muster im Neuen: Das Königsdrama in der Chefetage, die Passionsgeschichte in der Karriere, die Buddenbrooks im Industrieunternehmen. Schreiben Sie es so. Und schreiben Sie überhaupt jede Geschichte so, dass sie auch ohne die kleinste Neuigkeit gelesen würde. (→ Kap. 5.9, 5.10)

Die verbreitete These: Die Schnellsten sind die Besten. Am besten ist der Journalist dran, der einen Primeur, also eine Geschichte zuerst hat.

Die Gegenthese: Die Bibel sagt: Die Letzten werden die Ersten sein. Primeurs sind – wenn sie keine welterschütternden sind – dramaturgisch meist im Nachteil. Erstens merkt ein Leser oft nicht, dass eine Geschichte neu ist: Er hält viele abgeschriebene für neu, viele neue für abgeschrieben. Zweitens erzählen Primeurs meist nur ein Detail, einen Anfang der Story. Viel aussichtsreicher ist, zu warten, bis sich eine Geschichte fast nicht mehr in den Nachrichten dreht. Dann sind Fortsetzung, Details und Bedeutung der Story am Licht. Das heißt: Sie hat Anfang, Mitte und Schluss. In dem Moment ist es eine komplette Geschichte.

Die Anwendung: Warten Sie. Warten Sie wie ein Raubtier am Wasserloch. Oder noch besser: Warten Sie wie ein Bauer, bis die Geschichte reif ist. Und dann erzählen Sie sie an einem Stück, in großem Stil. Selbst wenn kein Buchstabe neu ist, wird dem Leser viel Neues daran erscheinen. Schon deshalb, weil Sie nicht die Bruchstücke, sondern das Panorama liefern. (→ Kap. 5.1)

Die verbreitete These: Journalisten sollten Kompetenz ausstrahlen, immer.

Gegenthese: Wie beurteilt man dauerkompetente Leute im eigenen Leben? Man geht ihnen aus dem Weg. Viel klüger wäre es, auch die eigenen Zweifel zu verkaufen, die Fehler und Niederlagen. Schon deshalb, weil man als Journalist nicht immer eine Chance auf Perfektion hat. Nicht bei jedem Interviewpartner, nicht bei jeder Sachlage. Und leider nicht in jeder Tagesform.

Die Anwendung: Fehler offen eingestehen. Gescheiterte Interviews ganz direkt als gescheiterte Interviews verkaufen. Aus persönlichen Niederlagen Stoff für Kolumnen machen. Die eigenen Grenzen deklarieren. Und in einem Kommentar vielleicht sogar den größten Tabubruch des Journalismus begehen. Und den Satz schreiben: »Ich weiß es nicht.« (→ Kap. 5.7)

Die verbreitete Praxis: Journalisten arbeiten in ihrem Ressort, bis sie zur Konkurrenz wechseln, sterben, in die PR desertieren oder entlassen werden.

Gegenpraxis: Was passiert, wenn man die Sportreporter ins Parlament, die harten Wirtschaftsrechercheure in den Kulturdschungel, die Politleute auf den Sportplatz und die Kulturmenschen in die Konzerne schickt?

Die Anwendung: Mal sehen. Ziemlich sicher würden selbst wache Journalisten im kalten Wasser wacher. Und die Leser auch. Immerhin waren zwei der besten Bundeshausredakteure, die ich je gelesen habe, Musikjournalisten. Sie waren so gut, weil sie die Bühnenauftritte der Politiker immer dazu beschrieben. Und erstaunliche Schreiber kommen regelmäßig vom Radio: Sie haben dort Knappheit, Einfachheit und die Montage von Zitaten gelernt. Fremdheit ist in unserer Branche mindestens so wichtig wie Fachwissen.

Das Wie-wäre-es-wenn-wir-es-ganz-anders-machten-Prinzip lässt sich überall durchdeklinieren. Man braucht eigentlich nur eine etablierte Praxis, eine stolze Gewissheit, ein unausgesprochenes Tabu. Und dann noch etwas Logik und einen Schuss Frechheit.

Hier ein paar Notizen: Der **Stoff von Zeitungsartikeln** besteht zu neunzig Prozent aus anderen Zeitungsartikeln. Welche Zeitung macht eine Redaktion, wenn (bis auf ein kleines Nachrichtenteam) drei Wochen niemand eine einzige Zeitung mehr liest? +++ **Interviews** bestehen aus kurzen Fragen und langen Antworten. Wie sähe ein Interview mit ellbogenlangen Fragen und superlakonischen Antworten aus? +++ **Tote** sagen nichts mehr. Was kommt heraus, wenn man berühmte Tote per Spiritisten interviewt? +++ Die **Auftraggeber** von journalistischen Artikeln sind stets andere Journalisten. Was würden die Leser an Recherchen bestellen, wenn man sie fragte? +++ **Themensitzungen** finden in den Konferenzräumen statt. Warum nicht in einer Bar, am Swimmingpool, beim Spaziergang? +++ Warum versucht jede Publikation, die mehr **Frauen** als Leserinnen will, es mit Lifestyle-Seiten? Wäre nicht ein anderer Politik- und

Wirtschaftsteil gefragt? Und mehr Frauen in harten Ressorts? +++ Was passiert, wenn man **Routine-Interviewgebende** wie Politiker oder Sportler nicht mit Routinefragen, sondern mit den philosophischen Menschheitsfragen eindeckt, etwa mit: Gibt es eine Seele?, oder: Warum ist etwas und nicht vielmehr nichts?

Einige dieser Ideen (die interviewten Toten, fürchte ich) werden nur für einen Gag oder einen Artikel gut sein. Andere (wie etwa die Die-Letzten-werden-die-Ersten-sein) können eine ganze Produktlinie begründen. Dritte wie etwa die Idee amerikanischer Blätter, die Autorschaft aufzuheben und gute Rechercheure (die schlecht schreiben) und gute Schreiber (die zu schüchtern zum Recherchieren sind) zusammenzuspannen, können eine solide neue Praxis begründen.

Natürlich: Nicht immer hat die Konvention die schlechteste Lösung gefunden. Sie ist zwar teils blind, aber nicht blöd. Doch man sollte sie nie ungeprüft regieren lassen. Die tägliche Pflicht jedes Journalisten ist zwar die Verwaltung von Neuigkeiten. Aber seine Berufung ist das genaue Gegenteil: das Neue.

1.4 Das Motto
Sagen, was ist

In der Eingangshalle des *Spiegels* steht in riesengroßen Buchstaben eine Formel des *Spiegel*-Gründers Rudolf Augstein: »Schreiben, was ist.« In der Schweiz wurde sie vom rechten Politiker Christoph Blocher übernommen, von diesem übernahm sie wiederum der *Weltwoche*-Chefredakteur Roger Köppel.

So klar und griffig diese Forderung zunächst klingt, so fällt doch auf, dass ihr Sinn alles andere als simpel ist. Zu schreiben, was ist, schwankt doppeldeutig zwischen Beschreiben und Vorschreiben: Die Wirklichkeit wird nicht nur geschildert, sondern auch zementiert. Nicht umsonst sind die Anhänger dieser Formel – Augstein, Blocher und Köppel – nicht nur ausgeprägte Machtmenschen, sondern verstehen sich alle drei als Gratwanderer zwischen Journalismus und Politik.

Trotzdem glaube ich, dass »Schreiben, was ist« oder »Sagen, was ist« als Motto brauchbar ist. Nur, dass ich danach nicht einen Punkt, sondern ein Komma setzen würde. Denn der Satz ist unvollständig.

Und deshalb würde ich, nach Natur und Ziel des Journalismus gefragt, nicht diese drei Herren zitieren, sondern eine Frau. Hannah Arendt schrieb in ihrem großen Essay *Wahrheit und Politik* Folgendes:

Denn was wir unter Wirklichkeit verstehen, ist niemals mit der Summe aller uns zugänglichen Fakten und Ereignisse identisch und wäre es auch nicht, wenn es uns je gelänge, aller objektiven Daten habhaft zu werden. Wer es unternimmt, zu sagen, was ist, kann nicht umhin, eine *Ge-*

schichte zu erzählen, und in dieser Geschichte verlieren die Fakten bereits ihre ursprüngliche Beliebigkeit und erlangen eine Bedeutung, die menschlich sinnvoll ist.

Das ist der Grund, warum »alles Leid erträglich wird, wenn man es einer Geschichte eingliedert oder eine Geschichte darüber erzählt«, wie Isak Dinesen gelegentlich bemerkt – die nicht nur eine große Geschichtenerzählerin war, sondern auch, und in dieser Hinsicht nahezu einzigartig, wusste, was sie tat. Sie hätte hinzufügen können, dass das Gleiche von der Freude gilt, die auch für Menschen erst erträglich und sinnvoll wird, wenn sie darüber sprechen und die dazugehörige Geschichte erzählen können.

Insofern Berichterstattung zum Geschichtenerzählen wird, leistet sie jene Versöhnung mit der Wirklichkeit, von der Hegel sagt, dass sie »das letzte Ziel und Interesse der Philosophie ist«, und die in der Tat der geheime Motor aller Geschichtsschreibung ist, die über bloße Gelehrsamkeit hinausgeht.

Auch wenn diese Passage einiges länger als drei Worte ist, glaube ich doch, dass sie unseren Job sehr genau erklärt: seine Natur, seine Tradition, seine Chancen, seine Aufgabe. Und warum es sich lohnt, ihn zu machen.

2

Storyideen

2.1 Die beste Storyidee der Welt
Warum wirklich gute Einfälle selten neu sind

Um Ideen wird viel Lärm gemacht. Dabei sind sie nur ein Sprungbrett, um anzufangen. Hierzu meine Lieblingsanekdote von Alfred Hitchcock:

> Ein Drehbuchschreiber hat nachts immer die besten Ideen. Doch am Morgen sind sie alle vergessen. Eines Abends legt der Drehbuchschreiber einen kleinen Notizblock auf den Nachttisch. In dieser Nacht wacht er auf – und er weiß, dass er die beste Filmidee der Welt hat. Eine, die alle anderen Filmideen um Längen schlägt. Er notiert sie und schläft wieder ein.
>
> Am nächsten Morgen wacht er wieder auf, geht unter die Dusche, erinnert sich: »Die beste Idee … Mist, vergessen … Nein! Habe sie aufgeschrieben!« Er springt aus der Dusche, rennt ins Schlafzimmer, packt den Notizblock und liest: »Junge trifft Mädchen.«

Und die Moral? Die besten Geschichten sind so gut wie nie völlig neue Geschichten; sie sind nur neu erzählt. Beim Schreiben ist der offizielle Anlass fast nichts. Aber was man daraus macht, fast alles.

2.2 Fruchtbare und nicht fruchtbare Ideen
Es sind die Fragen, nicht die Gewissheiten, Dummkopf

Als Kind passiert einem das dauernd. Wieder und wieder holt man Steine aus dem Fluss. Sie funkeln im Wasser, aber sobald sie trocknen, sind sie blass. Man erlebt diese Enttäuschung so oft, weil man es lange nicht glauben kann: dass auch dieser Stein hier nicht mehr funkeln könnte.

Als Erwachsener geht es einem ähnlich. Man sieht einen Artikel schon beim Auftrag vor sich, funkelnd vor Klugheit und Witz. Dann schreibt man ihn, und er bleibt blass. Und das passiert einem wieder und wieder, weil man nicht glauben kann, dass es auch diesmal passieren könnte.

Ein seltsamer Fluch liegt über dem Schreiben, dass man oft gerade das, was man mit großer Sicherheit beginnt, mit Demut zu Grabe trägt. Warum?

Schuld hat, fürchte ich, etwas Unvermeidliches: Erfahrung. Die öffentliche Debatte läuft in Zyklen. Große Themen sind fast nie beim ersten Mal erledigt, daher kehren sie immer wieder zurück, wie Trams oder Gespenster (in der Schweiz etwa das Bankgeheimnis, das World Economic Forum, die Steuerfragen, die EU-Frage und so weiter). Mit der Zeit kennt man seine Dossiers: Details, Argumente, Zitate, Statistiken. Und man hat eine klare Haltung.

Das ist auf den ersten Blick praktisch, weil man diese während der Arbeit nicht mehr entwickeln muss. Aber es hat einen Haken. Der Prozess der Recherche, der Prozess des Schreibens wird zum Scheinprozess. Im besten Fall findet man ein paar neue Begründungen. Aber das Urteil ist von Beginn an gefällt.

Dasselbe gilt auch für die kleine Schwester des Kompetenzurteils: das Geschmacksurteil. Dieses ist oft zuständig für Füllstoffe. Eine Lücke ist in der Zeitung, und jemand in der Runde sagt: »Adele hat doch eine tolle Figur«; »Mütter mit Kleinkindern sind arrogant«; »Die Impressionismus-Ausstellung ist Kitsch«; »Lagerfeld – ein Genie«; »Madonna in Strapsen ist mit fünfzig unsexy«. Oder das Gegenteil.

Und der Produzent, der die Lücke füllen muss, sagt: »Gekauft!«

Der vorgestanzte Artikel – ob durch Kompetenz oder Geschmack – sieht nach leichter Arbeit aus: Denn es ist ziemlich klar, was zu sagen ist. Doch meistens passiert etwas Unerwartetes: Man langweilt sich beim Schreiben. Man weiß, was kommt, und fühlt sich, als würde man Malbücher ausmalen. Und der Text wächst einem wie ein Bauch: etwas formlos, ohne Energie und Schwung.

Was also tut man, wenn der Artikel von der ersten Minute an im Kopf fast fertig geschrieben ist? Die erste und klügste Reaktion ist: Angst. Denn dieser Artikel ist nicht sichere Beute, sondern – zumindest künstlerisch – ein beinahe sicherer Absturz.

Doch nichts schreiben geht nicht. Man verlöre schnell den Job, wenn man jedes Thema beim Erreichen von genügend Sicherheit meiden müsste. Und schließlich liegt die Wiederholung in der Natur jeder politischen und ästhetischen Debatte. Wer mitreden will, muss sich mit ins Mühlrad begeben.

Nur wie, ohne zu langweilen? Sich und die anderen? Der Ausweg liegt darin, vom bekannten auf unbekanntes Terrain zu kommen.

Die stilistische Möglichkeit dazu ist, in der Form zu denken. Man sollte keinen neutralen Artikel schreiben. Man ist ja auch nicht neutral. Ehrlicher wäre eine flammende Predigt. Oder, je nach Lage, eine Portion Spott. Oder einen offenen Brief. Eine melancholische Meditation. Ein Stück Volkshochschule, geduldig und klar. Eine Scharfrichterabrechnung. Eine Erzählung.

Also irgendetwas, das den Thrill vom Inhalt auf die Form verlagert.

Die klügste Methode ist aber, den einzig vernünftigen Motor einzubauen – und aus einer Gewissheit wieder eine Frage zu machen. Wenn ich mir ansehe, welche Artikel mir gelungen sind und welche lahm blieben, so ist die Ursache meist: Bei den lahmen stand meist eine Gewissheit im Zentrum, bei den anderen eine Frage. Denn Gewissheiten, so angenehm sie sind, haben kein Tempo, sie sind von Natur her statisch. Fragen hingegen bringen einen schnell an die frische Luft, hinaus ins Unbekannte.

Die Schwierigkeit ist nur, auf abgegrastem Feld die richtige Frage zu finden. Also keine rhetorische. Sondern eine echte, bei der man die Antwort nicht weiß.

Nehmen wir an, der Teufel wolle es, dass ich wieder übers Bankgeheimnis schreiben müsste. Das droht, denn kürzlich liefen wieder Razzien gegen die UBS und ihre Kunden in Deutschland; und das Steuerabkommen steht vor dem Showdown. Nun habe ich zum Bankgeheimnis und Steuerhinterziehung seit Jahren geschrieben: Übersichtsartikel, Kanzelpredigten, Spöttisches, Nachrichtentexte, Analysen, Interviews – einen ganzen Stapel Altpapier.

Dabei kann man meine Haltung (I'm against it) kreuzfalsch finden. Aber, ich fürchte, sie ist nur noch in Nuancen veränderbar. Entweder, weil sie stimmt. Oder, weil das Brett vor dem Kopf zugewachsen ist. Das konkrete Problem ist: Wie komme ich trotzdem wieder ins Offene?

Vielleicht mit Fragen wie folgenden:

- Warum wurde die Omertà gebrochen? Warum hielten die Bankiers Jahrzehnte dicht, und heute reisen alle paar Monate Daten-CDs über die Grenze?
- War die Verzögerung ein Geschäft oder nicht? Schon vor zwölf Jahren sagte mir ein Bankier: »Das Bankgeheimnis ist

unhaltbar. Aber wir melken die Kuh, solange sie existiert.«
War das finanziell die richtige Entscheidung? Welche Summe
ist höher: die Gewinne aus der Bewirtschaftung seit 2001
oder die Bußgelder und Reorganisationen der letzten Jahre?

- Ist die UBS schlicht unregierbar? Denn seit dem USA-Desaster 2009 behauptet die UBS-Spitze, auf das Steuerhinterziehungsgeschäft zu verzichten. Doch laut deutschen Fahndern funktionierten die Tarnstrukturen aber bis 2012 (was die UBS heftig bestreitet). Aber selbst dann wäre die Regierbarkeit einer weltweiten Konzern-Bürokratie ein reizvolles Thema.
- Sind Banker nun eigentlich clever oder nicht clever? Und wenn ja, auf welchen Gebieten?
- Wer auf dem Finanzplatz sagt eigentlich was und warum? UBS, Credit Suisse, Bankiervereinigung, Raiffeisen, Privatbanken, *Neue Zürcher Zeitung*, *Weltwoche*, Finma, FDP, SVP haben zum Teil verwirrend verschiedene Positionen. Wer hat welche und warum?
- Wie hat sich in Europa eigentlich der Beruf des Steuerfahnders gewandelt – vom Tyrannen zu Typen mit einem Hauch von Robin Hood?

Mag sein, dass dies nicht die absoluten Wahnsinnsfragen sind.
Aber es sind welche, die den Vorzug haben, dass ich die Antworten nicht kenne. Sie riechen zwar alle nach Arbeit, aber auch
nach Abenteuer.

2.3 Die zwei Richtungen der Recherche
Der Journalist als Detektiv

Journalisten sind, falls sie ein wenig Ehrgeiz haben, Detektive. Die Frage ist nur, wo sie suchen sollen.

Diese Frage stellt sich schon der erste Detektiv der Literaturgeschichte: Edgar Allan Poes kühler Logiker Auguste Dupin. Dieser fahndet in seinem letzten Fall nach einem gestohlenen Brief. Die Pariser Polizei hat die Wohnung des Erpressers schon mehrmals durchsucht. Ohne Resultat. Dupin findet den Brief schließlich dort, wo ihn die Polizei nicht gesucht hat: an der sichtbarsten Stelle der Wohnung, auffällig beschriftet, lässig hingeworfen im Briefhalter. Danach hält er folgenden Monolog:

»Es gibt ein Rätselspiel«, sprach Dupin, »das auf einer Landkarte gespielt wird; die eine Partei verlangt von der andern, dass sie ein gegebenes Wort finde – den Namen einer Stadt, eines Flusses, einer Provinz, eines Staates –, irgendein Wort, das in dem Durcheinander von Benennungen auf der Karte zu finden ist. Ein Neuling in diesem Spiel sucht gewöhnlich seine Gegner dadurch zu verwirren, dass er ihnen Namen von allerkleinster Schrift zu suchen gibt, der Erfahrene aber wählt solche Worte, die in großen Lettern von einem Ende der Karte zum andern laufen. Diese entgehen, gleich den übergroßen Plakaten in den Straßen, der Beobachtung infolge ihrer übertrieben großen Sichtbarkeit; und dieses physische Übersehen ist genau analog der Unachtsamkeit, mit der der Intellekt jene Erwägungen unbeachtet lässt, die zu naheliegend sind.«

Damit beschreibt Poe zwei Philosophien des Versteckens und Suchens. Sie sind bis heute lebendig und teilen jede ehrgeizige Zeitungsredaktion in zwei Lager: die Anhänger der Lupe und die Anhänger des Weitwinkels.

Dabei geht es um die zentrale Frage der Richtung der Recherche. Also um die Frage, wo die Geheimnisse, die Storys, liegen: im Kleinen und Verborgenen oder im Großen, allen Offensichtlichen? Welchem Lager jemand angehört, ist eine Frage des Temperaments.

- **Die Anhänger der Lupe**. Diese sind überzeugt, dass die wirkliche Nachricht die exklusive ist. Und dass das Geheimnis im Finsteren wartet, in den Aktenschränken der Konzerne, in den Köpfen der Informanten, den Dunkelkammern der Ämter. Und dass diese zu knacken der wahre Journalismus ist. Etwa nach dem Motto: »Nachrichten sind, was jemand unterdrücken will; der Rest ist Werbung.« (So der englische Verleger Lord Northcliffe.)
- **Die Anhänger des Weitwinkels**. Sie glauben das Gegenteil: Dass das Geheimnis offen zutage liegt, getarnt durch das Flimmern der Nachrichten. Man muss nur die Augen öffnen und sehen, was alle sehen, ohne es zu sehen. Weil es zu groß oder zu nah ist.

Die Frage, welches Lager man hier wählt, prägt im Journalismus ganze Karrieren. Oft stärker als die Frage, ob man politisch links oder rechts ist. Oder ob man zur Überwältigung des Lesers auf Boulevard oder auf Seriosität setzt.

Anhänger der Lupe vergraben sich gern in Dossiers: sattelfest in den Details, respektiert von den Spezialisten, misstrauisch gegen Eindringlinge. Wer den Weitwinkel bevorzugt, marodiert – und wird wie alle Entdecker und Plünderer nie perfekt über die Umgebung Bescheid wissen. Es ist die Frage, ob man den Garten wählt oder die Reise.

Das gilt für Forumszeitungen wie für politisch gefärbte Blätter. Die *Wochenzeitung (WOZ)* etwa wurde als linke Zeitung einst unter der Flagge »Gegenöffentlichkeit« gegründet. Nur wurde meines Wissens nie die geringste Einigkeit darüber erzielt, was das ist. Die eine Fraktion suchte sie in der Exklusivität der Nische: mit Serien über alternative Wirtschaftskonzepte, Reportagen über Bio-Bergbauern, Aufsätzen über bulgarische Lyriker, Reportagen über Kuba. Lauter Dinge, die man nirgends sonst fand. Die andere Fraktion versuchte, sich dort zu schlagen, wo alle anderen Medien auch waren, nur cleverer: Bundespolitik, große Konzernskandale, Blockbuster wie James-Bond-Filme, Storys über die USA. Die unsichtbare Frage war immer: Wählst du die Nische oder die Arena?

Das gleiche Problem stellt sich auch für die Recherche: Bestehen die wirklich interessanten Neuigkeiten wirklich aus neuen Informationen? Oder nur aus einem neuen Blick?

Das Dilemma ist zwar alt, aber es ist im Journalismus des 21. Jahrhunderts aktuell wie nie zuvor. Denn als die Presse gegründet wurde, waren Neuigkeiten ein knappes Gut und die Zeitung ihr einziger Lieferant. Auch danach, bis zum Ende des 20. Jahrhunderts, blieb organisiertes Wissen extrem teuer. Reporter, die nicht in einem Weltblatt wie dem *Spiegel* arbeiteten, hatten meist kein breites Archiv. Das heißt: Sie mussten sich auf wenige Dossiers konzentrieren, um seriös arbeiten zu können. Denn ohne Archiv hieß die Alternative Meinung. Also im besten Fall kluger Schwurbel.

Das Internet hat das gründlich geändert. Gigantische Archive stehen offen, wenngleich teils unvollständig, teils voller Klatsch, teils durchsetzt mit Fehlern. Das Netz erlaubt es dennoch dem heutigen Reporter, seine Themen radikal zu wechseln. Und von Fall zu Fall zu recherchieren, was ihn interessiert: Wahlkampf in den USA, Ästhetik von Comics, russische Oligarchen, Einbalsamierungen im alten Ägypten.

Die Helden des Lupen-Journalismus im 20. Jahrhundert waren zwei Lokalreporter: Bob Woodward und Carl Bernstein. In Jahren zäher Recherche zwangen sie den Präsidenten der USA, Richard Nixon, zum Rücktritt. Der Fall Watergate hatte alles, was eine große Recherche bieten kann. 1. Endlose, hartnäckige, trickreiche Fußarbeit. 2. Ein dunkler Informant in der Tiefgarage. 3. Harter politischer Gegenwind. 4. Eine mutige Verlegerin, Katherine Graham, die auf die Drohungen des Justizministers mit vier Worten antwortete: »I say we print.« 5. Auf der Gegenseite eine Verschwörung bis in höchste Kreise, inklusive schwarzer Kassen, Bestechung, Abhörwanzen. 6. Ein wirklich hohes Tier als Ziel – der mächtigste Mann der freien Welt.

Noch heute ist es unmöglich, den Watergate-Film *All the President's Men* über Woodward und Bernstein zu sehen, ohne mitgerissen zu werden von ihrem Mut, ihrem Können, ihrem Hunger. Er inspirierte ganze Generationen hartgesottener Rechercheure.

Aber das war damals.

Fragt man sich, wer heute der meistzitierte US-Journalist ist, so trifft man auf das komplette Gegenteil der beiden Profis: einen älteren Gelehrten mit Gesundheitsschuhen, Bart und riesigen Kinderaugen. Einer, der nie das harte Handwerk der Recherche gelernt hat. Und für den Journalismus nur der Nebenjob ist, weil er im Hauptberuf Professor, Ökonom und seit 2007 Nobelpreisträger ist: Paul Krugman. Er wurde von der *New York Times* 2000 als Kolumnist verpflichtet. Eigentlich zu exotischen Themen wie Globalisierung und Wirtschaftsgeografie. Stattdessen schrieb er die komplette amerikanische Presse an die Wand.

Wie schaffte er das? Seine eigentliche Leistung war die eines Kindes. Er sah hin. Und schrieb, was er sah. Das genügte, um regelmäßig schneller, präziser und sicherer als die Vollprofis in Politik- und Wirtschaftsressorts zu sein. Krugman beschrieb das Platzen der Blase der New Economy, die unmögliche Mathematik der Bush-Steuerkürzungen, den Betrug mit den Massenvernichtungswaffen des Irak, die Fehler des Notenbankchefs und Orakels Alan Greenspan, später die Schneeballsysteme der Banken und die verheerende Sparpolitik Europas. Er war mit seinen Thesen anfangs erstaunlich oft allein.

Das Verblüffende dabei war, dass Krugman seine Neuigkeiten nicht im Verborgenen fand, sondern im Offensichtlichen; in Artikeln und Statistiken, die jedem zugänglich waren. Zu seinen Methoden sagte er etwa:

> Tu deinen Job und finde raus, was diese Leute wirklich wollen. Und damit meine ich nicht tief vergrabene Pläne; normalerweise sind sie ohne Aufwand zu finden. Man muss nur lesen, was die Leute gesagt haben, bevor sie es dem breiten Publikum zu verkaufen versuchen.

Das klingt nicht nach Zauberei. Die Frage ist, warum dann fast alle Profis oft über Jahre blind blieben: gegenüber den Lügen der Bush-Regierung, gegenüber der New-Economy- und der Häuserblase. Was lief schief?

- **Loyalität**. Nach dem Attentat am 11. September galt George W. Bush als Kriegspräsident. Und unantastbar, sodass selbst die großen US-Blätter seine Saddam-Hussein-hat-Massenvernichtungswaffen-These schluckten. Obwohl der Plan zum Irak-Krieg schon lange vor dem Attentat im Verteidigungsministerium kursierte. Und je nach Lage als al-Qaida-Bekämpfungsplan, dann als Massenvernichtungswaffenprävention, schließlich als Demokratisierungsprojekt verkauft wurde.
- **Vergangenheitsblindheit**. Ebenso wurden gigantische Steuergeschenke für Reiche von der Regierung Bush auf mehrere Arten gerechtfertigt: im Boom als Maßnahme, Budget-*Überschüsse* abzubauen. Dann, nach dem Attentat, als kriegsnotwendig, um die Wirtschaft anzukurbeln. Und in der Krise als bestes Mittel, um die Staatseinnahmen langfristig zu *erhöhen*.

Das deutete nicht auf eine Regierung hin, die Lösungen suchte, sondern Begründungen für die eigene Agenda.

- **Zahlenaversion.** Theoretisch wäre die Rechnung bei den Steuerausfällen einfach gewesen. Sie konnten sich nicht rentieren. Aber kaum eine Zeitung machte sie.
- **Objektivität.** Die US-Presse scheiterte an ihrer Vorstellung von Fairness. Und zitierte stets beide Seiten gleichwertig, egal ob nachweislich Lügen verbreitet wurden. »Wenn die Republikaner sagen würden, die Erde sei eine Scheibe, und die Demokraten, sie sei eine Kugel, würde die *New York Times* den Titel setzen: ›Gestalt der Erde umstritten‹«, sagte Krugman dazu.
- **Der Glaube an die geheime Zutat.** Dieser, schrieb Krugman, verleite Reporter dazu, sich in der Nähe der Mächtigen aufzuhalten – in der Hoffnung, informell ein geheimes Detail aufzuschnappen. Das mache doppelt blind: Erstens durch Abhängigkeit, zweitens dadurch, dass alles Geheime automatisch für wichtig und wahr genommen werde.

Krugman schaffte seine besten Scoops mit sehr einfachen Mitteln. Weil er systematisch im Archiv nachlas. Weil er die Statistiken prüfte. Die Fachliteratur kannte. Und weil er nicht die Nähe der Verantwortlichen suchte, um off-the-record Geheimnisse zu erfahren. Sondern Distanz. Er sah sich die Zahlen aus der Nähe an und das Theater aus der Ferne.

Denn die Sorte Lüge, die Krugman recherchierte, war zu groß und zu offensichtlich, um von den Politjournalisten gesehen, geglaubt, geschrieben zu werden. Diese hatten in ihren Artikeln meist alle Details durchleuchtet, aber das Ganze nicht. Zu viele Profis übersahen in der Jagd nach den kleinen Skandalen den Skandal, der im System lag: im Finanzsystem, in der Bush-Regierung, in den Mechanismen der Sparpolitik.

Und viele tun es noch immer.

Kein Wunder, dass ein Professor in seinem Studierzimmer,

behindert von zwei Katzen, die sich gern auf die Tastatur legen, seit über zehn Jahren regelmäßig die kaltblütigsten Top-Rechercheure der USA schlägt. Und das in Teilzeit.

Doch das ergibt Sinn. Denn ehrgeizige Journalisten sind alle Detektive, und Paul Krugman ist schlicht der beste unter ihnen. Er ist der legitime Erbe des ersten Detektivs der Literaturgeschichte, von Auguste Dupin.

2.4 Die Entwicklung von Ideen
Wie man das Unbekannte im Bekannten entdeckt

Früher, auf den ersten Landkarten der Neuzeit, gab es weiße Flecken. Auf diesen stand: *Hic sunt leones* – Hier sind Löwen. Und auf die Seekarten schrieb man: *Hic sunt dracones* – Hier sind Drachen.

Heute gibt es Satelliten, GPS und Google Earth. Die Welt ist bis zum letzten Zentimeter vermessen. Wikipedia, Zeitungsarchive, Bibliotheken bersten vor Wissen. Alles ist gesehen, alles gesagt. Und fast alles mehrmals. Die Entdeckerarbeit ist getan.

Ist sie?

Wie im letzten Kapitel beschrieben, gibt es zwei fundamentale Richtungen der Recherche: Die, das Neue im Verborgenen zu finden. Und die, dasselbe im Offensichtlichen zu tun, durch einen neuen Blick.

Letztere ist die Sorte Journalismus, die mich fasziniert. Die Schwierigkeit ist hier, den weißen Fleck im besiedelten Gebiet zu entdecken, bevor man sich überhaupt an die Arbeit machen kann, ihn zu kartografieren. Die Frage ist: Wie kommt man aus all dem Wust des Bekannten, des Selbstverständlichen, der Routine wieder ins Unbekannte?

Genauer: Wie schafft man es, wieder zu staunen, morgens um zehn, im Büro, als der schon etwas zerschlissene Angestellte, der man ist?

Denn das ist der Tretmühlenjob jedes Qualitätsjournalisten. Ohne den Zauber des Staunens vor der Welt ist Journalismus vor allem Wiederholung. Keinem Menschen von Verstand kann man vorwerfen, dafür nicht zu bezahlen.

Nur wie kommt man als Routinemensch ins Staunen, erst halb wach, viel zu gut informiert, beim zweiten Kaffee?

Nun, es gelingt nicht immer. Aber es gibt ein paar Faustregeln:

1. **Suchen Sie Geheimnisse, wo sich alle tummeln.** Sucht man das Exotische, ist das Exotische die falsche Adresse. Über die Uranmine in Afrika, den verrückten Astronauten oder den Hund mit drei Köpfen genügt ein nüchterner Bericht.

Der Ort, wo es sich zu suchen lohnt, ist das, was alle sehen, alle tun, worüber alle schreiben. Denn die meisten Menschen bewegen sich durch den Alltag wie Blinde. Sie tun das erstaunlich geschickt. Aber sie sehen nichts.

Und Sie? Sie natürlich ebenfalls nicht. Sie sitzen auch nur in einem Büro. Um trotzdem ein Geheimnis aufzudecken, lohnt es sich, folgende Liste zu machen:

- *Was sind im Moment die großen Storys?* Damit kommen Sie auf Dinge wie: die Eurokrise, die NSA-Abhörungen, die Immobilienblase, eine schwangere Prinzessin, der Zeitungstod etc.
- *Was tun alle?* Hart arbeiten, US-Serien sehen, Twittern, Kinder erziehen etc.
- *Was glauben alle?* Etwa: Beamte sind bürokratisch, Politiker lügen, Weihnachten wird es grässlich etc.

Es wird eine Liste voller Banalitäten sein. Und das ist wunderbar. Denn je banaler, desto besser. Nun müssen Sie nur noch anfangen, die Liste mit ein paar Fragen zu bombardieren.

2. **Stellen Sie die klassische Kinderfrage: Warum?** Kinder sind unverschämt. Sie gehen gern nackt. Gute Journalisten auch. Denn Unverschämtheit ist mehr als Frechheit. Sie bedeutet

vor allem, Tabus nicht zu kennen. Genauer: sie nicht anzuerkennen. Und ihre Gültigkeit – wie die verfluchten Kindchen – Tag für Tag erneut zu testen.

Das größte Tabu in Redaktionen ist, keine Ahnung zu haben. Das lohnt sich zu brechen. Obwohl die Versuchung groß ist, sein Nichtwissen zu überspielen, um seine Inkompetenz nicht zu entblößen. Doch das wäre ein Fehler, denn dadurch verpassen Sie die eigene Verblüffung, die besten Fragen und gute Storys.

Die erste Frage, mit der Sie Ihre Kollegen oder zumindest die obige Liste foltern sollten, ist die klassische Kinderfrage: Warum? Sie führt fast immer von einer bekannten Tatsache in eine faszinierende Landschaft. Etwa bei folgenden Dingen:

- *Die Deutschen sind für Sparpolitik.* Wie man liest, wegen des Traumas mit der Inflation. Nur: Warum? Gibt es so etwas wie Nationaltraumata? Und wenn, warum ist es die Inflation von 1920? Und nicht die Sparpolitik von 1930, mit den Folgen von Massenarbeitslosigkeit und Hitlers Wahl? Oder betreibt Deutschland nur Interessenpolitik? Und warum glauben die Deutschen, mehr als andere zu arbeiten? Tun sie es? Und wenn, wer profitiert eigentlich davon?
- *Im US-Wahlkampf wird viel gelogen.* Nur: Warum? Warum werden andauernd Politiker gewählt, die lügen? Schätzen die Wähler das vielleicht? Ist es vielleicht eine Qualität von Politikern, zu lügen? Wo darf die Politik lügen, wo wirds gefährlich? Für den Politiker selbst, für das Land? Und welche Rolle spielen die Medien?
- *Weihnachten ist oft schlauchend.* Nur: Warum? Warum strengen einen Verwandte an, selbst wenn man sie liebt? Sind Eltern anstrengend, weil ihnen alle Versionen von einem – vom Kind bis heute – bekannt sind? Oder weil sie einen nicht kennen? Verabscheut man gewisse Familien-

mitglieder wegen ihrer Fremdheit oder ihrer Ähnlichkeit? Und geht es der Mutter, dem Vater und den Tanten gleich: dass sie einen auch als anstrengend, aber unvermeidlich sehen?

Die drei Beispiele zeigen: Mit der einfachen Frage »Warum?« gelangt man innert Minuten von einer asphaltierten Tatsache mitten in uferlosen Morast. Und das ist das Ziel. Denn der Morast ist frisch, er ist das Neue. Das üble Gefühl der Verwirrung im Kopf ist das Zeichen, auf der richtigen Fährte zu sein. Niemand hat je gehört, dass Entdecker ein bequemes Leben führten.

3. **Stellen Sie die zweite Kinderfrage: Wie genau?** Diese Frage führt Sie seltener in den Sumpf, dafür aber auf direktem Weg in die Tiefe des Themas. Und damit fast immer sofort an die Grenzen Ihres sicher geglaubten Wissens.

Fast jedes Mal verwandelt sich eine Banalität in eine Recherche. Bis Sie es wirklich wissen.

- *Exotische Finanzderivate haben das Finanzsystem destabilisiert.* Nur: Wie genau? Also: Welche? Wer hat sie entworfen? Und mit welchem Plan? Und was ist passiert, dass das Zeug toxisch wurde?
- *Viele verstecken Schwarzgeld.* Nur: Wie genau? Also: Wer? Wo? Wie viel? Mit welchen Konstruktionen? Mit wessen Hilfe? Und welchen Motiven?
- *Alle sehen US-Serien. Sie sind unglaublich gut geworden.* Nur: Wie genau ist das passiert? Also: Wer dreht, wer entwirft sie? Was macht ihre Großartigkeit aus? Und warum finanziert jemand Kunst?

Zugegeben: Die Wie-genau-Frage ist weniger unordentlich als das »Warum?«. Doch als Startrampe für zwei, drei Tage nicht unkomplizierter Recherche reicht sie fast immer.

4. **Drehen Sie Klischees um wie Steine.** Klischees sind im Alltag praktisch für schnelle Orientierung. Aber selten die ganze Wahrheit. Es lohnt sich immer, über sie nachzudenken. Etwa:

- *Der Staat ist bürokratisch, die Wirtschaft nicht.* Wirklich? Wenn Sie hinsehen, werden gerade die großen Konzerne riesige Bürokratien unterhalten. Und einige Ämter erstaunlich effizient arbeiten. Und das manchmal sogar wegen ihrer Langsamkeit.
- *Abzocker-Manager sind gierige Egoisten.* Wirklich? Agieren sie nicht eher als Herde? Und ist Gier das zutreffende Motiv? Ist es nicht eher Konvention oder Statusangst? Eigentlich: Fantasielosigkeit? Ist ihr Zugreifen ein Zeichen der Macht? Oder eine Kompensation der Ohnmacht, an der Spitze zu stehen und so wenig steuern zu können?
- *Sozialarbeiter sind Gutmenschen.* Wirklich? Die meisten, die mir über den Weg liefen, sind ziemlich klare, illusionsfreie Leute, die ihre Kundschaft gut kennen.
- *Unternehmen gehen pleite, weil gepfuscht wurde.* Wirklich? Wird nicht in jedem Unternehmen, das man gut kennt (etwa das eigene), schrecklich gewurstelt? Ohne klare Strategie? Dafür mit Widersprüchen und schrecklichen Personalentscheiden? Und wenn das so ist: Warum ist die Welt so erstaunlich pfuschresistent? Was läuft dann anders bei jenen Unternehmen, die wirklich untergehen?

Das Wichtige beim Umdrehen von Klischees ist, dass man es nicht mechanisch tut. Zwar ist es reizvoll zu behaupten: Das Gegenteil ist die Wahrheit. Beweise werden sich dafür schnell finden. Nur besagt das nichts. Denn jede noch so absurde These saugt automatisch Indizien an. (Nicht zuletzt, wenn man alles ihr Widersprechende weglässt.)

Widerstehen Sie also dieser Versuchung. Denn meistens ist das Gegenteil von Unfug ebenfalls Unfug. Man sollte Klischees umdrehen, aber nicht wie der Zauberer eine Spielkarte, sondern wie das Kind einen Stein. Um auf der Rückseite die Maden, Würmer und Ameisen zu betrachten; das Leben darunter.

Aber natürlich stimmen Umkehrungen von Klischees verblüffend oft. Am häufigsten in unserem Job, dem Journalismus. Denn nicht das Wissen ist die wahre Ressource, sondern das Nichtwissen. Und echte Profis erkennt man nicht an ihrer Abgebrühtheit, sondern an ihrer Naivität.

Guter Journalismus erklärt die Welt, sicher. Aber wirklich guter Journalismus tut auch immer das Gegenteil: Er verzaubert das Erklärte erneut.

2.5 Der 360-Grad-Blick
Wie Storyideen blind machen

Es war vor mehreren Jahren, in der Kantine. Eine Kollegin hatte gerade das Wahlporträt einer bekannten Zürcher Politikerin geschrieben. Sie erzählte nichts vom Interview selbst. Dafür vom Dialog, nachdem sie das Tonband abgestellt hatte:

> Politikerin: Bekomme ich noch Ihre Visitenkarte?
> Reporterin: Klar.
> Politikerin (*mustert die Karte*): Ein Studium haben Sie nicht?
> Reporterin: Doch.
> Politikerin: Welche Fächer?
> Reporterin: Geschichte und Philosophie.
> Politikerin: Aber nicht abgeschlossen!
> Reporterin: Doch.
> Politikerin: Mit welchem Titel denn?
> Reporterin: Licentiat.
> Politikerin (*tippt auf die Karte*): Dann gehört das aber hier drauf!

Darauf fragte ein Kollege: »Nun, hast du's ins Porträt geschrieben?« Und die Kollegin sagte: »Nein. Wieso?«

Heute weiss ich, warum: Weil ich diesen Dialog nie vergessen habe. Jedes Mal, wenn ich den Namen der Politikerin in der Zeitung lese, denke ich an diesen Dialog.

Es ist einer der tödlichsten Fehler bei Recherchen, nicht auf das Unerwartete gefasst zu sein, sondern es für ein Störgeräusch zu halten. Sicher, die Vier-Jahres-Bilanz einer Magistratin ist ein materialreiches Thema. Nur zeigte der Visitenkartendialog genauer, wer sie ist, als vieles andere.

Der Feind des glücklichen Zufalls ist der Auftrag: der, den Sie sich gegeben haben, oder der der Redaktion. Der Auftraggeber schickt jemanden zu einem Interview, einem Ereignis, einer Pressekonferenz. Und ist zufrieden, wenn das Gewünschte kommt. Nur hat der Auftraggeber keine Ahnung, was dort sonst noch passiert.

Einen meiner grausamsten Fehler als Journalist beging ich auf dem Rütli. Das Magazin *Geo* hatte mir ein irrsinniges Honorar (waren es 4000 oder 8000 Franken?) für ein Minimum an Text versprochen. Plus eine Hotelübernachtung. Ich hatte also einen ganzen Papierstoß zum Rütli gelesen – Schiller, 1291, Guisan, Sonderpoststelle etc. – und legte früh am Morgen des 1. August 2000 dort an. Die Stimmung auf dem Schiff war schon seltsam, aber auf dem Rütli war sie surreal. Überall störten über hundert Skinheads den Nationalfeiertag und meine Aufmerksamkeit bei den Recherchen. Die Neonazis buhten den Hauptredner, Bundesrat Kaspar Villiger, aus und schwenkten Fahnen, röhrten Parolen und hoben die Arme zum Hitlergruß.

Am nächsten Morgen titelte der *Blick*: »Die Schande vom Rütli!« Es wurde ein nationaler Skandal und ein tagelanges Gesprächsthema. Als ich meiner damaligen Redaktion nebenbei erzählte, dass ich dort gewesen war, wurde ich zusammengeschissen, nicht sofort die Zentrale alarmiert zu haben. Und gezwungen, einen Artikel zu schreiben. Ich schaffte es nicht. Ich hatte mit dem Rütliwirt, dem Mann von der Poststelle, einem Fahnenschwinger und weiß Gott wem gesprochen: Nur mit den verdammten Nazis nicht. Ich hatte sie nicht einmal genau beobachtet.

Wie zur Strafe kriegte ich auch den *Geo*-Artikel nicht aufs Papier. Und blieb statt auf 4000 oder 8000 Franken Honorar auf 300 Franken Spesen sitzen. Es kommt teuer, ein Blinder zu sein.

Sicher, über hundert Neonazis zu übersehen, ist eine reife Leistung. Meist dreht es sich um kleinere Dinge. Aber das sind die Dinge, die einen Text vital machen. Etwa der staubige Plastikblumenstrauß bei einer Pressekonferenz. Die Schweißperle des CEO bei der Verlesung der Bilanzzahlen. Die Art, wie die ergrauten Köpfe der Schweizer Bundesrichter über ihren schweren Mahagonipulten schweben wie milchweiße Ballone.

Unerwartete Details machen den Artikel farbig. Zwar könnte man sie weglassen, ohne dass jemand protestiert, aber sie lösen einige Probleme des Alltagsgeschäfts: Langweiliges wird spannend, Verworrenes erklärbar.

Wichtig ist bei jeder noch so banalen Recherche, vorsorglich anzunehmen, dass das eigentliche Ereignis *nicht spannend genug* wird. Und dass man schon aus professioneller Vorsicht von Anfang an einen 360-Grad-Blick einschaltet: einen Blick, der gleichzeitig in die Vergangenheit, in die Inszenierung der Sache, in die sichtbaren Kleinigkeiten und ins eigene Herz schweift.

Ist das Ereignis dann wichtig, neu oder packend, bleiben die Kleinigkeiten so etwas wie die Dekorationssalatblätter neben dem Steak.

Stellt sich aber das Ereignis (eine Pressekonferenz, eine Studie, eine Rede, ein Interview, eine Parlamentsdebatte etc.) als langweilig, absehbar oder ohne Kontext unverständlich heraus, so ist es eben das Salatblatt. Dann muss der Kellner persönlich für das Fleisch sorgen. Und das liefert nur das Rundherum.

Der Test, ob ein Ereignis wirklich eines ist, ist einfach: Was würde man davon seinen Freunden erzählen? Genauso einfach ist der Test, welche aufgeschnappten Details in den Text gehören: Welche davon würde man seinen Freunden erzählen?

Nur: Im Vorhinein weiß man fast nie, was wichtig sein wird. Deshalb sollte man sich selbst bei Alltagsjobs an das halten, was die große Dame des Schweizer Journalismus, Margrit Sprecher, über die Reportage schrieb:

Denn nichts ist stärker als die Kraft der nackten Fakten und der ungeschminkten Aussagen. Das lässt sich leicht an einem kleinen Experiment nachprüfen. Wer aus dem Gedächtnis eine Äußerung aufschreibt und sie später mit dem an Ort und Stelle notierten Satz vergleicht, wird überrascht sein von der Kürze und Prägnanz der tatsächlich gesprochenen Worte.

Das bedeutet: Aufschreiben, Aufschreiben, Aufschreiben! Notizen helfen weiter, wenn die brillante Assoziation ausbleibt oder sich die ästhetische Vollkommenheit nicht einstellen will. Es sind die tausend notierten Kleinigkeiten, die später das Kolorit der Reportage ausmachen. Nicht, dass es heiß im Todestrakt ist, will der Leser wissen, sondern dass der Gefangene auf seiner Pritsche blinzelt, weil ihm die Schweißtropfen durch die Augen rinnen. Nicht, dass das Essen im Todestrakt ungenießbar ist, mag der Leser hören, sondern dass der zum Tod Verurteilte sagt, das Huhn schmecke wie gesottener Karton.

Diese Tipps gelten nicht nur für die Königsdisziplin der Reportage. Sondern für jeden Routinejob. Notizen und ein mutiges Herz. Denn verblüffenderweise braucht es Mut, mehr als der eigenen Erwartung der eigenen Wahrnehmung zu trauen.

2.6 Ideen ausbauen und sterben lassen
Töten Sie den Tyrannosaurier, aber ziehen Sie Ihr Baby groß!

Das Ekelhafte am Schreiben ist, dass es dauernd Entscheidungen verlangt. Jedes Wort, jeder Satz könnte anders sein. Alles verdrängt, sobald hingeschrieben, Tausende von Möglichkeiten.

Bei einem Zeitungsartikel hat man zusätzlich noch Platznot. Man muss sich entscheiden: Diese Information – oder die andere? Oder: Diese Anekdote – aber dafür streicht man noch mehr Information? Und dieser hübsche Schnörkel, diese interessante Tatsache, dieses kluge Zitat – wie viel kosten sie?

Das Schreiben eines Textes ist ein Massaker an all seinen Varianten. Kein Wunder, dass viele Journalisten den Redaktionsschluss brauchen. Und die Drohungen des Schlussredakteurs. Denn mit der Pistole im Nacken wird man selbst grausam. Und tut, was man zum Überleben tun muss: seinen Artikel fertig schreiben.

Nur: Womit füllt man seinen Platz und womit nicht?

Im Idealfall brächte man in einem Text alles Material unter, das man will. In der Praxis funktioniert das nur selten. Denn Anekdoten, Beschreibungen, Einfälle und Schnörkel bleiben nicht alle schlank. Einige fangen an zu wuchern. Sie fressen plötzlich Platz. Oder dominieren durch ihren zu fremden Ton den Rest.

Was tun? William Faulkners berühmter Tipp dazu lautet: »Kill your darlings!« Also: Streich deine Lieblingsstellen!

Keine Frage, das ist oft ein guter Rat. Nur gilt manchmal auch das Gegenteil: »Kill all the others!«

Nehmen wir zwei Fälle von aus dem Ruder laufenden Storyanfängen. Einer, bei dem es schieflief. Und einer, bei dem das Gegenteil passierte.

Fall 1: Der marodierende Saurier. Im Herbst 2010 eskalierte ein weiteres Mal die Eurokrise. Die Zinsen für Staatsanleihen stiegen mörderisch und hetzten die Regierungschefs von Gipfel zu Gipfel. Mein Auftrag war, eine Analyse zum Thema zu schreiben: Was tun? Meine Hauptthese war: Die Finanzmärkte haben die Politik deshalb gehetzt, weil diese dauernd versucht hat, sie zu beruhigen. Sie brauchten nicht kleine Pflaster, sondern große Pläne. Politiker und Notenbanken würden die Märkte nur beruhigen, wenn sie noch verrückter aufträten als diese selbst.

Um die Ausgangslage der Amok laufenden Börsen zu zeigen, hatte ich – wie ich fand – eine nette Startidee. Es gibt ein altes Bonmot des Börsenprofis André Kostolany. Dieser verglich das Verhältnis von Wirtschaft und Börse mit dem Spaziergang eines Mannes mit seinem Hund. Das wollte ich aktualisieren: als Spaziergang eines Mannes mit seinem Tyrannosaurus Rex.

Nun, die Idee war erfreulich; nur die Umsetzung nicht. Denn es stellte sich heraus, dass für einen Leser, der weder Kostolany noch seinen Vergleich kannte, die Sache ziemlich schwierig zu erklären war. Ich feilte dann Stunden am ersten Absatz. Und kam auf nichts Kürzeres als das:

Der Spekulant André Kostolany verglich vor Jahren Wirtschaft und Börse mit einem Mann und seinem Hund. Während die Wirtschaft, also der Mann, ruhig dahingeht, tollt der Hund herum. Mal prescht er vor, mal bleibt er zurück, doch am Ende macht er den gleichen Weg wie der Mann.

Heute gleicht das Verhältnis eher dem Spaziergang eines Mannes mit einem Tyrannosaurus Rex. Während der Mann dahingeht, beißt der Saurier ihm ein Bein ab und macht sich dann auf Richtung Innenstadt, um dort das Regierungsviertel zu verwüsten.

Das Verheerende an diesem Anfang war, dass er weitere Erklärungen verlangte: Warum war der Finanzmarkt so mutiert?

Das zwang mich, die Ursprünge der Finanzkrise noch einmal kurz zu rekapitulieren. Und richtig kurz ging das nicht. Es fraß enorm Platz. Am Ende hatte ich wegen des Anfangs vier Fünftel meiner Zeit und mehr als die Hälfte meines Platzes verbraucht. Und konnte mich erst dann an mein eigentliches Thema machen: Was war zu tun?

Dazu waren dann weder Zeit noch Nerven noch Platz übrig. All das Zeug, was ich zu Eurobonds, Finanztransaktionssteuer, Rettungsschirmen, Fiskalunion, Währungspolitik sagen wollte, ließ sich nur noch aufzählend unterbringen: Es blieb ein blasser Brei.

Die Reaktion der Leser nach dem Artikel war dann erstaunlicherweise positiv: »Der Dinosaurier – cool«, sagten sie.

Während ich das verdammte Vieh zum Teufel wünschte. Es hatte das Zentrum des Artikels gefressen: alle Vorschläge für die Staatschefs der Eurozone.

Kein Wunder, dass diese denselben Unfug machten wie zuvor und die Krise bis heute andauert. Ich hätte den Saurier streichen sollen.

Fall 2: Das Baby aus der Mittelklasse. Der zweite Fall lag fast gleich. Wieder ein Artikel zur Krise. Diesmal die Krise des westlichen Mittelstands. Wieder hatte ich mich durch Statistiken, Artikel, Aufsätze gewühlt. Wieder hatte ich nach einem atmosphärischen Anfang gesucht – eine Notwendigkeit bei einem eher trockenen Thema.

Und wieder war mir eine Idee gekommen. Die Grundthese des Artikels war: Seit dreißig Jahren verliert die westliche Mittelklasse in Sachen Einkommen und Vermögen zunehmend

Anteile im Vergleich zu Konzernen und Superreichen. Damit verliert sie auch an politischer Macht und an finanzieller Kraft: Ihr Anteil an der Steuerbelastung steigt. Kurz: Der Westen driftet Richtung Oligarchie.

Was war das radikalste Bild für schwindenden gesellschaftlichen Einfluss? Nach etwas Überlegung kam ich auf das Baby – Symbol der Zukunft an sich. Würde ein Kind in der Mittelklasse noch so viel verdienen und politisch so viel zu sagen haben wie einst seine Eltern? Und noch böser: Würden die Eltern in Zukunft noch dem Baby etwas zu sagen haben? Angenommen, die Mittelklasse steigt ab – nützen dann die Erfahrungen der Eltern noch etwas, die doch in einer Welt des Wohlstands aufgewachsen sind?

Dann feilte ich an dem ersten Absatz. Wie der Tyrannosaurus Rex war auch die Story vom Baby und der Entwertung seiner Eltern nicht leicht auf die Reihe zu bringen. Zumal sich das Baby-Thema mit dem geplanten Ton biss: Ursprünglich wollte ich eine kühle Analyse rund um recherchierte Statistiken schreiben. Doch dann fiel mir bei der Beschreibung des Babys viel zu viel ein. Kein Wunder, ich hatte seit mehr als einem Jahr eins zu Haus.

Schließlich wurde mir klar, dass das Baby und die Hilflosigkeit seiner Eltern in einer veränderten Welt mich mehr interessierten als die Statistiken der Einkommensscheren in den USA und Europa. Also beschloss ich, meine Statistiken zum Teufel zu schicken.

Das Baby musste ins Zentrum. Und zwar nicht nur platzmäßig, sondern konsequenterweise auch in Stil und Form: Einfache Sätze, wie an der Wiege gesprochen. Und die böse Botschaft brauchte nun einen warmen Ton (Babys halten wenig von kühler Analyse). Und – wenn man schon dabei war – warum nicht gleich die ganze Analyse direkt ans Baby richten?

Die Folge: Im gesamten ersten Drittel des Artikels über den Untergang der Mittelklasse kam – außer im Übertitel – das Wort Mittelklasse nicht einmal vor. Das sah dann so aus:

Memorandum an das Baby Lynne über die Zukunft der Mittelklasse

Mein Kleines,

noch hast du mehr Macht als später je in deinem Leben. Wie alle Babys hast du etwas Imperiales. Die Gnade, mit der du den Plüschbären oder den Löffel Brei entgegennimmst. Den Zorn, mit dem du sie von dir weist. Dann deine beiden privaten Leibdiener, die dich speisen, kleiden und putzen wie einen König.

Und schließlich der Zuspruch aus der Bevölkerung! Auf deinen Spazierfahrten am Fluss oder in der Migros neigen sich wildfremde Herren und Damen vor dir und warten gierig auf dein Lächeln. Niemand, der nicht Bewunderung äußert. Noch wirst du verehrt und geliebt, einfach, weil du da bist. Das Willkommen gilt deiner puren Existenz.

In deiner gehobenen Position hast du über Monate nur ein einziges Wort gesprochen: »Nein.« Keine bescheidene Wahl – das Machtwort an sich.

Aber, Kleines, wird deine Herrschaft anhalten? Ich fürchte: nein. Zunächst, weil du gerade den Fehler aller Kinder begehst. Du fängst an, mehr als ein Wort zu sprechen. Wohl nicht zuletzt, damit deine Wünsche etwas schneller ausgeführt werden. Doch das ist ein Irrtum. Denn wer spricht, bekommt auch etwas zu hören: erst von den Eltern, dann in der Schule, dann im Büro. Immanuel Kant wusste das, als er schrieb: »Paviane könnten sprechen, wenn sie nur wollten; sie tun es aber nicht, weil sie ansonsten zur Arbeit herangezogen werden.«

Kühn ist dein »Nein« aber auch, weil es nicht deinem Stand entspricht. Denn, wenn nicht alles täuscht, wirst du in eine Welt hineinwachsen, in der Leute wie du nicht mehr oft »Nein« zu sagen haben werden.

Und erst hier wurde dann die Kurve zur Mittelstandsproblematik gedreht. Sieht man sich obige Ansprache genau an, fällt einem auf, dass man die lange Passage mit dem Sprechenlernen oder den Absatz mit Immanuel Kant hätte streichen können. Denn das Scharnier, um vom Baby auf das Thema Mittelklasse zu schwenken, ist das Wort »Nein«. Das Wort, das im Fall der Entmachtung nicht mehr gesagt werden kann.

Ich überlegte lange, ob ich den Absatz streichen sollte, und tat es nicht. Aus drei Gründen: Erstens, weil das Thema des Artikels – eine Machtverschiebung – im Absatz stark vorhanden ist. Zweitens: Er machte mir Spaß. Drittens: Wenn man schon in ein Motiv auf Kosten aller anderen investiert, dann soll man nicht kleckern, sondern klotzen.

Der Rest des Artikels war dann einfach zu schreiben. Der Aufstieg der Superreichen wurde nur knapp und nebenbei skizziert: die immer größeren Gehälter, Villen, Jachten, Steuergeschenke. Dafür investierte ich den Rest des Platzes in die Sorgen des Vaters, dem Kleinen später nichts mehr zu sagen zu haben. Weil die Welt, in der er seine Erfahrungen gemacht hat, nicht mehr existiert.

Der Schluss des Artikels kehrte dann konsequenterweise zum Baby zurück. Zu seiner Zukunft in einer oligarchischen Welt, zu seiner Gegenwart in der Wiege:

> Also, Kleines, was also soll ich dir einmal raten? In irgendwelche Dienste zu treten? Es nicht zu tun? Nun, ich weiß es nicht. Sicher sind dir nur die Liebe aller, der Plüschbär und der Schlaf. Und dass niemand vorhersagen kann, was kommt.

Was mir – wenn ich schon mal beim Selbstlob bin – bei diesem Schluss sehr gut gefällt, ist der kleine Disclaimer am Schluss. Da der Artikel sich um das Baby und seinen Vater dreht, sind die ökonomischen Analysen nur sehr grob gezeichnet. Und Prognosen sind immer kühn. Sobald man vergröbert, auf Zeitungs-papier, ist zumindest ein kleiner Zweifel am Ende oft die bessere Lösung als ein Donnerwort. Denn, wer weiß, hoffentlich hat man nicht recht.

Jedenfalls ging ich nach diesem Artikel nach Hause mit dem Gefühl, ein paar verdammt richtige Entscheidungen getroffen zu haben.

Bleibt die Frage, welche aus dem Ruder laufenden Einfälle bös-artige Echsen und welche legitime Kinder sind. Die Entschei-dung ist manchmal Glückssache. Man merkt teilweise viel zu spät, ob man richtiglag.

Aber eine grobe Checkliste lässt sich machen:

- Läuft die wuchernde Idee beim Schreiben flüssig, fühlt man sich (trotz aller Sorge, dass man gar nicht mehr das unter-bringen kann, was man geplant hat) wohl und erfrischt → *Drinlassen und den Plan des Artikels ändern.*
- Passiert das Gegenteil, und jeder zweite Satz harzt → *Erst die Idee kleinfeilen. Und wenn das nicht schnell klappt: streichen.*
- Führt die Idee vom Zentrum des Artikels weg, und muss man in den Absätzen danach Spitzkehren machen, um irgendwie zum Thema zu kommen → *Streichen.*
- Ist die Idee, die Probleme macht, nur ein Gag (auch wenn er gelungen ist) → *Unbedingt streichen.*
- Steht die Idee, die Probleme macht, im emotionalen Zen-trum des Artikels → *Drinlassen. Dafür sofort alles, was sie behindert, streichen.*
- Führt einen eine inhaltliche Idee zu einer ästhetischen Idee, wie man den Artikel in einer ungewöhnlichen Form (etwa ein Brief, eine Liste, ein Gedicht, ein Notizbuch, ein Dialog, was auch immer) schreiben könnte → *Sofort alles Bisherige wegwerfen und alles auf die Idee setzen. Denn hier haben Sie*

die seltene Chance, den Jackpot zu knacken. Eine ungewöhnli-
che Formidee im Journalismus zu haben, heißt immer: Sie ha-
ben die Chance, etwas wirklich Ungewöhnliches in die Welt zu
setzen.

- Im Zweifelsfall → *Werfen Sie eine Münze, und folgen Sie deren*
  Weisheit. Aber tun Sie es konsequent. Zahl: komplett streichen.
  Kopf: gnadenlos ausbauen.

Letzter Rat scheint vielleicht leicht unanständig. Aber Schreiben
ist Entscheiden. Und selbst ein radikaler Fehler liest sich interessanter als ein undurchdachter Kompromiss.

3

Tricks und Techniken

3.1 Die Ratteninsel, Teil I
Die Theorie

Irgendwann, vor einigen Jahren, erzählte mir mein Bruder von folgendem Experiment:

Wissenschaftler warfen Ratten einzeln in ein zur Hälfte mit Wasser gefülltes Aquarium. Die Glaswände an der Seite waren nicht erklimmbar. Die Ratten kämpften nun um ihr Leben, und die Wissenschaftler maßen die Zeit, bis sie aufgaben und ertranken. Im Schnitt hielt eine Ratte neunzig Minuten durch.

In der zweiten Versuchsreihe setzten die Wissenschaftler nach dreißig Minuten eine kleine Insel aus Holz ins Aquarium. Die Ratte kletterte drauf und erholte sich fünf Minuten. Dann zogen die Forscher die Insel wieder weg. Und obwohl sie vorher schon eine halbe Stunde gekämpft hatte, paddelte die durchschnittliche Ratte noch einmal fast drei Stunden, bevor sie aufgab und ertrank.

Sie paddelte, *weil sie die Hoffnung hatte, dass die Insel wieder auftauchen würde.*

»Wie diese Ratten«, schloss mein Bruder, »so sind die Leser.«

Und er hat recht. Man muss seinen Lesern in jedem Text früh eine Insel Hoffnung geben. Je länger der Artikel ist, je härter, je ernster und abstrakter das Thema, desto dringender ist der Einbau von Ratteninseln. Nicht als Option, sondern als Notwendigkeit. Denn Seriosität ohne Unterhaltung ist keine ernsthafte Seriosität. Die Unterhaltung muss keinesfalls durchgehend sein, es reicht, wenn sie zu Anfang ein, zwei Mal zuschlägt. Dann kann man den Lesern fast alles zumuten: komplexe Argumentationen, Volkshochschule, Statistiken, Predigten, Differenzierungen, welchen harten Stoff auch immer. Denn die Leser werden bis zum Ende folgen, *weil sie die Hoffnung haben, dass die Insel wieder auftauchen wird.*

Deshalb ist es Pflicht jedes Journalisten, schon bei der Recherche des Artikels über die Insel nachzudenken. Viele glauben, Witze, Anekdoten, Showeinlagen seien bei wichtigen Themen bestenfalls ein Schnörkel. Das stimmt nicht. Sie gehören zum Zentrum des Artikels, so wie die Würmer zum Angelausflug. Ohne sie kann man sich die Mühe sparen.

Am cleversten wird die erste Ratteninsel irgendwo in den ersten drei Absätzen des Artikels platziert. Technisch ist es am einfachsten, einen Witz, eine Szene oder Anekdote gleich am Anfang des Artikels einzubauen, im ersten Satz oder Absatz. Das ist legitim, aber ein Risiko. Denn der erste Satz (oder der erste Absatz) setzt den Ton des Artikels. Es entsteht dann oft eine Disharmonie, die man in vielen *Spiegel*-Artikeln findet: Sie beginnen fast zwanghaft mit einem szenischen Einstieg und rattern dann enttäuschend konventionell weiter. Aber falls einem nichts Besseres einfällt: besser eine Ratteninsel zum Start als keine.

Nebenbei, es gibt auch eine Notfallmaßnahme, die Disharmonie eines zu vielversprechenden Anfangs wieder aufzuheben. Und zwar, indem man am Ende des Artikels, im Schlussabsatz, wieder auf den Einstieg eingeht: Dann wirkt der Artikel wie ein Bonbonburger für Vegetarier: ein riesiges Stück Tofu zwischen zwei Lakritzscheiben. Nicht die perfekte Form, aber eine mögliche (→ Kap. 3.11).

Die zweite Ratteninsel platziert man am besten etwas später, spätestens nach dem ersten Drittel des Artikels. Danach kommt man lange ohne Showeinlage aus, denn der Leser hat genug Hoffnung geschöpft.

3.2 Die Ratteninsel, Teil II
Die Praxis

»Du kannst immer improvisieren, wenn du hervorragend vorbereitet bist.«

Der Entertainer Sammy Davis junior hat recht. Witz oder Originalität sind fast nie das Resultat von Inspiration, sondern von gut versteckter Fleißarbeit. Und das nicht nur auf der Bühne. Auch im Journalismus ist clevere Unterhaltung weniger eine Frage des Kopfes als eine des Hinterns. Also eine Frage der Recherche.

Gefordert ist eine Recherche, die ihre Netze so weit wie möglich auswirft. Nicht nur auf die offensichtlichen Hauptsachen wie Neuigkeiten, Zahlen und Fakten, sondern auch auf die ebenso wichtigen Nebensachen: Anekdoten, Zitate, Absurditäten.

Diese Art Recherche liefert den Rohstoff für die Ratteninsel. Im Prinzip ist eine Ratteninsel einfach zu definieren: Sie muss schlicht Vergnügen bereiten. Der Test, ob eine Ratteninsel eine Ratteninsel ist, ist erstaunlich einfach: Würde sie, bei einer Party erzählt, Punkte machen?

Idealerweise hat die Insel dabei mit dem Kern Ihres Themas zu tun, aber nicht zwangsläufig: Besser ein verblüffendes Bonbon als gar keins. Weit wichtiger ist das Tempo. Die Ratteninsel ist knapp und schnell, damit Sie nicht viel an Platz und Schwung verlieren. Schließlich soll der Leser sich nicht wirklich darauf ausruhen, sondern danach kräftig weiterpaddeln.

Zur Illustration nehmen wir ein Fallbeispiel: ein Artikel über Finanzderivate. Ein unbestritten relevantes, aber ekelhaft komplexes, also leserabstoßendes Thema.

Bei einer Recherche dazu muss man ziemlich viel lesen, ziemlich viel denken und sich mit ein paar Fachleuten beraten. Aber da das Thema sämtliche Nichtfachleute abschreckt, muss man zwingend auch ein paar Ratteninseln recherchieren.

Nur, wo finden und stehlen?

Etwa hier:

1. **Zitate.** Eigentlich benötigt Kultur seit drei Jahrtausenden nur zwei Rohstoffe: Geld und Zitate. Zitate sind auch im Tagesgeschäft höchst brauchbar. Schon allein, weil man selbst bei vollkommener Inspirationslosigkeit Inspiriertes findet. So stößt man mit der Google-Suche »Derivate« und »Zitate« schnell auf folgende zwei Statements. Damit könnte der Anfang Ihrer Story wie folgt aussehen:

> Derivate sind das Komplexeste, was die Finanzindustrie hervorgebracht hat. So komplex, dass selbst die Profis darüber verzweifelt uneinig sind. Der berühmteste Investor der Welt, Warren Buffett, nannte Derivate »finanzielle Massenvernichtungswaffen«. Während der berühmteste Banker der Welt, Allan Greenspan, über sie sagte: »Nichts hat die Welt so sicher gemacht.«

Für obigen Auftakt sprechen ein paar Argumente: Er kommt schnell zur Sache. Und er nimmt dem themenfremden Leser auf unauffällige Weise die Scheu. Zunächst, weil zugegeben wird, was er fürchtet: Die Sache ist komplex. Und dann, weil ihm gesagt wird, dass Nicht-Wissen nicht schlimm ist: Auch die Profis sind verwirrt.

Aber Achtung! Bei allen etwas informierteren Lesern sind die beiden Zitate ziemlich berühmt. Wichtig an Zitaten ist, dass sie nicht zu bekannt sind. Und dass Ihr Zitat nicht zu platt das behauptet, was Sie gesagt haben oder sagen werden. Dann wirkt es ein wenig rechthaberisch. Die Kunst des Zitierens verlangt, dass das Zitat leicht schräg zum Inhalt steht. Dann funkelt es.

Also suchen Sie auch zu verwandten Stichworten wie »Banken«, »Komplexität«, »Katastrophe«, »Geld« oder »Verwaltungsrat«. Dann könnten Sie etwa mit folgendem Schnörkel einsteigen:

> Die Verwaltungsräte der Banken rechtfertigten ihre Millionenschecks lange mit Erfahrung und Überblick. Doch die Finanzkrise überraschte fast alle. Was an den Satz des langjährigen Chefs der Deutschen Bank, Hermann Abs, erinnerte: »Was ist der Unterschied zwischen einer Hundehütte und einem Verwaltungsrat? Die Hundehütte ist für den Hund, der Verwaltungsrat ist für die Katz.«
>
> Doch hatte die Bankspitze die geringste Chance, ihre Branche zu verstehen? Denn Derivate sind das Komplexeste, was die Finanzbranche erfunden hat.

Hier – zugegeben – drehen Sie eine kleine Ehrenrunde. Aber eine lohnende. Denn mit dem Abs-Zitat haben Sie Lacher, also Leser, auf Ihrer Seite. Man wird Ihnen gut gelaunt in den Sumpf folgen.

Möglich wären für den Einstieg auch noch andere Zitate. Etwa der Satz des Ex-US-Notenbankchefs Paul Volcker: »Die einzig sinnvolle Innovation der Bankenindustrie der letzten dreißig Jahre war der Bankomat.« Oder der Schlachtruf des US-Bankers John Mack, der als Chef der Derivateverkaufsabteilung von Morgan Stanley seine Angestellten wie folgt motivierte: »Ich rieche Blut im Wasser! Lasst uns rausgehen und jemanden töten!« (Womit er Morgan Stanleys Kunden meinte.)

2. **Witze.** Gute Witze sind weit schwieriger zu bekommen als gute Zitate. Denn die Anforderungen sind hoch. Witze sind

nur dann gut, wenn sie a) neu, b) kurz, c) wirklich witzig und d) philosophisch sind. Sodass Witze sehr selten passen. Im Derivateartikel würde (nicht als Einstieg, aber später im Text) etwa einer meiner Lieblingswitze funktionieren:

Eigentlich schien alles perfekt organisiert: Hauskäufer nahmen Schulden bei Hypothekenbanken auf, die lieferten sie an die Derivatabteilung der Großbanken, diese verpackten die Schulden als Papier und lieferten sie an die Verkaufsabteilung, die die Papiere den anderen Banken verkaufte, wobei diese mit einem Kredit bezahlten, den sie von weiteren Banken erhalten hatten. Am Ende waren die Schulden überall – und nirgends.

Damit glich das weltweite Bankensystem dem Witz von dem Professor der Betriebswirtschaft, der nach dem Tod in die Hölle kommt und dem Teufel erklärt, wie man die Hölle organisieren soll. Worauf der Teufel zu lachen anfängt und sagt: »Aber Herr Professor, die Organisation – das ist die Hölle!«

3. **Anekdoten.** Anekdoten sind immer hervorragend: Menschen merken sich Geschichten, nicht Tatsachen. Deshalb wäre auch dieser erzählerisch ruhige, sachlich beunruhigende Anfang denkbar:

Selbst Profis rechneten mit dem Zusammenbruch des Weltfinanzsystems. Der Chef der 800-Milliarden-Dollar Investmentfirma Pimco, Mohamed El-Erian, schickte 2008 zwei Mal seine Frau per Telefon zum Bankomaten, um so viel Bargeld wie möglich abzuheben. Ein Mal nach dem Konkurs von Lehman, ein Mal vor der Abstimmung über das 700-Milliarden-Dollar-Finanzpaket im amerikanischen Kongress: »Wäre es nicht bewilligt

worden, wäre das System binnen Stunden zusammen-
gebrochen.«

Der Grund für den Beinahe-Zusammenbruch des
Finanzsystems waren die raffiniertesten Produkte, die
dieses Finanzsystem je erfunden hatte: Derivate.

Oder, später im Text, könnten Sie in dem Moment, wo Sie beschreiben, dass sämtliche Finanzinstrumente, die ab 2007 das
Weltbankensystem fast in die Luft sprengten, sieben Jahre zuvor noch unbedeutende Nischenprodukte waren, folgende
Anekdote über den Bankier Fürstenberg einschmuggeln:

Der Bankier Fürstenberg war auf seinem Abendspazier-
gang, als er den Ruf hörte: »Haltet den Taschendieb!«
Und sagte: »Ach, lassen Sie ihn laufen, wir haben alle
klein angefangen.«

Oder bei der Erwähnung des Lehman-Crashs können Sie
kurz an den ausgestopften Gorilla im Büro des Lehman-
Chefs Dick Fuld erinnern. Diesen hatten Angestellte ihm geschenkt, weil Fuld den Spitznamen »der Gorilla« trug. Und
zwar, weil er nie sprach, sondern prinzipiell nur knurrte. Und
zwar Sätze wie: »Ich will meinen Konkurrenten das Herz he-
rausreißen und es vor ihren Augen essen, während sie noch
leben.«

Nicht, dass die letzten zwei Anekdoten allzu Wesentliches
zum Verständnis beitrügen. Aber als Erholungsinsel tun sie
ihren Job.

4. **Interessantes aller Art.** Leser sind neugierig, sonst wären sie
   keine. Das heißt, sie sind an interessanten Dingen immer interessiert; auch wenn diese vielleicht einen kleinen Umweg zu
   Ihrem Hauptthema darstellen. Das stört keinen. Denn auch
   Ihr Hauptthema ist für den Leser, der bei seinem Morgenkaf-

fee sitzt und eigentlich völlig andere Sorgen als Ihren Artikel hat, auch nichts anderes als ein Umweg in den Tag.

So könnten Sie den Derivateartikel auch mit folgendem interessanten Seitenpfad beginnen:

> Fast alle Journalisten waren blind. Eine der ganz wenigen, die die Finanzkrise kommen sahen, war die Finanzmarktredakteurin der britischen *Financial Times*: Gillian Tett. Sie entdeckte sie, weil sie nicht Wirtschaft studiert hatte, sondern Ethnologie: »Ich habe als Ethnologin gelernt, dass man, um eine Gesellschaft zu verstehen, nicht nur die Teile betrachten muss, über die alle reden, in diesem Fall die Aktienmärkte und die großen Fusionen, sondern auch die gesellschaftlichen Schweigezonen.« Tett fand bei ihren Recherchen einen gigantischen Markt, über den niemand sprach: Derivate.

5. **Beobachtungen.** Eigentlich die beste aller Ratteninseln. Der Augenzeuge, der Bericht eines einzelnen Menschen, war schon immer eine glaubhafte Quelle. Da aber beim Thema Derivate kaum Beobachtungen machbar sind, fällt diese Möglichkeit diesmal weg.

6. **Coole, knappe Naseweisheiten.** Durchgehend sachliche Artikel weisen selten über den Horizont ihres Kernthemas hinaus. Dem kann abgeholfen werden, indem man so dezent wie frech ein paar sloganartige Weisheiten in den Text einstreut. Das ist auch bei alltagsfernen Themen wie Derivaten möglich.

So ließe sich etwa das Faktum, dass die für die Spekulation heißesten Finanzderivate ursprünglich als das pure Gegenteil, nämlich als Versicherungsinstrumente, erfunden wurden, mit folgendem Satz kommentieren: »Es ist ein altes Lied: Wer die Sicherheit sucht, findet den Tod.«

Oder das Faktum, dass die Banken die Schrotthypotheken, die sie ursprünglich als vermeintlich todsichere Papiere an naive Kunden verscherbelten, plötzlich selbst kauften: »Es ist immer eine schreckliche Sünde, an die eigene Propaganda zu glauben.«

Achtung: Das erste Problem bei derartigen Smart-Ass-Bemerkungen ist, dass sie verflucht schnell kommen müssen und dass sie nicht abgegriffen sein dürfen. Im letzten Fall wäre etwa der alternative Satz »Wer anderen eine Grube gräbt, fällt selbst hinein« keine Option. Das zweite Problem ist, dass Sie quasi automatisch eine Hochstapelei begehen: Wie bei allen allgemeinen Bemerkungen über das Leben ist das Gegenteil meist ebenso richtig. Ich mag sie trotzdem. Erstens machen sie dem Autor Spaß (mir jedenfalls). Zweitens liefern sie so etwas wie eine Zusammenfassung. Und sie garantieren einen Rhythmuswechsel im Text. Schon allein dieser erholt den Leser.

7. **Atmosphäre.** Seriöse Texte können nicht nur durch Einsprengsel wie Anekdoten, Beobachtungen, Zitate lesbarer gemacht werden, sondern durch die reine Intensität der Beschreibung. Auch Atmosphäre hält Leser bei der Stange.

Dazu eine Erinnerung des Krimiautors Raymond Chandler. Chandler war als Manager einiger kleinerer Ölfirmen gescheitert, fünfzig Jahre alt und arbeitslos, als er ein zweites Leben als Autor von Detektivgeschichten begann. Er veröffentlichte seine ersten Erzählungen in Schundheften. So gut wie niemand nahm diese Hefte literarisch ernst – außer Chandler selbst. Er feilte an seinen Geschichten mit einer Energie, als ginge es um sein Leben. Und wählte damit die richtige Strategie.

Hier seine Tipps, gefunden in seinem Brief- und Essayband *Die simple Kunst des Mordes* – einem der besten Bücher über das Schreiben:

Vor langer Zeit, als ich noch für Groschenzeitschriften schrieb, schob ich in eine Geschichte wohl mal einen Satz ein wie etwa: »Er stieg aus dem Wagen und ging über den sonnengetränkten Bürgersteig, bis die Schatten der Eingangsmarkise über sein Gesicht fielen wie ein Schwall kühlen Wassers.« Das strichen sie dann raus, wenn die Geschichte gedruckt wurde. Ihre Leser schätzten so was nicht – das hielte bloß die Handlung auf.

Ich nahm mir vor, sie zu widerlegen. Meine Theorie ging dahin, dass die Leser nur *dachten*, sie interessierten sich für nichts als die Handlung; dass sie in Wirklichkeit aber, obwohl sie's gar nicht wussten, genau an dem interessiert waren, was mich auch interessierte: an der Entstehung von Gefühl durch Dialog und Beschreibung. Was ihnen im Gedächtnis blieb, was sie verfolgte, war zum Beispiel nicht bloß einfach die Tatsache, dass ein Mann umgebracht wurde, sondern dass er im Augenblick seines Todes gerade versuchte, eine Heftklammer von der polierten Schreibtischoberfläche aufzunehmen; sie entschlüpfte ihm immer wieder, sodass sein Gesicht einen Ausdruck der Anstrengung zeigte, und das Allerletzte auf der Welt, an das er gedacht hätte, war der Tod. Er hörte ihn nicht einmal an die Tür klopfen. Diese kleine Heftklammer schlüpfte ihm immer wieder aus den Fingern.

Journalisten, die sich nicht für Kriminalromane interessieren, können am Anfang des zweiten Abschnitts des Zitats das Wort »Handlung« durch das Wort »Information« ersetzen.

So weit zur Ratteninsel. Um eilige Leser zu warnen: Mit der Beschreibung der Inseln wurde noch fast nichts über die Substanz eines Artikels gesagt. Hier wurde nicht übers Fleisch geschrieben. Sondern ausschließlich übers Gewürz.

3.3 Zwischentitel
Das Problem der Übergänge

Das Telefon klingelte. Ich nahm ab.

»Wie konntest du nur?«, fragte meine Großmutter.

»Was?«, fragte ich.

»Wie konntest du das nur schreiben?«, fragte sie.

»Äh, welchen Artikel meinst du?«

»Den über unsere Familie. Erstens stimmt höchstens die Hälfte. Und zweitens unter diesem schrecklichen Titel!«

Plötzlich wusste ich, was sie meinte. Mein Familienartikel hatte es bis nach Deutschland geschafft. Etwa zwei Jahre nach seinem Erscheinen. Irgendein böser Mensch hatte ihn meiner Großmutter gegeben.

»Wie konntest du nur *diesen Titel* darüber setzen?«, sagte sie.

Ja, wie konnte ich nur?

Ich weiß noch, wie glücklich ich war, als ich auf die Idee dafür kam. Es war die perfekte Lösung für ein vertracktes technisches Problem: das Problem der Übergänge in einem unstrukturierten Stoff.

Mein Auftrag war, eine Seite in einer Weihnachtsbeilage zum Thema Familie zu füllen. Ich wusste sofort, was ich schreiben wollte: die besten Familienanekdoten.

Ich hatte sicher fast hundert davon im Ohr. Es war das Erbe einer langen Kindheit, in der ich lange zuhörte: meiner Mutter, meinen Großeltern. Es waren fast alles Geschichten, die sich um Katastrophen drehten: um Politik, Krieg und Flucht.

Und deshalb fiel das Schreiben auch leicht. Wegen ihrer Dramatik konnte man die einzelnen Anekdoten kaum verhauen. Doch dann stieß ich auf ein ernsthaftes Problem: die Übergänge dazwischen. Sie liefen etwa so: »Zwanzig Jahre vor dieser Geschichte, diesmal in Österreich, hatte eine andere Tante von mir ein anderes Problem.«

Oder: »Der Bruder der Tante aus der vorherigen Geschichte war fünfzehn Jahre später ...«

Egal, wie lang man daran feilte, die Zwischenpassagen blieben umständlich. Sie machten den Text teigig und verworren. Ich verzweifelte eine halbe Nacht, bis ich auf die richtige Konstruktion kam. Sie schien mir so kühn, so schlank wie die ersten Häuser aus Stahl und Glas.

Ich gab dem Text den Titel »Die sieben Todsünden«, strich alle Übergänge komplett und verwendete stattdessen die einzelnen Sünden als Zwischentitel.

Der Text sah in der Struktur dann so aus (hier in der kürzesten Zusammenfassung):

Die sieben Todsünden
Einiges über die Sünden meiner Großonkel und Großtanten – über Liebe, Verrat, Militär, Pornografie und den Umgang mit Hitler.

1. Neid. Mein Urgroßonkel Ferdinand verkaufte 1918 für 1,5 Millionen Reichsmark seine Luxusvilla in Hamburg. Ein Vermögen, das ihm ein Bohemienleben auf immer garantierte. Fünf Jahre später, auf dem Höhepunkt der Inflation 1923, konnte er sich gerade noch ein Brötchen dafür kaufen. Er lebte dann verbittert in einer Mansarde, bis ... Bis bei einem Flugzeugangriff 1944 die Villa samt der Familie des Käufers zerbombt wurde. Worauf Ferdinand, als vielleicht Einziger unter den Millionen Toten damals, mit einem Lächeln auf dem Gesicht starb.

2. Zorn. Die Geschichte meines Großonkels Kurt, der im Ersten Weltkrieg ein Flieger-Ass gewesen war. Und als Offizier später noch im Freikorps aktiv war. Der Profisoldat heiratete eine Bankdirektorentochter. Und wurde von der neuen Familie gezwungen, in der Bank ganz unten am Schalter anzufangen. Seine Kollegen hassten ihn, weil er der Schwiegersohn des Chefs war und als Offizier privat nicht mit ihnen sprach. Schließlich klagten sie ihn der Unterschlagung von 10 Pfennig an. Kurt ging nach Hause und erschoss sich. Das war 1932. Ein Jahr später hätte man einen Mann wie ihn wieder gebraucht.

3. Wollust. 1948, an der Zonengrenze, rettete Pornografie meines Großvaters meiner Großmutter das Leben. Sie hatte ihren Hausrat aus Jena herausbekommen und saß in einem offenen Eisenbahnwaggon. Die Russen durchsuchten die Kisten. In der dritten fanden sie die Aktzeichnungen meines Großvaters aus der Kunstakademie. Sie zeigten sich aufgeregt (mein Großvater war ein sehr präziser Zeichner), und meine Großmutter sagte: »Nehmt!« Darauf schlugen sich die Russen damit in die Büsche. Was meine Großmutter nicht wusste: In der Kiste, die die Russen als Nächstes durchsucht hätten, war noch das alte Seitengewehr meines Großvaters verpackt. Damals stand auf Waffenschmuggel Todesstrafe.

Und so fort. Pardon, ich bin abgeschweift. Worum es ging: Im Halbfeuilleton stößt man immer wieder auf dasselbe Problem: unstrukturierter Stoff. Das kann eine Sammlung von Anekdoten, Skizzen oder Reflexionen sein. Oder eine impressionistische Reportage wie etwa eine Nacht quer durch die Bars der Stadt, in der Notfallaufnahme oder mit dem Securitaswächter. Jedenfalls ein Stoff mit vielen Einzelteilen, ohne klaren Höhepunkt und ohne klare Hierarchie.

Immer stellt sich dann das Problem der Übergänge zwischen den Einzelteilen – und die besten Übergänge sind keine. Sondern harte Schnitte. Deshalb lohnt es sich, in solchen Fällen länger über einem Konzept von Zwischentiteln zu brüten.

Dieses Korsett sollte im Idealfall dem Leser schon bekannt sein. Dadurch schafft es einen klaren Rahmen für die Bausteine in Ihrem Setzkasten. Oder genauer: Es schafft den Setzkasten selbst. Dabei tut es nichts zur Sache, wenn es leicht absurd ist.

Denkbar wäre etwa (für die Nacht in der Bar oder Reflexionen zum Lesen oder die Notfallaufnahme etc.):

Der Passionsweg: **Hosianna – Judaskuss – Kreuzigung – Auferstehung**

Das Fußballspiel: **Ermahnung des Trainers – Anstoß – Tor – Pausentee – Gegentor – Verlängerung**

Der Weg der Liebe: **Der Blick – Der Flirt – Die Nacht – Die Hochzeit – Das Schweigen**

Das Reaktionsmuster auf Schocks: **Leugnen – Wut – Verhandeln – Resignation – Akzeptanz**

Ein Abzählreim, etwa: **Ene, mene Tintenfass – Geh in die Schul' und lerne was – Wenn du was gelernt hast – Komm nach Haus und sage was – Eins, zwei, drei – Und du bist frei!**

Ein Countdown: **10 – 9 – 8 – 7 – 6 – 5 – 4 – 3 – 2 – 1 – Zündung**

Oder Song- oder Buchtitel oder systematisch ausgewählte Zitate (alle desselben Autors oder alle von Zuckerpäckchen).

Gerechtfertigt werden muss die Konstruktion fast gar nicht. Im Grunde genügt ein Satz im Lead des Textes. Etwa: »Eine Nacht in den Zürcher Bars ist wie der Leidensweg Jesu«, oder: »Der Weg durch die Frankfurter Buchmesse fühlt sich an wie das Reaktionsmuster auf ein schreckliches Unglück«.

Das klappt. Denn deprimierenderweise wird eine strikte Ordnung fast immer akzeptiert, so verrückt sie auch ist.

3.4 Im Notfall

Werfen Sie Glasperlen vors Volk

Bei komplexen Stoffen landen Sie manchmal tief im Morast. Sie ersaufen im Material: Auf Ihrem Tisch wachsen zentimeterdicke Papierstapel, beschmiert mit Notizen. Aber Teufel, Sie haben nicht die mindeste Haltung zu Ihrem Stoff gefunden. Sie wissen hundert Dinge, nur nicht, was das Ganze soll.

Der beste Notfallrat gleicht dem, den mir mein Freund Paolo Fusi gab, als er mich in Erfurt als Co-Moderator in seine Sendung schleifte.

»Ich habe noch nie Radio gemacht«, protestierte ich.

»Kein Problem«, sagte Paolo. »Sag einfach einen Gedanken pro Satz. Dann sind alle glücklich.«

»Und wenn ich keinen Gedanken mehr habe?«

»Dann spielen wir Musik. Dann sind alle noch glücklicher.«

Und so ist es, nur ohne Musik. Im Notfall genügt ein halbwegs vernünftiger Gedanke. Und dann der nächste. Und dann der nächste.

In der Klemme wäre mein Rat, schnell folgenden Fresszettel zu machen:

- Die zwei, drei amüsantesten Anekdoten
- Die zwei, drei wichtigsten Informationen
- Die zwei, drei schmissigsten Zitate
- Die zwei, drei cleversten Gedanken
- Die zwei, drei naseweisesten Nebenbemerkungen Ihrerseits

Und dann reiht man das Interessanteste auf dem Fresszettel skrupellos aneinander, nach dem Prinzip Perlenkette. Präziser gesagt: Glasperlenkette. Denn die Kette ist die billigste dramaturgische Struktur. Sie kennt keine Steigerung, keinen Anfang, kein Ende, also weder Entwicklung noch Fazit – und sie pflegt am schwächsten Glied zu reißen.

Deshalb ist es wichtig, falls einem keine bessere Lösung eingefallen ist, auch nicht so zu tun, als ob. Und keinen Platz und keine Energie auf ehrgeizige Überleitungen oder sonstiges Füllmaterial zu verwenden. Man fädelt mit so knappen Überleitungen wie möglich die interessantesten Perlen aneinander und lässt die weniger interessanten weg.

Um das Publikum ein wenig zu bluffen, hilft am Ende der Schwanzbeißertrick (→ Kap. 3.11), der Geschlossenheit vortäuscht.

Manchmal haben diese Notartikel durchaus einen rauen, glitzernden Charme. Und da Leser Kinder sind, freuen sie sich oft über Glasperlenschnüre.

Nur: Lassen Sie sich von eventuellem Lob nicht den Kopf verdrehen. Sie habens nicht gepackt. Sondern nur in Würde Ihren intellektuellen Hintern gerettet. Betrügen Sie Ihre Leser, aber niemals sich selbst. Sagen Sie: Nächstes Spiel, nächstes Glück.

3.5 Wie-Vergleiche
Der schärfste Spezialeffekt beim Schreiben

Es ist der schärfste Spezialeffekt im Business, und wenn es so etwas wie Gerechtigkeit gäbe, dürfte ich ihn nie mehr benutzen. Denn ich habe mein Lebenskontingent bereits in einem einzigen Sommer verschleudert. Mit zweiundzwanzig schrieb ich mit einem Freund, Michael Spittler, einen Krimi mit dem Titel *Das Unglück*. Wir schrieben abwechselnd Kapitel um Kapitel. Und versuchten, den anderen zu beeindrucken. Mit Sätzen wie:

Der Verkäufer blickte auf, als hätte ihn seine Darmflora gebissen.

Den Rest des Weges hing ein Schweigen über ihnen, finster und schwer wie der ausgestopfte Pottwal über dem Empfangssaal des britischen Marinemuseums.

»Wofür denn?«, fragte der Kommissar säuerlich wie eine Katze, die eine Mickey Mouse aus Seife verschluckt hatte.

Es war ein heißer, endloser Sommer. Als die ersten Herbstregen niedergingen, wusste ich, dass ich glücklich sterben würde, egal, was noch passierte. Alles, was zählte, war wie durch ein Wunder Wirklichkeit geworden: Ich hatte eine Freundin und ein Buch. Aber ich wusste auch, dass ich es mit den Wie-Vergleichen übertrieben hatte und mich fortan knapp halten musste. Das war der Preis, und es war kein geringer.

Doch was für mich gilt, gilt nicht für Sie. Deshalb hier eine kleine Bastelanleitung:

Es gibt zwei Varianten des Wie-Vergleichs. Die erste ist nützlich, verdienstvoll, aber leider nur mäßig interessant. Sie vergleicht etwas Unbekanntes mit etwas Bekanntem. Etwa:

Der Mond verhält sich zur Erde wie ein Tennisball, der sich um einen Medizinball dreht.

Eine Jacht, so lang wie ein dreistöckiges Haus.

Das ist klar, verständlich, Volkshochschule. Aber nichts im Gegensatz zu dem, was möglich wäre. Denn ein Vergleich ergibt in einem Text vor allem Sinn, wenn etwas erstaunlich ist: erstaunlich groß, erstaunlich klein, erstaunlich peinlich, erstaunlich behaart, erstaunlich liebenswert. Alles, was *Wow!*, *Wumm!* oder *Wäck!* ist.

Der Job als Autor ist dann, die Verblüffung so aufs Papier zu bringen, dass der Leser sie teilt. Deshalb ist bei Vergleichen die beste Wahl nichts Bekanntes, sondern etwas Absurdes oder weit Hergeholtes.

Bei der Beschreibung eines Mega-Kreuzfahrtschiffs wählte David Foster Wallace etwa die Variante:

… mit einer Schiffsschraube von der Größe einer kleinen Bankfiliale.

Das lässt einen stärker die absurde Größe der Schraube spüren als das korrektere: von der Größe einer Kraftwerkturbine. Ähnlich arbeitet Raymond Chandler, der eine vornehme, herrische Dame nicht so beschreibt: Sie sah aus wie ein Mann. Sondern wie folgt:

Sie trug ein doppelreihiges Perlencollier. Aber eigentlich hätte ihr Kopf besser in das Trikot eines Rugbyspielers gepasst.

Oder er beendet die Beschreibung eines zwei Meter großen schwarzen Auftragskillers in weißem Anzug mit dem Fazit:

Er war so unauffällig wie ein Skorpion auf einer Sachertorte.

Mag sein, dass Ihnen die obigen Beispiele ein wenig gesucht vorkommen. Sie sind es nicht. In einem Lauftext jedoch treffen sie den Leser völlig unvorbereitet als kleiner sprachlicher Schock. Und genau das ist der Sinn von Vergleichen: der Transport von kleinen visuellen, gedanklichen oder moralischen Schocks.

Der große Vorteil des Wie-Vergleichs ist, dass er sich wie eine verrückte Inspiration liest. Aber dass er nicht viel Verrücktheit und Inspiration braucht. Im Prinzip genügen etwas Zeit und ein wenig logisch-assoziatives Denken.

Das Wichtigste ist, an der Stelle, wo man etwas Verblüffendes beschreibt, kurz innezuhalten und fünf Minuten zu investieren, um über einen Wie-Vergleich nachzudenken.

Der Trick während dieser fünf Minuten ist, logisch vom Kern der eigenen Wahrnehmung aus zu assoziieren. Manchmal liegt die Lösung ziemlich nahe. Sagen wir, ein Mann hat ein auffallend klassisches Gesicht. Vom klassischen kommen Sie schnell auf:

Er hatte das Gesicht eines Kaisers auf einer römischen Münze.

Oder Sie wollen die Redaktionen der Vergangenheit schildern. Damals, als noch überall Whiskeyflaschen auf den Tischen standen. Das Auffälligste waren die roten, großporigen Nasen. Sie fragen sich also, was rot und großporig ist, und kommen fast zwingend auf die Formulierung:

Die meisten meiner damaligen Lehrmeister hatten Nasen, rot und großporig wie der Mars.

Sie können auch komplexer arbeiten. Etwa im Fall des japanischen CEOs Takefumi Hori, der mit seinen T-Shirts von seinen förmlich gekleideten CEO-Kollegen als Skandal wahrgenommen wurde.

Hier können Sie sich fragen, wie Sie den Schock an den Leser bringen. Notieren Sie auf der einen Seite Dinge, die extrem formell und seriös sind. Also etwa: *die Venus von Milo, die Queen, die NZZ, König Artus' Tafelrunde.* Notieren Sie auf der anderen Seite Dinge, die extrem unanständig oder unseriös sind: *ein Vibrator, ein Totenkopftattoo, eine Tube Gleitcreme oder Bilbo, der rosa Gummielefant.* Dann mixen Sie:

Takefumi Hori wirkte unter seinen CEO-Kollegen etwa so dezent wie ein Vibrator in der Venus von Milo.

Hori passte in Japans Chefetagen wie ein tätowierter Totenkopf auf den Oberarm der Queen.

Auf den Fotos mit den anderen Firmenbossen wirkte Takefumi Hori so schockierend wie eine Anzeige für Gleitcreme im Wirtschaftsteil der *NZZ.*

Dieser Mann als CEO – das war, als hätte König Artus' Tafelrunde Bilbo, den rosa Gummielefanten, aufgenommen.

Zugegeben: Auch diese Sätze wirken – noch mehr in ihrer Häufung – zweifelhaft. Doch nach einer präzis beschreibenden, sachlichen Passage explodiert einer der obigen Sätze wie eine kleine Bonbonbombe. Wichtig ist nur, dass man ihn ohne Warnung bringt. Die unvorbereiteten Leser werden ihn als Höhepunkt ihrer Lektüre am Frühstückstisch wahrnehmen. Manche auch als Tiefpunkt. Aber wahrnehmen werden sie ihn.

Natürlich muss nicht jeder Wie-Vergleich grell sein, Sie können auch dezente Bilder wählen. Bei einer Kurzreportage zu einer Novartis-Generalversammlung stellte sich etwa das Problem, wie man die letzte Rede des abtretenden Bosses Daniel Vasella beschreiben könnte. Sie war elegant, schnell und reuelos. Ich schrieb die Adjektive hin und bemerkte, dass sie noch zu wenig Gewicht hatten: Sie gingen im Text unter. Ich überlegte fünf Minuten, was elegant, schnell und reuelos wäre. Und kam auf folgende Lösung:

Es war eine Rede, so geschmeidig und reuelos wie eine Katze, die sich durch einen Zaun quetscht.

Dann schrieb ich glücklich weiter, wie jemand, der gute Arbeit gemacht hat.

Auffallend oft haben Wie-Vergleiche einen aggressiven Zug. Wie-Vergleiche sind der Wirklichkeit verpflichtet, aber gleichzeitig verachten sie diese. Das macht aus ihnen eine scharfe publizistische Waffe, und ganz nebenbei kann man damit ziemliche Hiebe austeilen. Etwa wie folgt: Sie beobachten, dass Daniel Vasella eine erstaunlich hohe Stimme hat, und schreiben:

Daniel Vasella, der allmächtige Chef bei Novartis, spricht mit der Stimme einer Salondame.

Sie beobachten, dass Roger Köppel mit den Jahren immer schmallippiger wird, und schreiben:

Roger Köppels Lippen sind so hart und schmal geworden, dass man mit ihnen problemlos Fußnägel schneiden könnte.

Wehren kann sich dagegen niemand, solange die Beobachtung dahinter stimmt. Und solange man nicht übertreibt: Eine Häufung wirkt bösartig und unfair. Ein oder zwei Hiebe pro Text müssen genügen.

Kein Anwalt kann dagegen klagen. Man kann Sie nur hassen. Was heißt: Sie können mit Wie-Vergleichen viel Spaß haben, falls in Ihrem schwarzen Herzen noch die Grausamkeit der Kinder wohnt.

Die Kraft eines Wie-Vergleichs erklärt sich auch aus einer weiteren Tatsache: Er ist ein Spezialeffekt, der der Sprache exklusiv gehört. Nicht die Musik, nicht der Film, nicht die Fotografie schaffen derart mühelose Gedankensprünge wie die Sprache. Zwar gibt es Assoziationsversuche: Jazz-Musik, die das Heulen eines Wolfes oder das Gehupe einer Großstadt simuliert, Überblendungen im Kunstfilm, zwei verblüffend ähnliche Gegenstände auf einem Foto (der Klassiker: Herrchen gleicht Hund). Aber das bleibt fast immer mühsames Gefummel. Kein anderes Medium schafft den Sprung von Schiffsschraube zu Bankfiliale.

Hier ist die Sprache ganz in ihrem Reich. Und deshalb bietet sie ihrem Autor die Möglichkeit zu Magie. Magie beim Schreiben entsteht immer dann, wenn die Sprache das Maximum ihrer Möglichkeiten ausreizt. Als Gegenwelt zur Realität. Und als ihr genauester Ausdruck.

Bei Wie-Vergleichen gibt es einen einfachen Trick, das schlichte Streichen der Konjunktionen »wie« oder »als ob«. Und ohne Reserve auf die Kraft des Vergleichs zu setzen.

So ist die Passage ...

Bundesrat Pascal Couchepin stand nach seiner Wahl auf dem Balkon und winkte wie ein König ins Volk.

... zwar gut beobachtet und gut geschrieben. Aber sie hat deutlich weniger Wucht als:

Bundesrat Pascal Couchepin stand auf dem Balkon. Ein König winkte ins Volk.

Oder statt:

Vreni Spoerry betrat den Gerichtssaal aufrecht, eine kleine Frau, die so unzerstörbar wirkte wie Stahl.

Vreni Spoerry betrat den Gerichtssaal, eine kleine Frau, jeder Zentimeter aufrechter, federnder, unzerstörbarer Stahl.

Es ist das Vertrauen auf die Macht der Sprache, die sie mächtig macht. Als Beleg eine Passage, die ich 1995 las und die ich nie vergessen habe. Sie stammt aus einem Porträt der englischen Sängerin Polly Jean (PJ) Harvey, geschrieben von Albert Kuhn. Ich zitiere hier den Schluss. Dieser ist im Prinzip nur ein einziger banaler Wie-Vergleich, aber ernst genommen.

Als Polly einmal nach ihrem Lieblingssänger gefragt wurde, gab sie eine erstaunlich schnelle, fast hart klingende Antwort: »Elvis Presley«. Als ich das las, in einem Wust von gut fünfzig Artikeln über sie, kehrten Ruhe und Gewissheit ein. Endlich konnte ich meinen Beitrag zur eskalierenden PJ-Mythenbildung formulieren. Wie erkläre ich Polly Jeans Liebe zu Amerika, ihren US-Akzent, ihre heidnische Bibeltreue, ihre Verstrickungen mit Männern, selbst ohne Berührung, ihre immer gelassenere Zerstörtheit in ihren Liedern?

Ich sage: Elvis lebt. Es hat ihm gefallen, als Zombie zurückzukehren und in den Körper dieser sonderbaren Engländerin zu fahren. Denn Polly Jean hat ihn gerufen.

Nun spukt es in Graceland. Aus dem Kamin steigt Rauch. Der Tote und die Lebende führen einen Haushalt.

Und man muss sagen: Wie viel besser ist dieser Schluss, der der Sprache (aber auch der eigenen Wahrnehmung) voll vertraut, als der Satz: »Sie ist wie Elvis«, oder: »Sie ist der englische weibliche Elvis.«

3.6 Zitate, Teil 1
Beweis es, du Bisamratte!

Mein Großvater liebte es, mich und meinen Bruder bei Wald-spaziergängen zum Weinen zu bringen. Er tat das, indem er die Sage der Familie der Mäuse erzählte. Und von ihren Feinden, den Bisamratten. Denn immer wieder geriet eine Maus durch die Intrigen der Bisamratten in tödliche Gefahr.

Und dann weinten wir um die Maus. Und meine Großmutter sagte: »Jetzt mach den Kindern keine Angst!« Und mein Großvater brummte begeistert von der niederschmetternden Wirkung seiner Worte, nahm Schwung und führte alles zu einem glücklichen Ende.

Es waren sehr schöne Spaziergänge.

Aber das wahre Leben ist selten so.

Das jedenfalls denke ich, wenn ich mich durch die morgendlichen Zeitungen lese.

Da steht, dass ein Essay oder ein Redner langweilig oder witzig war, ein Film banale oder brillante Dialoge hatte, ein Talkgast Dummheiten oder Witze vortrug, dass ein Roman mitreißend, hölzern, missraten, lakonisch, ironisch, trocken oder was immer war – und dann folgt:

Nicht ein, nicht ein einziger kleiner Krümel von einem Zitat!

Das ist der Moment, wo ich die Autorenzeile lese und mir den Namen merke. Denn wer so etwas schreibt, gehört zum Volk der Bisamratten.

Auf wörtliche Zitate zu verzichten, ist eine der größten Sünden im Journalismus, der seltsamerweise nicht nur Anfänger, sondern auch Profis verfallen. Am unverzeihlichsten ist das sicher in Buchkritiken: Das Entscheidende, der Klang, der Ton, der Swing eines Buchs wird dann nicht mitgeliefert. Das liest sich wie Senf ohne Wurst.

Aber eine Todsünde ist die Zitatenlosigkeit fast immer bei Storys über Vorträge, Kongresse, Pressekonferenzen, Parlamentsdebatten, in Porträts und oft auch in Kommentaren. Das Zitat ist mehr als nur ein Mittel, einem Artikel Farbe zu geben. Es ist eine der wenigen Möglichkeiten, in denen ein Journalist dem Leser etwas nachprüfbar beweisen kann. Und zwar, dass er genau hingesehen hat. Und dass seine Urteile von den zitierten Stellen gedeckt sind. Zitate stützen jede Kritik. Viel stärker als Lob oder Tadel ist, die Sache selbst zu zeigen: nackt, zwischen zwei Anführungszeichen.

Schreiben ist ein freundliches Handwerk. Denn es ist viel einfacher, die Einzigartigkeit eines Menschen aufs Papier zu bringen als seine Durchschnittlichkeit. Je eigenwilliger jemand ist, desto problemloser der Artikel. Er schreibt sich wie von selbst. Man muss nur zitieren.

So ist das einfachste Porträt das von hellen Köpfen. Zum Beweis ihres Witzes genügt schon ein einziges ihrer Zitate, etwa bei Oscar Wilde: »Die einzige Pflicht, die wir der Geschichte gegenüber haben, ist, sie umzuschreiben.«

Oder bei Lichtenberg: »Es wurde ein Blumen-Körbchen angekündigt, und siehe da, es erschien ein Kartoffel-Säckchen.«

Wenn der Leser Vorwissen braucht, damit die Pointe zündet, muss man zuweilen ein Sprungbrett bauen. Etwa bei folgendem Satz von Nicolas Hayek. Hier muss man zuvor über die Mode von Schweizer Managern informieren, aus Karrieregründen einen MBA-Abschluss in Harvard oder Yale zu machen. Und dann funkelt Hayeks Satz perfekt: »Wenn man einen Esel nach Harvard schickt, muss man sich nicht wundern, wenn ein Esel zurückkommt.«

Der Einbau von bereits großartigen Zitaten ist – schreibtechnisch gesehen – selten ein Problem. Viel schwieriger ist die Wiedergabe von Schwurbel: etwa von Manager-, Polit- oder Bürokratensprache. Denn diese Sprachen sind oft kaum zitierbar – und genau das ist ihre Funktion. Die Sätze sind endlos, die Wörter abstrakt, der Sinn wolkig. Sie sind ein einziges, finsteres Schutzschild.

Nur selten hat man das Glück, dass Kitsch und Wahnsinn in hohem Tempo durch die Gassen klingeln. Etwa bei Ex-Bundesrat Hans-Rudolf Merz. Dieser ließ nicht nur den *Blick* seinen Kurzroman abdrucken – mit Beschreibungen vom »prallen, strotzenden Busen« der »teuflischen Serviertochter Cosima«. Sondern schrieb auch einen Essay über die ideale »elative« Führungspersönlichkeit:

> Beim Elativen ist die Intuition als Via Regia der entscheidende Erkenntnisvorgang. Sie ist Eingebung und Sehnen, das eine Empfangen, das andere Erwartung, daher ist der Vorgang des Intuierens eine Influenz, Funke zwischen Subjekten; sie ist Fossil des Paradieses, denn sie kann »Göttliches« herbeiführen; sie ist geistiges Geschehen zwischen Magnetismus und Elektrizität.

Ein Anti-Merz-Artikel ist kein Problem. Um Merz zu erledigen, genügen Merz-Zitate.

Doch leider ist der Unfug selten so bunt. Meistens ist er zäher und grauer. Hier hilft nur das Skalpell. Denn mit Vorzug zitiert man nicht integral, sonst sind die Leser weg. Stattdessen schneidet man die Bürokraten-, Manager- oder Politsprache in kleinen Scheibchen in den Text. In all ihrer Scheußlichkeit, aber nicht in all ihrer Länge.

Wichtig bei jedem Zitieren von Quark ist, am Ende eine trockene Zusammenfassung oder einen schnellen Hieb zu geben. Denn der Leser driftet selbst bei kurzen Passagen dieser Sprache weg. Man muss ihn wecken: am besten durch Respektlosigkeit.

So könnte man das obige Zitat von Bundesrat Merz etwa mit dem Satz »Die elative Führungspersönlichkeit denkt mit ihrem Bauch« zusammenfassen. Oder mit der Frage anschließen: »Darf ein Bundesrat solchen Unfug schreiben?« Dann ist der Leser wieder wach.

Eine zweite Möglichkeit ist, diese Zitate nicht in kleinen Dosen zu liefern, sondern in einem Rutsch. Eine ziemlich wirkungsvolle Methode bei Schwätzern ist, ihren Monolog *in einem einzigen Satz* in indirekter Rede zusammenzufassen. Und diesen Monstersatz dann mit drei Pünktchen unvollendet zu lassen … Was dem Leser den realistischen Eindruck jedes Monologs vermittelt: Er ist endlos. Am Ende muss man wieder, um den Leser zu wecken, die Essenz des Monologs in einem kurzen, trockenen Satz zusammenfassen:

Nachdem Herr Seibt mit einer längeren halb erlebten, halb erfundenen Anekdote über seinen Großvater begonnen hatte, die eher privater Natur war, kam er zur Sache und sagte, dass er den Mangel von Zitaten in seiner Morgenzeitung bedauere, fügte an, ein Zitat sei für einen Journalisten nicht nur ein Klecks Farbe auf dem Pinsel, sondern ein Fetzen Beweis auf dem Tisch, kam dann auf zwei seiner Lieblingsautoren zu sprechen – Wilde und Lichtenberg –, darauf auf einen seiner Lieblingsfeinde – FDP-Bundesrat Merz – und brachte danach die These, dass die Brillanz oder Scheußlichkeit eines Kopfes schon in der kleinsten Zuckung seiner Sprache offenbar werde, wohingegen der standardisierte Bürokratenquark in längeren Portionen nicht verdaulich sei, weswegen er nur in kleinen Dosen dem Leser gezeigt werden dürfe … Kurz, Seibt sagte in 848 Wörtern etwas, was er auch in drei hätte sagen können: Zitiert, zitiert, zitiert!

3.7 Zitate, Teil II
Das Klassikerzitat als Waffe

Das klassische Zitat gilt als harmlos. Es war das Lieblingsinstrument des Bildungsbürgertums. Dort wurde es meist benutzt wie das Buttermesser: in festlichen Stunden, bei Treffen gehobener Kreise, als elegantes Accessoire, nach Feierabend.

Heute ist das Bildungsbürgertum so gut wie ausgestorben. Und das Buttermesser rostig geworden. Aber dadurch ist es plötzlich in neuer Funktion brauchbar: als schartige Waffe.

In der Tat gibt es kein zweckmäßigeres Mittel für den publizistischen Nahkampf als das einst so gemütliche Klassikerzitat. Verwenden lässt es sich wie folgt:

1. **Das Motto: Ein Zitat als Kriegserklärung an das Genre.** Ein Motto ist eine ehrwürdige Sache bei Romanen, Essays und Doktorarbeiten. Im Journalismus hingegen ist es eine kleine Kriegserklärung an alle Nachbarartikel. Es sagt: Leser, sieh her, hier folgt kein Nullachtfünfzehn-Text. Sondern einer, der sich mit Romanen, Essays und Doktorarbeiten messen kann – ein Text mit eigenen Regeln.

   Ein Motto vor Wegwerftexten ist also eine ehrgeizige Frechheit. Kein Wunder, dass ein Motto fast nur vor Artikeln junger Journalisten steht.

   Mottos müssen nicht in deutscher Sprache sein – wenn schon arrogant, dann richtig. Als Autor taugt jeder: Literaturklassiker, Songzeilen, mündliche Äußerungen von Passanten. Die einzige Bedingung ist: Ein wenig bedrohlich sollte es klingen. Wenn man schon seinen Kopf aus dem Fenster hält, dann richtig. Etwa wie folgt:

I'm a war child, I'm a war baby – and that's the difference between you and me. *Blondie*

… brauchbar vor jedem zweiten Artikel über Generationenfragen.

In the long run, we're all dead. *John Maynard Keynes*

… brauchbar vor jedem zweiten Artikel über die Eurokrise.

Es gibt nur eine radikale Nachricht – und die ist immer dieselbe: der Tod. *Walter Benjamin*

… brauchbar vor jedem zweiten Artikel über Medien.

Das einzige Problem beim Einsatz eines Mottos ist: Danach muss man Wort halten. Und darf alles, nur keinen Routinetext liefern.

2. **Das Zitat als Defensivwaffe.** Kühnheit in etablierten Medien hat einen gravierenden dramaturgischen Nachteil: Sie überrascht das Publikum. Sie verblüfft, verwirrt, erschreckt, begeistert oder verärgert. All das killt das Nachdenken.

Das heißt: Nach einer Kühnheit hat man zwar volle Aufmerksamkeit, aber keine Ruhe im Saal. Will man jedoch nicht Verblüffung oder Ärger verbreiten, sondern konzentriert Argumente vorbringen, empfiehlt sich, die Kühnheit in das Kleid des Vertrauten zu wickeln: ins klassische Zitat.

Mark Dittli zum Beispiel, Chefredakteur von *Finanz und Wirtschaft* (eine Zeitung, so wirtschaftsnah wie die *NZZ*, aber weniger zahm gegenüber Publikum und Inserenten), beginnt einen kühnen Kommentar mit der Behauptung, dass die heutige, konstant freundliche Politik gegenüber den Banken ein Irrsinn ist.

Nur tut er es nicht unbewaffnet. Er heuert eine Autorität an:

> Einstein soll einst gesagt haben, die beste Definition für Irrsinn sei, das Gleiche wieder und wieder zu tun und sich daraus unterschiedliche Resultate zu erhoffen.
>
> Gemäß dieser Definition sind Politiker und Ökonomen irrsinnig, wenn sie heute fordern, die von anämischem Wachstum und hohen Schulden geplagten Staaten müssten mit der Umsetzung harter Austeritätsmaßnahmen wieder auf die Beine kommen.

Mit diesem Einstieg hat Dittli drei Vorteile auf seiner Seite: 1. Er stößt den bankennahen Teil seines Publikums nicht direkt vor den Kopf. 2. Er profitiert von der Autorität Einsteins (obwohl Einstein eigentlich wenig mit Banking zu tun hat und sogar die Echtheit des Zitats unsicher ist). 3. Er hat stilistisch Ruhe im Karton. Er kann seine Argumentation unaufgeregt entwickeln.

Kurz: Klassiker aller Art sind gute Bodyguards, wenn man gefährliches Gelände betritt. Sie beruhigen das Publikum. Erstens durch ihre Autorität. Zweitens durch die Botschaft, dass das Gesagte nicht neu ist: Offensichtlich gibt es Präzedenzfälle.

3. **Das Zitat als Offensivwaffe.** Zitate sichern nicht nur ab, sie lassen sich auch einsetzen wie ein Schwert. Sie als Journalist richten nicht selbst, sondern engagieren einen Vollstrecker. So können Sie den Nachruf auf einen Prominenten mit dem schönen Jesus-Wort beenden: »Lasst die Toten ihre Toten begraben.« Oder die Aufzählung der Verfehlungen einer Autoritätsperson mit dem Satz: »In Frankreich sagt man: Dummheiten sind charmant. Dummheit nicht.«

Das wirkt als Urteil tödlicher als alles, was Sie selbst sagen können.

Ein unerreichter Meister des offensiven Zitats war der 2011 verstorbene Bankier Hans J. Bär. In seiner kühnen, kühlen, ehrlichen und brillant komponierten Autobiografie *Seid umschlungen, Millionen!* wird es nie gemütlich, wenn zitiert wird. Sondern gefährlich.

Das berühmteste von Bärs Zitaten machte 2004 nach Erscheinen des Buchs sofort Skandal. Die *NZZ* sprach von »Stammtischmanier« und nannte Bär einen »Totengräber des Finanzplatzes«, der oberste Funktionär der Bankiervereinigung, Urs Roth, erklärte, Herr Bär verstehe »die Komplexität nicht mehr ganz«, sein Bankierkollege Ivan Pictet spielte auf Bärs Judentum an, indem er sagte, seine Argumente ließen sich nur »durch Herkunft und Religion« begründen. Schließlich mussten die eigene Bank und die eigenen Söhne sich von ihm distanzieren.

Es ging um folgende Passage – und man beachte, wie meisterhaft das Churchill-Zitat gesetzt ist:

Ob das Bankgeheimnis wirklich Verfassungsrang hat, wie mit dem entsprechenden Vorstoß insinuiert wird, wage ich zu bezweifeln. Die ganze Diskussion wird ohnehin etwas sehr eindimensional geführt. Es ist ein defensives Instrument, das die Schweiz vom allgemeinen Wettbewerb verschont und das uns, um ein Churchill-Wort aufzunehmen, »fett, aber impotent« macht. Auf lange Sicht ist die Ausbildung nicht weniger wichtig als das Bankgeheimnis.

Die Memoiren Bärs sind voll von solchen Zitaten, sogar solchen, die seinen eigenen Fall vorwegnahmen, etwa Talleyrands Satz »Verrat ist eine Frage des Datums«. (Heute, weniger als 10 Jahre nach dem Skandal, deckt sich Bärs Zitat mit der offiziellen Position der Bankiervereinigung.)

Liest man Bärs Buch, fragt man sich, ob die ersten Absätze

dieses Kapitels nicht etwas vorschnell waren. So buttermes-
ser-harmlos war das Bildungsbürgertum nicht.

Also ehre man das untergegangene Bildungsbürgertum,
indem man sein Erbe ehre: das klassische Zitat.

3.8 Schwurbel
Eine Frage des Respekts

Es war heiß, stickig, irgendwann in den Neunzigerjahren. Eine Luft zum Ohnmächtigwerden. Der einzige Mann, der im Raum noch lebte, war der Redner. Seine Glatze leuchtete fahl unter einem einzigen Scheinwerfer.

Ich hatte viel von ihm gelesen. Eine Menge Aufsätze zu Schriftstellern, seine zweibändigen Memoiren und sein großes Buch *Außenseiter*. Hans Mayer war in seinem Fach ein einsamer Könner: ein klarer, kühner, politischer Kopf.

Keine Ahnung, was das offizielle Thema von Professor Mayers Vortrag war. Denn das spielte keine Rolle. Denn sein Monolog drehte sich ausschließlich um zwei Dinge: um die Bücher, die er geschrieben hatte (mit Titel, Verlagsangabe, Verkaufspreis, meist auch mit Auflagenhöhe). Und die Schriftsteller, die er getroffen hatte (Brecht, Benjamin, die Mann-Brüder). Wobei diese nur eine passive Rolle spielten. Denn im Prinzip erzählte Professor Mayer stets dieselbe Anekdote, nur mit wechselndem, aber stets großem Namen. Mayer erklärte dem Namen etwas, der Name bezweifelte es, aber Jahre später musste der Name Mayer in allen Punkten recht geben.

Mein Hemd klebte mir am Körper, zur Hälfte vor Entsetzen. Mayers Vortrag war eine Veranstaltung meiner Redaktion, der *WOZ*. Und er war eine Katastrophe. Um mich herum roch ich den Schweiß der anderen Redakteure. Lauter Leute, die ich für ernsthafter als mich hielt. Ich war nur der Entertainer.

Schließlich war Mayer am Ende. Im Foyer, beim Rauchen, gesellte ich mich zu einer Gruppe von Redakteuren, auf der Suche nach geteiltem Leid.

»Was für ein Desaster«, sagte ich.

»Wieso?«, fragten die gestandenen Redakteure.

»Er hat nichts gesagt. Außer, dass er viele Bücher geschrieben hat. Und immer recht hatte.«

»Du weißt, wer Hans Mayer ist? Der wichtigste Literaturkritiker der Gegenwart.«

»Ich weiß. Aber Himmel, die Rede war eine einzige Orgie an Eitelkeit.«

Worauf der Kulturchef mich ernst ansah: »Es ist doch ein Ereignis, dass ein so großer Mann bei uns auftritt!«

Zu meiner Verblüffung dachten fast zwei Drittel meiner Kollegen ähnlich. Die Botschaft von Hans Mayers Vortrag war die physische Anwesenheit von Hans Mayer. An diesem Abend verlor ich ein Stück meiner Jugend. Mein Bild – hier die erwachsenen, unbestechlichen Kritiker, dort ich, der jonglierende Seehund – bekam einen ersten melancholischen Riss.

Später, ebenfalls erwachsen, stellte ich fest, dass sich das Phänomen keinesfalls auf die Redaktion der *WOZ* beschränkte. Etwa bei meiner ersten Akkreditierung am World Economic Forum. Das Verblüffende an den Diskussionen dort war, dass man beim Mitschreiben regelmäßig den zweiten Teil des Satzes auslassen musste, weil man ihn beim Aufschreiben des ersten Teils vergessen hatte. Zwar saßen dort die Chefs der größten Konzerne des Planeten, aber ihre Sätze waren ununterscheidbar: ein Salat aus Wortformeln wie »roadmap«, »reform«, »leadership«, »challenges« oder »opportunities«.

Ich traute meinen Beobachtungen nicht. Die mächtigsten Leute der Welt veranstalteten das mieseste Entertainment der Welt.

»Kriege ich etwas nicht mit? Ist da irgendein Geheimnis dabei?«, erkundigte ich mich bei einigen hartgesottenen deutschen Wirtschaftsjournalisten, mit denen ich gerade Gratissandwiches aß.

»Nö«, sagten sie.

»Was tun wir dann hier?«

»Nirgendwo trifft man so viele wichtige Leute.«

»Aber erzählen die irgendetwas Interessantes?«

»Darum geht es hier nicht. Wo sonst kann man mit Bill Clinton, Joe Ackermann und Bill Gates in einem Raum sein?«

Oder bei der letzten Verleihung des Zürcher Journalistenpreises. Der Ex-Ringier, Ex-Tamedia, Ex-*NZZ*-, jetzt *FAZ*-Verlagschef Tobias Trevisan hielt einen langen Vortrag, mit Lesebrille auf der Nase. Er sagte in einer halben Stunde nichts, was auch nur annähernd verblüffend gewesen wäre.

»Er hat fast nichts gesagt«, beschwerte ich mich.

»Aber es ist doch toll, dass ein so wichtiger Mann sich die Zeit genommen hat, von Frankfurt nach Zürich zu kommen«, antwortete man mir.

Um ehrlich zu sein, das finde ich nicht. Trevisan hätte in Frankfurt bleiben sollen. So wie Hans Mayer in Tübingen. Oder die Top-Manager in ihren Hotels. Wozu reden, wenn es nichts zu sagen gibt?

Ein schlechter Vortrag kann jedem unterlaufen. Auch furchtbare Eitelkeit ist verzeihlich: Hans Mayer ist ein großer, kluger Autor, trotz ihr. Tobias Trevisan einer der kompetentesten Verlagsmanager. Und die WEF-Teilnehmer haben sicher andere Kompetenzen, als die Welt zu retten.

Aber, ich glaube, das darf keinem Journalisten passieren: Schwurbel kommentarlos zu schlucken oder zu drucken – nur weil ein großer Name ihn äußert. Das heißt nicht, Prominente härter anzupacken als sonst wen. Im Gegenteil: Man sollte ihnen denselben Respekt erweisen wie jedem Dahergelaufenen auch. Also zuhören. Und dann entscheiden: Was war Quark, was nicht?

Denn bei Vorträgen, Debatten und Interviews zählt als harte Währung nur: »Was wurde gesagt?« Dreht sich die Berichterstattung um die Frage: »Wer war alles da?«, so war das Ereignis Müll.

Und das sollte man auch so schreiben. Aus Respekt. Weil man den berühmten Leuten wirklich zugehört hat.

Beim Marquis de Sade steht der entscheidende Satz, wann man über Auftritte von wichtigen Leuten einen Verriss schreiben muss. Juliette und ihre Komplizin Clairvil haben gerade mit der Prinzessin Borghese den Vesuv bestiegen. Dort fesseln sie sie und kündigen ihr an, sie in den Krater zu werfen.

Die Prinzessin erkundigt sich zu Recht, womit sie diese Behandlung verdient habe.

Worauf Juliette und Clairvil antworten: »Du langweilst, das genügt.«

Und sie in den Krater werfen.

3.9 Personenbeschreibungen
Jeder Krüppel hat seine eigene Art zu laufen

Der *Tages-Anzeiger* ist eine liberale Zeitung. Man hat als Redakteur viele Freiheiten. Einer der wenigen Fälle, bei denen ich einen entschiedenen Befehl zum Streichen erhielt, war bei einem Artikel zur Wahl des neuen Fernsehdirektors, Rudolf Matter.

Kritisiert wurde die Anfangsszene: Bei der Pressekonferenz saß Matter zwischen den beiden entscheidenden Leuten, die ihn gewählt hatten: SRG-Präsident Hans Fünfschilling und Radiodirektor Walter Rüegg. Damit ergab sich folgendes Bild: Fünfschilling (rechts) hatte eine Glatze, einen weißen Bart und keine Brille. Rüegg (links) hatte weißes Haar, keinen Bart, aber eine Brille. Matter (in der Mitte) hatte weißes Haar, keinen Bart und keine Brille.

Das heißt: Zwei Herren hatten einen dritten gewählt, der aussah wie ihr gemeinsamer Kompromiss. Oder wie ihr perfektes Übergangsbild beim Morphing. Ich fand das bemerkenswert, die Redaktion nicht. Man sagte mir, dies sei ein News-Text, und so eine Passage gehöre gestrichen. Ich protestierte. Die Morphing-Illusion sei der stärkste Eindruck bei der Pressekonferenz gewesen. Und deshalb müsste man sie bringen. Man antwortete: Wir sind hier nicht im Kulturteil.

Jedenfalls wirft dies die Frage auf: Soll man Leute in Zeitungstexten auch körperlich schildern?

Im Prinzip ist diese Frage ein fernes Echo eines uralten philosophischen Problems, über das Philosophen und Ärzte seit der Antike streiten: das Leib-Seele-Problem. Sind Geist und Körper getrennt, oder sind sie eins? Platon sprach sich für Dualismus aus: Die Seele ist unsterblich, der Leib nicht. Aristoteles sah das Lebendige als »Pneuma«, als Eigenschaft des Körpers.

Lange Zeit, bis in die Moderne hinein, dominierte Platon. Heute neigt man mehr zu Aristoteles. Ich auch und das aus persönlichen Gründen. Denn ich habe von meinem Vater einen federnden Gang geerbt. Und ich glaube, das hat mein Schicksal besiegelt. Denn jedes Gefühl hat seinen Rhythmus: Wut, beispielsweise, versetzt den Kopf ins Maschinengewehrfeuer, Melancholie ins Schleichen. Und dieser Rhythmus wird durch das Hüpfen des Gangs sabotiert. Laufe ich wütend oder deprimiert durch die Straße, denke ich spätestens nach fünf Schritten eine unpassende Nebenbemerkung. Es ist der Gang eines Kindes, und er macht mich zu einem leichtgewichtigeren Menschen: zu einem Korken im Meer.

Kurz: Es wäre schwierig, mein Porträt zu schreiben ohne den Gang. Wie schon der irische Dichter und IRA-Attentäter Brendan Behan schrieb: »Every cripple has his own way of walking.«

Daher ergibt für mich journalistisch die Beschreibung des Aussehens auch Sinn. Aus drei Gründen:

1. Schon aus Prinzip: Beschränkung ist Unfug. Journalismus ist für alles zuständig.
2. Entscheide, etwa in Politik oder Wirtschaft, sind fast immer multifaktoriell. Sachzwänge, Vorurteile, Stimmung, Taktik, Zufall, Nebenziele, Geschick oder Pech treffen zusammen. Und manchmal auch der Körper des Entscheidenden. Eine präzise Analyse gleicht oft einer Collage.
3. Mit der Beschreibung des Aussehens hat man eine Chance, die man sonst selten hat. Denn normalerweise kennt der Leser die Recherchen des Journalisten nicht. Er muss diesem vertrauen. Doch sobald ein Foto des Beschriebenen neben dem Artikel steht (oder dieser prominent ist), kann der Leser bei der Schilderung des Aussehens seine Eindrücke mit dem

Text vergleichen. Hier kann ein Journalist einen Augenblick lang die Genauigkeit seines Blicks beweisen.

Einer der dümmsten Fehler, den ich als Anfänger machte, war, Figuren von der Scheitel bis zur Sohle zu beschreiben. Das machte richtig Arbeit. Und war nicht unknifflig: Wie zum Teufel schildert man einen Hals?

Irgendwann fragte ich mich, warum die Porträts trotz aller Arbeit völlig tot blieben. Man hätte die Leute zwar zeichnen können nach meiner Schilderung, aber sehen konnte man sie nicht. Nach zwei, drei Jahren Nachdenken kam ich auf die Lösung: Man erfasst einen Menschen mit einem Blick. Und so schnell muss es auch schriftlich gehen:

Er war dick und hatte eine rote Nase.

Nach diesem Prinzip sind eigentlich alle wirksamen Personenbeschreibungen gebaut. Selbst kompliziertere wie diese von Dashiell Hammett:

Samuel Spades Unterkiefer war lang und knochig, sein Kinn ein scharf vorspringendes V unter dem ausdrucksvolleren V seines Mundes. Die rückwärts geschwungene Linie seiner Nasenflügel bildete ein weiteres, kleineres V. Seine gelbbraunen Augen lagen waagrecht. Das V-Motiv wurde erneut von den Augenbrauen aufgenommen, die von der Doppelfalte über seiner Hakennase nach außen hin anstiegen, während sein blassbraunes Haar von hohen, flachen Schläfen zu einer Spitze in der Stirnmitte auslief. Er sah aus wie ein eigentlich ganz umgänglicher, blonder Satan.

Ohne den letzten Satz, der den Gesamteindruck zusammenfasst, wäre die ganze Personenbeschreibung wertlos. Von ihr bleibt nichts außer der netten Spielerei mit den Vs und dem allgemeinen Eindruck eines Gesichts von einiger Kantigkeit. Alle Details – der Haaransatz, die Augen und Haarfarbe – sind sofort vergessen: Sogar beim Autor, der die Haarfarbe in diesem Abschnitt wechseln lässt. Was bleibt, ist der Satan.

Im Grunde stehen Ihnen zwei Strategien zur Verfügung:

1. Sie setzen alles auf eine Karte, also auf ein anatomisches Detail. Wie Friedrich Glauser:

> Die Art des Terrors, die Farny ausübte, war versteckt. Es waren vor allem seine Augen. Die Iris war grau und schmal, mit vielen winzigen gelben Tupfen. Darum lag eine Hornhaut, durchzogen von vielen roten Äderchen. Aber was diese Augen eigentlich so entsetzenerregend machte, konnte niemand recht sagen. Sie waren wohl leer, ganz und gar ausdruckslos, auch wenn man fühlte, dass der Sergeant innerlich von Wut geschüttelt wurde, die Augen blieben sich gleich.

2. Sie fassen den Gesamteindruck in ein Bild. Wie Raymond Chandler:

> Hinter sein Hutband waren ein paar bunte Federn gesteckt, aber die hatte er eigentlich nicht mehr nötig. Selbst auf der Central Avenue, wo man nun wirklich nicht die dezentest gekleideten Leute der Welt sehen kann, sah er so unauffällig aus wie eine Tarantel auf einem Quarkkuchen.

Bei dieser Methode ist auch die Technik des Wie-Vergleichs hilfreich (→ Kap. 3.5).

Gutes Schreiben ist immer eine Frage der Ökonomie. Und deshalb müssen Körperbeschreibungen idealerweise zwei Ziele gleichzeitig erfüllen: das Innere wie das Äußere beschreiben. Dabei stellt sich erneut das Leib-Seele-Problem, hier gespiegelt in zwei Zitaten:

Mit dreißig hat jeder das Gesicht, das er verdient. *Albert Camus*

Wir urteilen stündlich nach dem Gesicht, und wir irren stündlich. *Georg Christoph Lichtenberg*

Ein interessanter Punkt bei jedem Porträt ist, wie der Porträtierte in seinem Körper steckt: Es gibt Business- und Modekörper (etwa der Marathon laufende Manager); es gibt programmatische Körper (etwa der schlecht sitzende Bauernanzug an Christoph Blocher); es gibt intelligente Körper (etwa bei Schauspielern, die auf jeder Fotografie gut aussehen), es gibt schlafende Körper (etwa bei einem Freund von mir; alles ist unbeweglich, nur was gesagt wird, ist brillant); es gibt Körper, die den Charakter aussprechen, und solche, die ihm widersprechen (als Gymnasiast sah ich einen gemütlichen Polizisten mit Kindergesicht, der einen Betrunkenen verprügelte).

Das heißt, man muss die Körperbeschreibung von Fall zu Fall einsetzen: Mal ist der Körper Berufskörper, mal Klassenmerkmal, mal Unbeteiligter, mal Kontrast, mal Bekenntnis.

Letzteres ist er etwa in einem News-Artikel über den damaligen Bundesrat Pascal Couchepin, geschrieben von Jean-Martin Büttner. Ich weiß noch, wie ich den Artikel an einem Junimorgen 2003 im Nachrichtenteil las, völlig unvorbereitet vor meinem Kaffee:

Denn an ihm ist alles groß. Das beginnt bei der cäsarisch vorgeformten Nase, die der Innenminister in die Geschäfte seiner Bundesratskollegen steckt und mit der er zugleich politische Konstellationen vorauswittert. Dazu kommen seine fleischigen Ohren, mit denen er genau auf die Reaktionen hört, die er mit seinen Vorstößen provoziert hat, weil er nämlich nur so weit geht, als es ihm nicht schadet. Dazu kommen seine riesigen Füße, mit denen er allen vorausmarschiert. Das größte Organ des Bundespräsidenten bleibt indes virtuell: sein alles niederwalzendes, alle übertönendes, selten an sich zweifelndes Ego. Wäre er nicht so intelligent, debattierfreudig und auch witzig, der Mann wäre absolut nicht auszuhalten.

Seitdem konnte ich Couchepin nie anders sehen.

Zum Schluss noch eine Warnung: Beschreiben Sie einen Körper nie, ohne die Person bewusst beobachtet zu haben. Für einen Artikel über einen Mann, der einen überraschenden Sprung an die Spitze eines Weltkonzerns gemacht hatte, musste ich tagesaktuell recherchieren. Ich hatte den neuen Chef zwar zuvor bei ein oder zwei Generalversammlungen am Tisch sitzen gesehen, aber als Nebenfigur. Nun rief ich Hinz und Dr. Kunz an, um über ihn zu reden. Zwei Leute sagten den Satz: »Er ist ein kleiner Mann.« Also schrieb ich: »Er ist ein kleiner Mann, der ...« Und kassierte noch Jahre danach Spott. Der Konzernchef maß über 1 Meter 90.

Meine Informanten, offensichtlich beide Platoniker, hatten über seine Seele geredet.

3.10 Halbdistanz
Schreiben Sie Kino!

Es gibt, gerade in den besten Zeitungen, tadellos geschriebene Texte, die einen völlig kaltlassen. Man liest sie mit Respekt, aber wie durch eine Plexiglasscheibe hindurch.

Das Problem ist in diesen Fällen fast immer das gleiche: Das Tempo variiert nicht. Satz für Satz, Absatz für Absatz arbeitet sich der Text gleich sorgfältig voran. Das liest sich ermüdend wie ein Schweizer Problemfilm aus den Achtzigerjahren:

Die Kamera verharrt lang auf dem zerfurchten Gesicht des ALP-ÖHIS.
DER ALP-ÖHI: *schweigt*
Die Kamera löst sich zögernd vom Gesicht des ÖHIS, schwenkt über das Bergpanorama und landet auf dem fast ebenso zerfurchten, aber bartlosen Gesicht seines SOHNS.
DER SOHN *nach langem, schmerzlichem Schweigen:* Bappe, ich bin schwul.
Die Kamera löst sich vom Gesicht des SOHNS, streift zurück über das Bergpanorama und landet auf dem Gesicht des ÖHIS.
DER ÖHI *nach langem, schmerzlichem Schweigen:* Bisch nüme min Sohn.

Der Fehler hinter gefühltem Zeitlupentempo in Zeitungstexten ist auf zwei Arten beschreibbar. Zunächst als technisches Problem, als eine Gleichförmigkeit der Form: Keine eingestreuten Dialoge, wenig Schnitte oder Pointen, keine Rhythmuswechsel. Der Text gleicht einem Foto, bei dem alle Gegenstände gleich ausgeleuchtet sind.

Aber meistens sitzt der Fehler noch tiefer: in der Haltung des Autors. Der Text ist durchgehend von der falschen Perspektive aus gesehen, aus Halbdistanz.

Halbdistanz entsteht immer dann, wenn eine Recherche einen Autor unbewegt gelassen hat: Er ist nie weit weg und nie nah dran. Sondern er steht irgendwo in der Mitte.

Das Gegengift zur Halbdistanz ist, bewusst die Kamera zu führen. Die wirksamsten Perspektiven zum Rhythmuswechsel sind das Panorama und das Close-up. Also der fremde Blick vom Mars oder die Nahaufnahme, sodass die Haut fast nur noch aus Poren besteht.

Die richtige Frage, um auf die Weitwinkel-Perspektive zu kommen, ist: *Was bedeutet meine Story unter dem Spiegel des Universums?*

Dabei kann man weit hinausblenden: ins Leben allgemein, in die Branchenbedingungen, ins Philosophische, wohin auch immer. Sagen wir, Sie schreiben einen Artikel über das Swissair-Grounding. Dann haben Sie etwa folgende Möglichkeiten, einzusteigen.

Sie setzen aufs Ewige:

Heute stirbt man, wie früher ein Pharao. Damals wurden nach dessen Tod Hunderte Sklaven mit eingemauert. Heute sterben mit ihrem Besitzer Hunderte von Dingen. Fast alles, was dir treu und wertvoll war, Möbel, Bücher, Fotos, verwandelt sich im Augenblick deines Todes zu Müll.

So war es auch bei der Swissair. All die millionenteuren Landerechte, Buchungssysteme, Uniformen, Plakate, Tassen, Verträge, alle Pläne und Hoffnungen verwandelten sich im Augenblick des Konkurses in Müll.

Oder Sie setzen aufs Nationale:

Nüchtern betrachtet, war die Swissair das Scheitern eines schlecht gemanagten Transportunternehmens in einem schwierigen Markt. Doch das ist nur die eine Seite der Geschichte. Die andere Seite ist blau. Swissair war die Fluglinie eines Landes, das kein Meer hat. Und dem nur die Weite des Himmels bleibt, um zu träumen.

Oder Sie bleiben in der Branche:

> Fliegen ist ein Pfenniggeschäft, mit kleinen Gewinnen und enormen Fixkosten, extrem verwundbar durch Konjunktur und Ölpreis. Für die Schweiz war der Untergang der Swissair eine Katastrophe. Für den Rest der Welt keine Nachricht. Denn es stürzen mehr Fluglinien ab als Flugzeuge.

Wichtig ist, dass Sie das Fenster zwei, drei Mal im Kopf wie im Artikel weit öffnen. Und die Luft der Umgebung hineinlassen.

Der Gegensatz dazu ist das Close-up. Ihn brauchen Sie immer, wenn Gefühl im Spiel ist. Beenden Sie ihn nie ohne Überlegung. Hitchcock etwa sagte: »Einer der größten Fehler des Fernsehens ist es, bei einem Dialog in die Halbtotale zu gehen, nur weil man die Übersicht zeigen will. Das tötet die Emotion. Die Kamera muss nah dranbleiben bei den Figuren.« Entscheidend beim Transport von Gefühl ist die Nähe. Sobald es fröhlich, verzweifelt, böse oder irgendwie emotional wird, darf man nicht zurückweichen. Das bedeutet: Keine eingeschobenen Erklärungen, keine indirekte Rede. Sondern nur: Konkretes. Kurze Sätze. Direkte Zitate.

Eine milde Form des Close-up ist der Zeitraffer, bestehend aus konkreten Einzelheiten:

> Sie behandelten die Piloten wie Zechpreller. Sie verlangten für alles bündelweise Bargeld: für den Treibstoff, für die

Landerechte, selbst für die Catering-Brötchen. Morgens um zehn hielt die Londoner Flughafenpolizei zwei Maschinen am Boden fest, weil diese die Landegebühr nicht bezahlt hatten. Um 16.15 Uhr stellte die Swissair nach einundsiebzig Jahren ihren Flugbetrieb ein.

Die entscheidenden Details in der oberen Passage sind die Zeitangaben (die die Atmosphäre einer tickenden Uhr schaffen) und das absurde Detail der Catering-Brötchen: Dass sogar diese vorausbezahlt werden mussten, zeigt die ganze, verzweifelte Absurdität der Lage.

Man könnte die Sache natürlich auch noch näher unters Mikroskop nehmen. Das sähe dann wie folgt aus:

Um sechs Uhr morgens, als es noch dunkel war, betrat der Pilot XY mit einem Becher Automatenkaffee ein schmuckloses Büro in der Konzernzentrale. Er nannte Namen und Flugnummer. Einer der Männer hinter dem Schreibtisch legte sieben Geldbündel auf den Tisch. Ein Pack Tausendernoten, sechs Pack Hunderternoten. Er machte sich nicht einmal die Mühe, sie ins Kuvert zu stecken, sondern legte es extra hin. »Guten Flug«, sagte er. XY steckte das Geld in seine Uniformtasche. Es fühlte sich dick und warm an. Und verzweifelt. Noch nie hatten 16 000 Dollar sich so verzweifelt angefühlt.

Egal, ob in einer Reportage, einem Kommentar oder einem Nachrichtentext, sogar egal, wie lang der Text ist, durchgehende Halbdistanz ist eine Todsünde. Die Aufgabe eines Journalisten ist, immer wieder eine Perspektive zu finden, die der Leser nicht hat. Und die ihn deshalb erregt. Und das kann entweder der Blick über die blauen Berge sein oder ein aufs Papier geklatschtes blutiges Stück Fleisch.

Dafür wird man bezahlt: fürs Träumen. Und fürs Hinsehen.

3.11 Schlüsse

Der elegante Schwanzbeißer

»Wo ein Anfang ist, muss ein Ende sein«, heißt ein sehr altes, sehr einfaches Sprichwort. Darin verbirgt sich ein sehr alter, sehr einfacher Tipp. Einer, der Ihnen Ihren Job retten kann.

Die Situation ist immer die gleiche: Es ist spät, verdammt spät, fünf Minuten vor oder genauer nach Redaktionsschluss. Ihr Telefon schrillt. Sie nehmen nicht ab. Denn Sie wissen schon, wer dran ist. Der Schlussredakteur. Und Sie wissen auch, was er sagen will: nichts Erfreuliches.

Sie jedoch brauchen alle Kraft, um den Artikel fertig zu schreiben. Und Sie sind fast so weit. Aber noch trennt Sie ein knapp drei Finger breites Loch vom Ende. Und Sie haben keine Idee mehr für eine Pointe. Sie haben überhaupt keine Idee mehr für irgendetwas. Was tun?

Das ist der Moment, wo Sie am besten den Text hochscrollen und sich noch einmal den Anfang Ihrer Geschichte ansehen. Um dann auf diesen zurückzukommen.

Finden Sie im ersten Absatz etwas Auffälliges wie …

Martin Ebners Motto war der Satz von Victor Hugo: »Nichts ist mächtiger als eine Idee, deren Zeit gekommen ist.«

… so ist Ihre Schlusspointe eigentlich klar:

Nun lernt Martin Ebner ein neues Motto: Nichts ist vernichtender als eine Idee, deren Zeit vergangen ist.

Finden Sie eine Zeitangabe wie …

François Hollande ist noch nicht lange im Amt. Aber eine Schonfrist gibt es für ihn nicht.

… dann enden Sie mit:

François Hollande wird noch einige Jahre im Amt sein. Es werden schonungslose Jahre.

Beginnen Sie einen Verriss mit …

Günter Grass ist ein verdienter Mann, ein Nobelpreisträger. Aber er hat ein miserables Gedicht geschrieben.

… dann können Sie sogar bequem mit demselben Satz enden:

Günter Grass ist ein verdienter Mann, ein Nobelpreisträger. Aber er hat ein miserables Gedicht geschrieben.

Nicht, dass der Schwanzbeißer die perfektesten Schlüsse der Welt liefert, aber befriedigende fast immer. Aus irgendeinem Grund befriedigt es Menschen, wenn sich etwas in den Schwanz beißt: die Schlange, das Rad der Zeit, der Kreis des Lebens oder sogar eine junge Katze auf YouTube.

Derselbe Trick funktioniert auch in Kolumnen. Vor allem bei assoziativen, hoch schnörkelhaltigen. Der Meister der Schnörkel, Max Goldt, beginnt seine Kolumnen gern wie folgt:

Heute bin ich wild! Echt! Wild stoße ich zu: Laut Unfallstatistik entstehen achtzig Prozent aller Verletzungen an der Zunge durch das Ablecken von Messern. Nach dieser guten Intro-Info dürfte Appetit auf einen polnischen Zungenbrecher entstanden sein.

Es folgt der Zungenbrecher, und dann etwas über polnische Sitten, Möbel, Möbelrenovierungen, Frauensorgen, andere Sorgen, Plastiktüten, Küchen, Berliner Cafénamen, Ekstasekapseln, Dinge, die man nie gemacht hat, Werbegeschenk-Tischstaubsauger, Pappbeutel – und das ganze Chaos schrieb Goldt im klaren Bewusstsein, dass das logische Ende des Textes schon feststeht:

Und dann wüsste ich noch gern, wodurch jene zwanzig Prozent Zungenverletzungen hervorgerufen werden, die nicht vom Messerablecken kommen. (…) Durch das Lecken von Gummierungen an Briefumschlägen.

So läuft das. Wo ein Anfang ist, muss auch ein Ende sein.

4

Die schwarze Liste

4.1 Scheiß-Detektor, Teil I
Guter Stil

Die brauchbarste Faustregel zu Stil findet sich bei Ernest Hemingway. Dieser schrieb: »The most essential gift for a good writer is a built-in, shock-proof shit detector.«

Damit ist alles Wesentliche gesagt: Guter Stil ist die Vermeidung von schlechtem.

In der Praxis heißt dies: Sobald man in einem Text alle Scheußlichkeiten und Dummheiten streicht und den Rest stehen lässt, so hat dieser Rest automatisch Stil. Das bedeutet für jeden Schreiber eine große Erleichterung. Stil ist im Kern nichts Persönliches, also keine Gabe. Sondern die Einhaltung eines Kodexes, von Ge-, aber vor allem von Verboten. Persönlich ist nur die Auswahl, welchem Set von Verboten man folgt. Hinsichtlich Funktion und Herkunft ist Stil nichts Kreatives, sondern ein Korsett. Stil ist Geste gewordener Konservativismus. Seine zentrale Funktion ist die eines Abschreckungsschutzwalls für eine Elite. Wie kann die (oft höchst durchschnittliche) gute Gesellschaft Stil kultivieren? Sicher nicht durch Einfallsreichtum, sondern durch Vermeidung von Fehltritten.

Das erklärt auch, warum beneidenswert stilvolle oder coole Leute oft seltsam unfrei wirken: Sie beugen sich vielen Beschränkungen.

Das heißt, Stil ist nicht ungefährlich. Ohne Lockerheit kann er Sie ersticken wie eine böse Seidenkrawatte. Und trotzdem geht man als Journalist nie fehl, wenn man in Stil investiert: Zeit, Überlegung, Feilarbeit. Das aus vier Gründen:

1. Ein Korsett stützt nicht nur. Es hält auch. Gerade unter Zeitdruck. Oder bei komplexen Stoffen. Hier hilft Stil, schnell die richtigen Entscheidungen zu fällen.
2. »Plausibilität«, schrieb Raymond Chandler einst, »ist eine Frage des Stils.« Ihr Leser hat selten die Zeit, Ihre Fakten oder Gedanken nachzuprüfen. Aber den Stil kriegt er direkt mit. Dieser entscheidet nicht nur, ob er Sie liest. Sondern auch, ob er Ihnen glaubt. Denn:
3. Stil ist zwar entstanden zum Schutz einer Gruppe gegen Außenseiter, aber er ist auch die offene Tür in der Festung. Mit ihm kann man sich überall einschmuggeln. Haben Sie Stil, können Sie auch sehr persönliche Ideen in Zeitungen platzieren, quasi als Bomben im Smoking. (Nicht zufällig kamen die meisten Revolutionäre aus der Aristokratie oder zumindest der Oberschicht.)
4. Und obwohl man mit Stil tricksen und hochstapeln kann, hat das Publikum doch recht, ihn zu respektieren. Denn Stil verhindert die gröbsten Dummheiten. Er ist das beste Selbstkorrektiv, das Schreiber haben, um den eigenen Unfug auszusondern.

Tatsächlich sind Sie ab dem Moment ein guter Schreiber, da Sie keinen Scheiß mehr schreiben. Oder genauer: ihn nicht publizieren.

Das ist manchmal einfacher gesagt als getan. Denn Scheiß lauert überall. Es gibt den Scheiß der Wiederholung: von unnötigen Adjektiven bis zu abgenutzten Gedanken. Den Scheiß des unnötig Komplexen: von Schachtelsätzen bis zur unübersetzten Expertensprache. Den Imponier-Scheiß von Fremdwörtern bis zum Geraune. Es gibt Scheiß-Formen wie den einseitigen Thesenartikel. Oder Scheiß-Haltungen wie Empörung über Kleinigkeiten, Verehrung großer Namen, Kleinlichkeit gegenüber wem auch immer, mangelnde Neugier, Routineblindheit oder Arroganz.

Es gibt – im Größten wie im Kleinsten – viele Gelegenheiten, Scheiß zu schreiben. Und man tut es auch immer, immer, immer wieder.

Aber das ist keine Schande. Solange man ihn wieder streicht. Und deshalb braucht man einen eingebauten schocksicheren Scheiß-Detektor.

4.2 Scheiß-Detektor, Teil II
Thesen zu Thesen

Stil braucht also Selbstkontrolle. Doch dabei gibt es ein ungelöstes Problem: den Selbstbetrug. Dann, wenn man seinen Radar für Unfug abschaltet, weil man an den Unfug glaubt.

Am gefährlichsten für Journalisten sind Thesenartikel. Denn Thesen sind die Schaben des Geistes: fruchtbar, gefräßig und fast unzerstörbar. Ihr Überlebensinstinkt ist erstaunlich: Einmal im Haus, finden sie überall Indizien, Beispiele und Statistiken. Und sind praktisch immun gegenüber Gegenindizien, Gegenbeispielen und Gegenstatistiken.

Das passiert auch aufgeräumten Köpfen. »Eine gefasste Hypothese gibt uns Luchsaugen für alles sie Bestätigende und macht uns blind für alles ihr Widersprechende«, schrieb Schopenhauer.

Darüber hinaus müssen Thesen produzierende Journalisten Blamagen nicht fürchten. Denn sie haben einen mächtigen Verbündeten: die Altpapierabfuhr. Kaum jemand liest ihre Artikel eine Woche später, geschweige denn einen Monat oder ein Jahr. Auch nicht im Netz. Die Flut des Neuen deckt das Alte.

Und die Sofortkritik der Leser liefert keine klare Erkenntnis, was Quark war und was nicht. Test 1 (für Opportunisten) ist: Wird diese These allgemein geteilt? Wenn ja, schön! Nur beweist das nichts. Denn das Publikum irrt sich manchmal, manchmal aber auch nicht. Test 2 (für Wirkungs-Opportunisten): Regt die These möglichst viele Leute auf? Wenn ja, schön! Nur beweist Ärger auch nichts. Die Schärfe einer These sagt nichts über ihre Qualität. Scharfe Gewürze tarnen gern verdorbenes Fleisch.

Wie also kommt man sich auf die Schliche? Dringender Verdacht auf minderwertige Ware besteht bei folgenden Genres:

- **Generalthesen:** Die Schweiz verfettet, die Welt ist durchökonomisiert, die Männer müssen/wollen/sollen Machos/Softies/Metros/Asexuelle sein, das Internet befreit/verblödet.
- **Totenscheinthesen:** Das Theater, die Geschichte, diese oder jene Partei, der Feminismus, Europa, die USA, der Kapitalismus sind am Ende, out, schon seit Langem tot.
- **Messiasthesen:** Doris Leuthard rettet die CVP; Shareholder-Value rettet Aktionärsrechte; Mario Corti rettet die Swissair, Oswald Grübel rettet die UBS.
- **Mainstream-Empörung:** Die Manager, die Beamten, die Politiker, die SVP und die Weiber: alle eine Bande von Parasiten, Versagern, Schurken.
- **Anti-Mainstream-Thesen:** Böser Umweltmulti verfolgt guten Gentech-Professor, Frauen verhindern Karrieren qualifizierter Männer, die Sozialhilfeempfänger sind die echten Abzocker.

Thesen obiger Art stimmen meist so wie jene der Astrologin Elizabeth Teissier: alle irgendwie halb und im Rückblick eigentlich nie. Blödsinn schreibt man meist in folgenden Fällen: 1. Wenn das Sample zu groß ist. (Also wenn man über *die* Frauen, *die* Männer, *die* Schweizer, *den* Staat, *den* Markt etc. schreibt.) 2. Bei Endgültigkeit: Fallbeil und Heiligsprechung klappen fast nie. Manager des Monats sind häufig die Gefeuerten des nächsten Jahrs; Tote stehen mit Zombiefilm-Regelmäßigkeit wieder auf; Trends sind gedruckt fast immer die Trends von gestern.

Was also tun? Mit Schweigen sind Sie auf der sicheren Seite; aber das ist keine Option. Schon, weil die gesellschaftliche Debatte sich nicht in Wahrheiten, sondern in Windungen bewegt: Echte Themen kommen wieder und wieder. Und verändern sich von Runde zu Runde. Es ist okay, mit seinem Stand des Irrtums dabei zu sein.

Meine Faustregeln wären folgende:

1. Die mechanische Methode bei einer Thesenrecherche ist, die stärksten Gegenargumente zu recherchieren. Das passiert aber zugegeben meistens, um diesen am Anfang des Artikels den Hals umzudrehen. WARNUNG: Dies ist eher ein Versicherungsinstrument als ein Mittel zur Wahrheitsfindung.

2. Weit inspirierender ist es, seine These einfach so in der Gegend mäandrieren zu lassen. In Gesprächen mit Fachleuten, Praktikern, Journalistenkollegen, mit Freundin oder Freund, der eigenen Mutter. Ziel dieser Recherche ist vor allem eines: zu prüfen, ob man nicht einen riesigen Gorilla im Raum übersehen hat. So wie etwa die Wirtschaftsjournalisten die anrollende Finanzkrise übersahen. Die Details ihrer Artikel stimmten alle, nur die Artikel nicht.

3. Schlechte Redaktionen verlangen vor der Recherche eine These; gute eine Frage. Es ist immer klüger, nicht mit einem Ergebnis einzusteigen, sondern mit einem Fragezeichen. Perfekt, wenn die Frage so offen wie möglich ist. Selbst, wenn Sie bedauerlicherweise von etwas überzeugt sind, ist die Frage fruchtbarer als die Behauptung. Also nicht: »Die Orks sind Schurken.« Sondern: »Warum sind die Orks Schurken?« Oder: »Warum sind die Orks so unerfolgreiche Schurken?«

4. Im Zweifel gilt: Bei einem wirklich guten Thesenartikel muss sich die Lektüre lohnen, selbst wenn die These falsch ist. Wegen der Anekdoten. Der Formulierungen. Der Eleganz der falschen Argumentation. Wenn man schon Irrtümer verbreitet, dann wenigstens funkelnde.

5. Eine auch im Irrtum lohnende These entsteht fast immer durch die richtige Distanz. Sie gehen ganz nah ran und schildern den konkreten Ablauf einer Sache: Sie liefern eine Fallstudie. Oder Sie fragen sich, was das Ganze unter dem Spiegel

des Universums bedeutet. Und sehen die Sache mit einem langen Blick wie vom Mars an. Platte Thesen sind fast immer auf Halbdistanz gedacht. Denken ist Bewegung.

6. Im zweiten Zweifel gilt: Irrtümer, die bereits weitverbreitet sind, sollte man nicht wiederholen. Irrtümer, die keine Lobby haben, sind einen Versuch wert. Sie bringen die Kundschaft zum Denken und das gefahrlos. Denn dass Leser wegen eines Artikels die Meinung wechseln, müssen Sie nicht fürchten: Das Publikum hat auch nur Schaben im Kopf.

Ich gebe zu: Das ist nicht gerade viel. Aber Sauberkeit ist in einem Beruf, der sich mit der Welt beschäftigt, nicht gegeben. Ihr Job ist schlicht, den gröbsten Unfug nicht zu schreiben. Das genügt.

4.3 Scheiß-Detektor, Teil III
Billige Tricks

Sicher, den eigenen Kitsch zu streichen, ist schwierig genug. Aber richtig hart wird es, wenn die Stillosigkeit im System steckt: Wenn der Unfug nicht ein Unfall, sondern ganz gezielt das Produkt ist.

Professionell hergestellter Bullshit ist keine Exklusivität von Boulevardmedien. Sondern auch in seriösen Blättern gefragte Ware. Weil man ihn für populär hält. Eine ganze Schule von Redakteuren hält Leser (nicht völlig zu Unrecht) für Fliegen, die vom Geruch der Scheiße angezogen werden. Folglich gibt es eine ganze Produktpalette, die seiner Erzeugung dient.

Hier eine kleine, unvollständige Liste von Scheißgenres – plus ein paar Tipps für Gegengift:

1. **Trends – der klassische News-Ersatzstoff.** Für Politik- oder Wirtschaftsjournalisten ist die größte Gefahr die Flut von Neuigkeiten. Man wird überspült und verliert die Übersicht.

   Dagegen herrscht in anderen Teilen der Presse chronisch Dürre. Das tägliche Problem der unaktuellen Presse – in Illustrierten, Fachmagazinen, Gesellschaftsressorts – ist die Erzeugung eines Gefühls von Dringlichkeit und Aktualität. Die einfachste Lösung ist der klassische News-Ersatzstoff: Trends.

   Trends sind verführerisch leicht herstellbar: Ein Experte und drei Beispiele genügen als Beleg. (Im schlimmsten Fall auch nur ein einziger belegter Fall – so in der legendären *Facts*-Titelgeschichte »Sex am Mittag«.) Kein Wunder, dass eine Welle von Trends durch die Zeitungen spült: der Abschied vom Materialismus, die neue Jungfräulichkeit, die Rückkehr der Bartbinde.

Das Rezept dagegen: Ihr Problem als Journalist ist, dass Sie Ihren Artikel der Redaktion verkaufen müssen. Und falls diese auf Trends steht, können Sie Ihr Verkaufargument nicht völlig ignorieren. Besonders, wenn Sie über ein abseitiges Thema schreiben wollen, etwa die Wassergeburt, Heideggers Philosophie oder Pingpong. Solche Themen lassen sich fast nur mit dem hingebogenen Trend verkaufen, dass »immer mehr« Leute (Schweizer, Frauen, Jugendliche) sich dafür interessieren. Wo doch eigentlich nur Sie begeistert sind.

Was tun? Geben Sie der Redaktion im Verkaufsgespräch den Trend, den sie will. Aber glauben Sie keinen Augenblick selbst daran. Liefern Sie im Artikel den Trend dann, wie er es verdient: kurz im Lead und in zwei, drei dürren Sätzen. Verschwenden Sie nicht Zeit und Platz mit langen Pseudo-Belegen. Sondern schreiben Sie über das Thema, das Sie fasziniert: Wassergeburt, Heidegger, Pingpong.

Ist das Betrug am Leser? Nein, wenn Sie das Thema hinreißt und Sie etwas zu sagen haben. Die zwei, drei Zeilen Trend-Schwurbel werden überlesen. Sie sind hier nur die Eintrittskarte: So wie man als Kind einen Rosenkohl essen musste, bevor man sich über das Würstchen hermachen konnte.

2. **Die Politiker-Melkmaschine.** Kaum passiert etwas, werfen Sie die große Melkmaschine an. Und telefonieren wie der Teufel Politikern hinterher. (Oder Experten.) Diese haben, soeben informiert, so gut wie keine andere Chance, als eine Dummheit oder eine Banalität zu äußern. Aus den konfusen Antworten basteln Sie dann als seriöser Journalist einen Nebenartikel. Oder als weniger seriöser eine Kontroverse.

Das Rezept dagegen: Telefonterror macht Spaß – wie jeder Unfug. Nur ist dieser Scherz nicht gut: Er macht lediglich die

Politiker kleiner, dümmer, aggressiver. Erst in der Wahrnehmung, dann in der Wirklichkeit. Geben Sie den Leuten eine
Chance, geben Sie ihnen Zeit. Schreiben Sie, wann immer
möglich, mit etwas Abstand von Ereignissen, sodass Sie die
ganze Story und nicht bloß das Puzzleteil aufs Papier bringen. Coolness schlägt Geschwindigkeit – immer. Erstens wird
der Journalismus dadurch ein ganzes Stück besser. Und zweitens wird in diesem Fall sogar die Welt ein wenig besser. Weil
ein paar Dummheiten weniger gesagt werden.

3. **Experten als Marionetten.** Im Journalismus Objektivität zu
behaupten, ist ziemlich lächerlich. Das schon deshalb, weil
die Auswahl der Gesprächspartner unvermeidlicherweise
einen Dreh in jede Geschichte bringt. Man kann sich um
Wahrhaftigkeit bemühen, aber auch, wenn man mit allen
spricht, bekommt der Artikel spätestens bei der Auswahl der
Zitate Schlagseite. Man entkommt nicht seiner Verantwortung.

Am simpelsten kann man einen gewollten Dreh in einen
Artikel bringen, wenn man Experten anruft: Denn deren
Positionen sind bekannt. Das macht es einfach, mit ihnen zu
spielen wie mit Marionetten: Sie kommentieren, was man
will.

Der Experten-Dreh lässt sich bis zur Absurdität steigern.
Etwa in einem früheren Artikel einer Sonntagszeitung mit
dem Titel »Führt Bundesrätin Dreifuss ihr Departement wie
eine Sekte?«. Der Trick war hier, dass der einzige befragte Experte ein Sekten-Experte war. Und natürlich ausschließlich
über Sekten redete. Und auf jede Beobachtung des Journalisten über die Politikerin Dreifuss etwas über Sekten sagte.
Das Rezept dagegen: Den Dreh wird man zwar nicht los,
aber es gibt eine Faustregel für das Interview mit Experten:
Frage stets nur das, von dem du die Antwort nicht kennst.
Der Hauptgrund dafür ist schierer Egoismus: Es stumpft ab,

immer das Erwartete zu hören. Und Blödheit ist in diesem Beruf auf lange Sicht geschäftsschädigend.

4. **Umfragen? Unfragen.** Das Beste an Umfragen ist: Sie garantieren der Chefredaktion, die sie in Auftrag gibt, eine planbare Schlagzeile. Egal, ob es um die beliebtesten Politiker geht oder um die Haltung zu Banken, Religion, Sex – irgendetwas Verwertbares wird dabei herauskommen.

Das Viertschlimmste an Umfragen ist: Je seriöser sie sind, desto teurer sind sie. Sie sind der teuerste Ersatz für eine journalistische Idee, der sich denken lässt.

Das Drittschlimmste an Umfragen ist: Je seriöser sie sind, desto überraschungsfreier sind sie. Fast immer sagen die Leute das, was man erwartet hat. Nur jetzt in Prozentzahlen.

Das Zweitschlimmste an Umfragen ist: Sie liefern zwar eine garantiert attraktive Tortengrafik, aber einen garantiert unattraktiven Text. Umfrageartikel sind fast unschreibbar. Die einzige Variante sind Punkt-für-Punkt-Aufzählungen dessen, was jeder bereits auf der Grafik sieht. Außer, man foltert die Daten so lange, bis eine Absurdität herauskommt.

Das Schlimmste an Umfragen ist: Sie sind der Kompass fürs Mittelmaß. Es gibt nur zwei Motive für eine Umfrage: Ideenlosigkeit und Angst. Marktforschungsstudien etwa dienen primär als Versicherung des Managements, falls das Produkt floppt. Dabei tun Umfragen zuverlässig nur eins: Ideen töten. Alle schlechten Ideen. Und alle großartigen. Das deshalb, weil ihr Resultat stets das Bekannte sein wird. Der Autopionier Henry Ford sagte das so: »Wenn ich die Leute gefragt hätte, was sie wollen, hätten sie gesagt: schnellere Pferde.«

Das Rezept dagegen: Lassen Sie die Finger davon. Basieren Sie nie einen Kommentar oder einen Artikel auf einer Umfrage. Zitieren Sie sie auch nie als Beweis irgendeiner These, auch wenn die Versuchung naheliegt. Erwähnen Sie sie nie.

Und wenn, höchstens in einem Nebensatz. Und als Verleger: Feuern Sie Chefredakteure, die auf Umfragen setzen. Denn diese zeigen dadurch, dass sie ihrer Redaktion keine regelmäßigen Ideen zutrauen. Und dass sie selbst die kostenlose, elegantere Variante der Umfrage verlernt haben, das Kerngeschäft ihres Berufs: das Fragen.

Die Frage bleibt: Warum sollte man keine zu billigen Tricks anwenden? Umfragen oder auch Rankings sind bequem. Der Politiker-Telefonterror und das Experten-Marionettenspiel geben einem ein Stück finstere Macht. Und die Leser schlucken erstaunlich viel. Wer ein wenig geschickt ist, fliegt auch nicht auf.

Der Grund ist weniger die journalistische Ethik (Wer hat schon Zeit, die Argumentationen des Presserats zu lesen?). Sondern dass die billigen Tricks die Wahrnehmung des Schreibers automatisieren und beeinträchtigen. Und diese ist das Einzige, was man in diesem Job als Argument hat. Blindheit ist der Tod.

4.4 Redigieren, Teil I
Der 2/3-Trick

Etwas vom Brauchbarsten beim Schreiben habe ich aus der Betrachtung von Gemälden und in Begleitung meiner Mutter gelernt.

Das erste Mal war ich noch ein Kind, das schlecht gelaunt an der Hand durch eine Cézanne-Ausstellung gezogen wurde. Es waren ausschließlich Stillleben: Schalen, Teller, Früchte. Ich erinnere mich noch an den hellen Klang in der Stimme meiner Mutter, als sie sagte, dass das Großartige an diesen Bildern das Weiß sei. Dass Cézanne einige Stücke der Leinwand frei gelassen habe.

Und ich weiß noch, dass ich dachte: Wie? Dafür? Dass er es nicht fertig gemalt hat? Dass Cézanne etwas nicht getan hat, dafür wird er berühmt?

Und weil man alles aus der Kindheit vergisst, außer den Rätseln, erinnere ich mich daran.

Das nächste Mal war ich siebzehn und noch schlechter gelaunt. Meine Mutter hatte mich und meinen Bruder zu einer Malwoche in die Toskana mitgenommen. Es gefiel mir nicht. Aus irgendeinem Grund waren vor allem österreichische Ärzte in der Midlife-Crisis in dem Kurs. Und der Kursleiter mit den ergrauten Künstlerlocken hielt mich für schwul, weil ich Klaus Mann las.

Kurz: Ich war verärgert, eingesperrt und gelangweilt. Und bereit, sämtliche Fehler anderer zu entdecken. Ich entdeckte sie. In den langen Stunden, in denen ich meistens untätig im Atelier herumlungerte, sah ich den österreichischen Ärzten zu, die wie besessen malten. Und erstaunlicherweise fing das Bild nach etwa einem Drittel an, erstes Leben zu bekommen. Nach zwei Dritteln fing es an, interessant zu werden. Und dann malten die Ärzte weiter. Am Ende war das Bild tot. Immer. Jedes. Einzelne. Bild.

Warum?, fragte ich mich und kam darauf: Die Ärzte hatten, während sie malten, nicht auf die Leinwand gesehen. Sie hatten einfach den ursprünglichen Plan durchgezogen.

Seither mache ich beim Malen nach zwei Dritteln eine Pause. Und sehe mir das Bild genau an: Und zwar mit der Frage, wohin es will. Und nicht, wohin ich will.

Wenn ich ein Liebespaar malen möchte, aber die Farben sind etwas zu grell und die Gesichter etwas zu hart geworden, dann mache ich daraus ein eifersüchtiges Paar. Es ist das stärkere Bild.

So funktioniert es auch beim Schreiben. Es ist fast immer gut, nach zwei Dritteln eines Textes innezuhalten, die Sache noch einmal genau zu lesen und zu sehen, was der Text will. Und dann das Schlussdrittel so zu schreiben, dass er zu Schwung und Stoff des Anfangs passt. Egal, was der Plan war.

Nicht selten geht dabei ein Teil der geplanten Information über Bord. Und die geplante Schlusspointe mit.

Und etwas Gespenstisches geschieht: Erstaunlich oft ändern sich dadurch Ton, Architektur, ja das Ziel des Texts. Ein kühl geplanter Verriss wird zu einer melancholischen Beschreibung eines Scheiterns. (Und umgekehrt.) Die Beschreibung einer Person wird zur Beschreibung ihrer Zeit oder ihres Berufs. (Und umgekehrt.) Respekt kippt in Ironie, Ironie ins Sachliche, Sachliches verschnörkelt sich. (Und umgekehrt.)

Das Resultat ist fast immer: ein wesentlich stärkerer Text. Nur nicht der, den man anfangs wollte.

Natürlich kann man einwenden, dass hier ein schlechter Handwerker von seinem schlechten Handwerk fortgerissen wird. So wie ein betrunkener Schreiner, der einem Tisch versehentlich die Beine absägt und ihn als Tür verkauft. Aber ehrlich gesagt, glaube ich das nicht. Warum sollte der ursprüngliche

Plan besser, aufrichtiger, gerechter sein als das Ding, das da gerade auf dem Schreibtisch wuchert? Handwerk als reine Planerfüllung zu betrachten, heißt, es zu unterschätzen. Schreiben ist nicht Aufschreiben. Es ist eine Brille. Durch die man schärfer sieht, was man wirklich denkt. Oder das, was man möglicherweise auch denken könnte. (Dann hat die Brille grüne Gläser.)

Falls man am folgenden Tag nicht mit dem einverstanden ist, was man unter seinem Namen geschrieben hat, kann man als Journalist gnädigerweise in der Woche darauf das Gegenteil schreiben. Das Publikum hat ein schlechtes Gedächtnis. Niemand wird es merken.

Das ist, was mir am Schreiben gefällt: Seltsamerweise führt in diesem Beruf nicht das Durchziehen eines Plans zu einem konsequenten Produkt, sondern das zwischenzeitliche Zögern, das Hinhören und das Folgen.

Denn alles ist im Fluss bis zum Ende. Das habe ich schlecht gelaunt von meiner Mutter gelernt an einem langen Nachmittag und in einer langen Woche, und ich bin ihr dankbar dafür.

4.5 Redigieren, Teil II
Töten Sie Ihre Feinde!

Der berühmteste Tipp zum Schreiben ist der härteste. Es ist der Rat von William Faulkner: »Kill your darlings«. Und natürlich soll man seine Lieblinge töten. Wenn eine Formulierung das Argument überstrahlt, eine Szene von der Story ablenkt, gehört sie gekillt. Egal, wie gut sie ist (→ Kap. 2.6).

Vor den Lieblingen allerdings sollte man sich um seine Feinde kümmern. Stil entsteht weniger durch Einfälle, sondern dadurch, dass man keinen Unfug schreibt.

Noch genauer gesagt: Stil entsteht dadurch, dass man Unfug nicht stehen lässt. Denn beim Schreiben unterlaufen einem so viele Peinlichkeiten wie im Leben. Nur dass man sie streichen kann (→ Kap. 4).

Hier meine private schwarze Liste: Wonach ich beim Redigieren in eigenen Texten suche, um es ins Nichts zu befördern.

1. **Schwere Sätze.** Das wichtigste Ziel: Sätze, die unnötig komplex sind. Sie unterlaufen einem andauernd. Denn es sind Sätze, die leicht schreibbar, aber schwer lesbar sind. Meist Sätze mit eingeschobenem Bauchladen oder stehen gelassenem Schwänzchen:

> Dieser Satz, als stünde er in der *NZZ*, ist unnötig komplex.

> Hier zum Beispiel schneidet der Nebensatz das Schwänzchen, das hinten übrig bleibt, ab.

Solche Sätze muss man systematisch umstellen oder trennen, denn Nebensätze sind vorne manchmal exquisit, hinten immer okay, in der Mitte nur mit einer wirklich guten Begründung tragbar.

2. **Dreimaster.** Einer der schwierigsten Jobs meines Lebens war, mein Phil-I-Studium wieder zu vergessen. Und die Wirtschaftsbücher, die ich später las. Das Problem war der ansteckende Schwurbel im Ton. Also Ausdrücke wie:

Paradigmenwechsel, a impliziert b, Realitäten, Herausforderungen, strukturell, Leadership etc.

Jargon aus Wissenschaft und Wirtschaft aus eigenen oder fremden Texten zu entfernen, ist leichter gesagt als getan. Es braucht oft eine größere Operation, weil Schwurbel für seinen Verfasser einen Vorteil hat, der auch sein Nachteil ist: Die Worte klingen professionell, sind aber nicht präzis. Um klar und konkret zu werden, muss man meistens erst Klarheit in den eigenen Kopf bringen. Das dauert oft demütigend lang.

Überhaupt ist beim Durchlesen jedes längere Wort verdächtig. Gute Wörter sind kurze Wörter: Herz, Zorn, Kuss, Tod, Kind, Kick, Stop. Bei Wörtern wie …

ausdiskutieren, Grundgedanke, zweifelsfrei, Hintergrundwissen etc.

… sollte man an Schopenhauer denken, der solche Wörter »Dreimaster« nannte, bei denen »man den dritten Mast zur Beförderung der Seetüchtigkeit kappen soll«. Also:

diskutieren (oder: darüber reden), Gedanke, ohne Zweifel, Wissen etc.

Im schlimmsten Fall schreibe man bei Tankerwörtern den Satz neu, um auf kurze zu kommen.

Ein letzter Fall sind Eigennamen, etwa von Institutionen oder Firmen. Die sind oft so lang wie hässlich. Hier ist die saloppe, kurze Form die bei Weitem bessere. Korrekt heißt der Konzern zwar »SAir Group«. Trotzdem schreibt man vernünftiger: »Swissair«.

3. **Salgarismus.** Neulich, in einem Porträt über den Ökonomen Kenneth Rogoff, schrieb die *Welt*:

> Schach ist noch immer seine Leidenschaft, und noch heute baut er viele Denkstrategien auf das aus Nordindien stammende Figurenspiel auf, das im Zuge der Expansion islamischer Staaten im 13. Jahrhundert weltweit bekannt wurde.

Die Technik, die hier verwendet wird, taufte Umberto Eco Salgarismus. Dies nach dem italienischen Abenteuerschriftsteller Emilio Salgari, berüchtigt wegen seiner gnadenlosen Exkurse. Seine Helden fliehen im tropischen Urwald, einen hungrigen Stamm von Kannibalen im Nacken, stolpern über eine Baobabwurzel, »und schon suspendiert der Autor die Handlung, um uns einen Vortrag über Affenbrotbäume zu halten«.

Der Salgarismus ist eine tägliche Plage im Journalismus. Und zwar deshalb, weil er sich kaum vermeiden lässt: Man schreibt für höchst verschieden informierte Leser. Es ist etwa unklar, ob man »George W. Bush« schreiben kann oder »der ehemalige amerikanische Präsident George W. Bush« schreiben muss. Die Entscheidung zwischen Tempo und Klarheit ist jedes Mal heikel.

Man kann sich im obigen Fall so oder so entscheiden – je nachdem, ob die Information für das Verständnis der Story wichtig ist oder nicht. Man sollte hingegen auf keinen Fall offensichtlich unnötige Information im Text stehen lassen: »der 43. amerikanische Präsident, George W. Bush« oder »der texanische Ex-Präsident George W. Bush«.

4. Tantentunke. Die zweitwichtigste Tugend im Journalismus ist Fleiß. Die wichtigste, ihn zu verbergen. Jeder seriöse Journalist hat ein Coolness-Problem. Denn er ist ja nichts als ein kleiner Streber, der sich alles Mögliche zusammengelesen hat, um die Leute zu beeindrucken. Das sollte man gut verstecken, falls man es nicht verhauen will.

Vielen Journalisten liegt die Versuchung aller Streber nahe, nicht nur sämtliches Wissen auszubreiten, sondern auch Zensuren zu geben. Deshalb schleichen sich besonders oft in unkonzentriert geschriebenen Kommentaren Formulierungen ein, die ins Onkel- oder Tantenhafte kippen, wie:

Es ist abzulehnen … wäre zu empfehlen … sei ins Stammbuch geschrieben … Es sei darauf hingewiesen … notabene … Die Partei XY müsste … Man erinnere sich … Ratsam wäre …

Es ist kein Zufall, dass dies fast immer Passivkonstruktionen sind: Die meisten davon gehen von einer allgemeinen Moral aus, gegen die verstoßen wurde, worauf das Abweichende automatisch zu tadeln ist. Fast immer wird dieser Tadel dann nur flüchtig begründet – er versteht sich von selbst.

Auf solchen Konstruktionen kann man halbe Zeitungen aufbauen: Etwa den *FAZ*- oder den *NZZ*-Wirtschaftsteil, deren Kerne daraus bestehen, dass die Wirklichkeit getadelt wird, wenn sie nicht dem Lehrbuch entspricht.

Das Problem vieler Redaktionen ist, dass sie gesellschaftlich so durchmischt sind wie Südafrika vor Ende der Apartheid. Die Mehrheit und die Chefs in einer Zeitungsredaktion sind männlich, mittleren Alters, weiß, einheimisch, Mittelklasse. Deshalb sollte man nicht allzu viel auf die universale Gültigkeit ihrer Urteile geben.

Andererseits ist es in Kommentaren der Job, zu urteilen. Was tun? Entdeckt man Tantentunke im eigenen Text, ist die beste Variante, sie durch eine wesentlich härtere Formulierung zu ersetzen. Also:

> Das ist Unfug. Das hat keine Logik. Das ist eine Lüge. Das ist eine Gemeinheit. Das ist schlecht gedacht.

Denn nach solch einem Satz muss man eine klare Begründung finden. Man spielt zwar immer noch mit den Karten, die einem Herkunft, Milieu und Vorurteil in die Hand gegeben haben. Aber wenigstens offen.

5. ~~Unnötige~~ **Adjektive.** »Für das Eigenschaftswort gilt: Wo es nicht zwingend ist, ist es falsch«, schrieb der Journalismusprofessor Wolf Schneider. »Strenge Zurückhaltung gegen das Adjektiv gehört zu jedem klassischen Stil.« Und tatsächlich sind sich hier alle in der Branche einig: Adjektive sind für Schreiber dasselbe wie Pubertätspickel. Anfangs sind sie überall, aber eines fernen Tags verschwinden sie. Gott sei Dank. Hier ein Set von Faustregeln:

a) Redundante Adjektive streichen:

> Die ~~strahlende~~ Sonne

> Die ~~dunklen~~ Straßen der Nacht

> Die ~~langweilige~~ Neujahrsansprache

b) Keine Adjektive für unwichtige Dinge:

> In der Ecke stand ein ~~dunkler, hölzerner~~ …

> In seinen Taschen fanden sich ein ~~blaues~~ Feuerzeug, ein ~~zerknülltes~~ Taschentuch, ein ~~zerfleddertes~~ Notizbuch und ein kleiner, böser Trommelrevolver.

c) Adjektive sind klasse, wenn sie dem Substantiv widersprechen:

Sie zeigte ein böses Lächeln.

Ein mageres Schwein

d) Adjektive würzen einen Satz wie süßsaure Soße, wenn sie
sich widersprechen:

Michael Kohlhaas war einer der rechtschaffensten und
zugleich entsetzlichsten Menschen seiner Zeit.

6. **Organisation von Blabla.** Zitiert man Leute, ist die Passiv-
konstruktion fast immer die schwächste Lösung. Die Sätze
werden kompliziert, das Zitat klingt gedämpft wie sein eigenes Echo. Die stärkste Technik ist dagegen, ein Zitat direkt
aus dem Mund in Anführungsstriche zu packen. Das ist leider nicht immer möglich, etwa wenn man eine längere Rede
zusammenfasst. Hier empfiehlt sich eine Formulierung wie:

Im Kern sagte XY Folgendes:

… und dann die Argumente in aktiven Sätzen.
Ein weiteres lästiges Problem ist, die Identität des Zitierten
zu erwähnen. Es gibt hier je nach Standpunkt viele oder keine
Varianten, also:

erwiderte, antwortete, gestand, merkte an, protestierte,
motzte, ächzte, orgelte, ätzte, bellte, gurgelte, etc.

Fast immer sind diese Wörter schlechter als das simple
»sagte«. Und fast immer ist dieses »sagte« besser als das »sagte
+ Adverb«. Letzteres ist nur vernünftig, wenn sich Inhalt und
Ton widersprechen:

»Du Hundesohn«, sagte sie freundlich.

Im letzten Fall ist es klüger, den Ton vor dem Zitat bekannt zu geben, als es im Nachhinein einzufärben. Also …

Sie sagte kühl: »Guten Morgen, Liebling.«

… statt:

»Guten Morgen, Liebling«, sagte sie kühl.

7. **Gesuchte Synonyme.** Ein Grund, warum »sagte« so oft durch Schlechteres ersetzt wird, ist des Deutschlehrers Stilbuch. Dort stand, dass es schlechter Stil sei, zwei Mal dasselbe Wort zu benutzen. Diese Regel führt dazu, dass Zeitungen aus Schweizern Eidgenossen, aus Ungarn Magyaren oder aus Deutschen Teutonen machen. Und aus einem Elefanten wird ein Jumbo, ein Dickhäuter, Viertonner, Rüsseltier, grauer Kinderfreund oder das Tier, dem man hundert Liter Botox spritzen müsste, bis seine Haut endlich straff ist.

Synonyme sind deshalb oft Unfug, weil ihr Ton und die Assoziationen dazu ganz andere sind als beim nüchtern gebrauchten Wort. Schreibt man sie versehentlich hin, ist es klug, sie wieder zu streichen.

8. **Ironiezeichen.** Irgendwo in seinen Sudelbüchern bemerkt Lichtenberg, dass die Schrift zwar ein Ausrufezeichen und ein Fragezeichen hervorgebracht habe, aber kein Ironiezeichen.

Seitdem wird daran gearbeitet. Die erste Lösung sind defensiv gebrauchte Anführungsstriche. Alles Exotische wird in diese gepackt: Ironie, Saloppes, aber auch ein Fremdwort, ein Fachausdruck oder ein Stück Dialekt. Doch diese Distanzierung ist ein sicheres Zeichen für schwachen Stil. Und eine biedere Haltung. Denn das Wort oder die Pointe müssen stark genug sein, um auch ohne Ankündigung verstanden werden zu können.

Kurz: Anführungsstriche gehören um ein Zitat und um sonst nichts.

Ein ähnlicher Fall sind die drei Pünktchen ... Früher wurden sie gern für unanständige Romantitel benutzt: *Und er küsste sie auf den M...* Heute folgen die Pünktchen in Provinztexten gern als schriftliches Schmunzeln nach einer Pointe oder einer Kalenderweisheit. Das ist ähnlich unsicher wie jemand, der eine Beifallspause einlegt. Eine Lady oder ein Gentleman servieren ihre Pointe oder ihre Banalität trocken ...

Deshalb mag ich auch Emoticons nicht. Auch sie sind Zeichen der Unsicherheit. Sie spannen ein Sicherheitsnetz hinter Scherze, Freundlichkeiten oder Angriffe.

9. **Stehen gelassene Regieanweisungen.** Manchmal stößt man in Texten auf Sätze wie:»Eine schöne Anfangsszene für dieses Porträt ist ...« oder »Ein gutes Schlussbild ergibt ...« oder »Das illustriert auch folgendes Beispiel ...«.

Stehen gelassene Regieanweisungen in einem Text sind ähnlich elegant wie eine nach der Operation im Bauch vergessene Schere. Streichen.

10. **Abgegriffene Metaphern.** Abgegriffene Metaphern haben etwas Trauriges – sie zeigen, dass nichts bleibt, dass auch Ideen sterben. In der Tat sind abgegriffene Metaphern tote Geniestreiche der deutschen Sprache. Sie waren funkelnd, als sie vor Jahrhunderten jung waren, aber durch langen Gebrauch sind sie zu bürokratischen Formeln versteinert.

Kein Wunder, dass, da naheliegend, fast alle Körpermetaphern völlig unbrauchbar geworden sind:

... sorgt für rote Köpfe ... mit Kopfschütteln ... reibt sich die Hände ... leckt sich die Lippen ... mit glänzenden Augen (noch widerlicher: Äuglein) ... läuft das Wasser im Mund zusammen ... mit ausgestreckter

Hand … tritt mit Füßen … mit Naserümpfen … reibt sich die Augen … mit gesenktem Kopf … mit Zeigefinger … streut sich Asche übers Haupt … böse Zungen sagen … ist in aller Munde …

All das ist ehemals lebendiges, heute totes Deutsch. Erstens, weil es abgenutzt ist. Zweitens, weil die Beobachtung oft nicht mehr stimmt. Dass sich jemand bei Erstaunlichem »verwundert die Augen reibt«, dass jemand »etwas mit Kopfschütteln zur Kenntnis nimmt«, dass jemand einen »roten Kopf« bekommt, sieht man eigentlich nur noch in Boulevardtheatern.

Besonders bescheuert ist, wenn Abstraktes oder Bürokratisches mit einer Körpermetapher zusammengebracht wird. Nur ein einziges, typisches Beispiel (zufällig aus der *NZZ*):

Restwasser sorgt für rote Köpfe.

Was tun? Die vernünftigste Lösung für schlanke Sprache ist, die Metaphern systematisch herauszustreichen. Und durch nüchterne Formulierungen zu ersetzen. Also die geriebenen Augen durch »war überrascht«, das Kopfschütteln durch »mochte nicht« und die roten Köpfe durch »Restwasser ärgert Politiker«.

Das ist die schlanke Lösung. Die romantische Lösung ist, die Toten zum Leben zu erwecken. Und in den längst erstarrten Formeln wieder den Witz zu finden, der sie einst geboren hat. Also über einen gescheiterten Visionär zu schreiben:

Er sah vor lauter Bäumen die Blätter nicht mehr.

Das macht Spaß, aber man sollte es nicht zu oft tun. Tote werden auch in der Wirklichkeit nur sparsam erweckt, denn noch ist nicht der Jüngste Tag.

5

Genres

5.1 Die Breitleinwand-Nacherzählung
Der Journalist als Historiker der Gegenwart

Beim folgenden Rezept handelt es sich um die erfolgreichste Produktlinie, die ich betreibe, die mit dem meisten Echo. Und die mit dem kleinsten Absturzrisiko. Denn trotz einigem Aufwand gelingt das Produkt fast immer.

Allzu scharf bin ich zwar nicht auf Konkurrenz. Aber wenn man schon einmal die Karten auf den Tisch legt, dann auch das Ass. Der Gedanke dahinter ist simpel. Die meisten Redaktionen begehen einen Fehler. Sie konzentrieren sich stärker auf die Jagd nach Neuigkeiten als nach Geschichten. Deshalb verpassen sie regelmäßig ausgerechnet die größten, wichtigsten, schönsten. Natürlich verpassen sie sie nicht vollkommen. Aber sie bringen die Story, wie ein Serienmörder seine Leiche in der Stadt verteilt: noch blutig, aber tot und zerstückelt.

Alle großen Geschichten – Skandale, Karrieren, Krisen – haben jedoch eines gemeinsam: Dauer. Sie entwickeln sich über Tage, Wochen, Jahre, Jahrzehnte. Und Zeitungen berichten dauernd, aber fast nur die neuesten Bruchstücke der Story: die neuesten Aufregungen, Statements, Wendungen.

Die Idee besteht darin, zu warten, bis eine Geschichte reif ist. Und sie dann als Ganzes zu erzählen, in einem Schwung, an einem Stück.

Dazu braucht man nur Unverfrorenheit, Fleiß und Geduld. Denn manchmal muss man ziemlich lange warten, bis eine Geschichte eine echte Geschichte ist: mit Anfang, Mitte, Schluss. Dafür hat man dann perfekte Innereien. In den Archiven findet sich eine ganze Organbank, die Sie zum Leben erwecken können: Anekdoten, Zahlen, Zitate.

Sie müssen sich zwar durch einen monströsen Papierberg fressen. Aber das Resultat wird fast garantiert ein Treffer.

Nur: Warum funktioniert es beim Publikum? Obwohl das, was Sie liefern, im Kern Informationsrecycling ist?

Es gibt einen großen, klugen Satz des Journalisten Karl Lüönd über die Leser. Er lautet: »Du sollst nie die Intelligenz des Publikums unterschätzen; aber du kannst immer auf seine Vergesslichkeit zählen.«

Deshalb funktioniert erzählendes Recycling so gut. Die Hälfte aller alten Fakten ist dem Leser neu. Darüber freut er sich. An die andere Hälfte erinnert er sich vage. Und freut sich über das Wiedersehen. Und schließlich bieten Sie letztlich doch etwas wirklich Neues: das Kondensat, also fast ausschließlich die Höhepunkte. Und das Panorama, den Überblick.

Eine Breitleinwand-Nacherzählung ist immer eine Investition. Man braucht Platz – so viel wie möglich. Unter einer drei viertel Zeitungsseite sollte man nicht anfangen. Und man braucht Zeit: Denn man muss den Drucker heiß laufen lassen, Artikel von der Wiege (immer die ältesten ausdrucken!) bis zur Bahre (der Gegenwart) aus der Datenbank holen, das ganze Zeug lesen und im Kopf krank und wieder klar werden, bevor man schreibt.

Deshalb sollte man sorgfältig auswählen, wo man Zeit, Energie und Platz investiert. Etwa hier:

- **Etwas stirbt.** Nicht umsonst ist der Nachruf eines der dankbarsten Genres: Der Tod ist immer ein guter Schluss. Also lohnt es sich, überall zu recherchieren, wo etwas stirbt: Ein Unternehmen wird verkauft oder geht pleite. Ein Mächtiger stürzt. Ein Würdenträger wird entehrt. Eine Tradition kippt. Eine Kaste verliert die Macht. Ein Star muss in Kaufhäusern singen. In all diesen Fällen wird von den meisten Medien auf den Verlierern herumgehackt – unweise Medien verachten Verlierer –, und sie verpassen dabei die viel interessantere Geschichte von Aufstieg und Fall. Bei der man nicht selten die

Keime des Verderbens schon in den vergangenen Siegen entdeckt.

- **Etwas triumphiert.** Eine Firma erobert den Weltmarkt. Eine neue Partei gewinnt die Wahlen. Jemand wird reich. Hier lohnt es sich, hinzusehen, mit welchen Mitteln, welchen Kämpfen, welchen Zufällen und Entscheidungen das passiert ist. Und weise Medien mischen ein wenig Melancholie in jede Erfolgsgeschichte. Denn – wie gesagt – fast immer findet man im Aufstieg schon die Keime des Verfalls. Blamieren Sie sich nicht wie die Wirtschaftsmagazine der Nullerjahre: Deren gefeierte Manager des Monats wurden regelmäßig schon Monate später gefeuert.
- **Etwas ist gerade da.** Eigentlich egal, welcher Gegenstand gerade warum im Gespräch ist, jeder hat eine Geschichte. Es gibt eine Geschichte des Kugelschreibers wie der Nacktheit, des BHs wie der Tischsitten, der Tennischampions wie des Schnees. Aber passen Sie auf: Diese Geschichten lesen sich gut, aber reißen niemanden mit. Erfreulicher Feuilletonstoff sind sie allerdings immer.
- **Etwas ist groß.** Die Königsdisziplin. Wo immer es gerade Schlagzeilen, Nachrichten und Kommentare im Dutzend hagelt, wo sich Journalisten auf den Füßen herumstehen, dort können Sie Ihren Kopf darauf wetten, dass die besten Geschichten übersehen werden. Hier nur ein kleines Brainstorming zur Eurokrise: Die Geschichte der Banken – warum sind sie immer noch halb pleite, obwohl sie seit 2008 mit Hunderten Milliarden aufgefüttert wurden? Die Geschichte der Superreichen als Profiteursklasse der letzten dreißig Jahre. Die Jahrhundertgeschichte vom Aufstieg und Fall der Mittelklasse. Die Geschichte der vielleicht langweiligsten Herrscherkaste der Geschichte: der Manager. Die Geschichte des Versagens von Politik. Die Geschichte der Staatsfeindschaft in Griechenland. Des ewigen Schicksals in der Schweiz: als Land der Verschonten. Der zerstörerischen Moral bei

Wirtschaftsdebatten in Deutschland. Der komplexen Finanzprodukte. Der Reaktion von Gesellschaften auf Verarmung. Et cetera.

Viele Tageszeitungen verpassen vor lauter Schnelligkeit die großen Geschichten. Dabei hätten Bezahlzeitungen hier ein echtes Monopol. Denn die Gratis-Konkurrenz kann diese Sorte Stoff nicht liefern. Er ist schlicht zu aufwendig. Die Gedächtnislosigkeit des Publikums ist eine echte Marktlücke.

Problematischer ist der blinde Fleck auf der Seite der Journalisten: Ihre Routine verführt sie dazu, Fakten als Fakten entgegenzunehmen. Sie vergessen das Staunen, dass das eine passiert und das andere nicht.

Es ist nicht nur die Aufgabe von Zeitungen, zu schreiben, was ist. Sondern auch, wie wurde, was ist.

5.2 Der Dreispalter
Journalismus aus dem Mittelalter

Eine der scheußlichsten Erfindungen der Menschheit heißt das Ungemach. Die Idee dahinter ist einfach. Das Ungemach war in mittelalterlichen Kerkern eine Zelle von speziellem Ausmaß: etwa so groß wie ein schlecht gezimmerter Sarg. Nicht lang genug, um ausgestreckt zu liegen, und zu niedrig zum Stehen. Wer dort eingesperrt war, konnte nur kauern. Oft für den Rest seines Lebens.

Das Ungemach ist im Tagesjournalismus eine sehr verbreitete Form: der Dreispalter. Der Dreispalter, ein Nachrichtengefäß zwischen 3000 und 4500 Zeichen, ist fast unmöglich zu schreiben. Hat man nichts zu sagen, ist es eine quälend lange Strecke. Aber sobald man etwas recherchiert, krümmt sich der Stoff hinten und vorn. Im Grunde gestattet seine Form nur drei Dinge:

1. Man schwafelt herum, um eine Notiz aufzublähen.
2. Man schreibt so dicht wie eine Presswurst, um alle Informationen hineinzubekommen – nur bleibt dann der Swing auf der Strecke. Und damit meist auch die Verständlichkeit.
3. Man praktiziert die erbärmlichste Form von veredelter Nachricht: Man referiert ein Ereignis, etwa eine Politdebatte, und holt noch zwei oder drei kurze Statements dazu ein. Diese Statements sind dann fast zwangsläufig dumm, denn entweder haben die Akteure kaum Zeit, über die Frage nachzudenken, oder wenn doch, haben sie keinen Platz, ihr Nachdenken auch zu erklären. Es bleibt ihnen meist nur ein notwendig aggressiver oder banaler Satz.

Das Scheußliche am Dreispalter ist, dass er wie das Ungemach oft lebenslänglich bedeutet. Generationen von Journalisten waren und sind dazu verurteilt, tagtäglich ihren Dreispalter abzuliefern – eine Form, mit der sie keine Chance auf Ruhm haben. Und auch keine Chance auf Wahrheit.

Sicher, man soll die eigenen Bosse nicht öffentlich loben, aber warum nicht eine Ausnahme? Nach einem brutalen Schnitt in der Redaktion des *Tages-Anzeigers* im Sommer 2009 und einem gleichzeitigen Relaunch sagten erstaunlich viele Leute, die Zeitung sei – nach der Entlassung von mehreren Dutzend Redakteuren – besser geworden. Einige begründeten es sogar mit dem reduzierten Personal. (Die Haltung, nur ein toter Journalist ist ein guter Journalist, ist erstaunlich populär.) Sie irrten. Die wirklich wirksame Maßnahme der neuen Chefs Res Strehle und Markus Eisenhut war eine andere: Der zuvor im *Tages-Anzeiger* großflächig verbreitete Dreispalter wurde radikal zurückgeschnitten. Seitdem versucht die Redaktion, die Artikel entweder lang oder kurz zu machen, ein echtes Statement zu liefern oder eine Notiz.

Klar ist nicht jeder lange Artikel eine Offenbarung. Klar hätten einige Notizen sogar die Titelseite verdient. Darüber kann man streiten. Nur über den Weg nicht: Auf Geschichten entweder voll zu setzen. Oder es zu lassen.

Denn nur mit energischen Strecken hat man die Chance, die Welt am Schwanz und die Leser hinter ihrem Kaffee zu packen. Gelingen auch nur zwei oder drei lange Geschichten pro Ausgabe, war die Zeitung ein Gewinn.

Der *Tages-Anzeiger* verließ dadurch mitten in einer finsteren Zeit zumindest in einer entscheidenden strategischen Frage das journalistische Mittelalter.

5.3 Dreispalter vs. Kurzporträt

Die hässliche und die schöne Schwester

Warum gelingt der Dreispalter fast nie? Aber eine fast identische Zwillingsform fast immer?

Das tägliche, kurze Porträt ist gleich lang wie der Dreispalter. Und es braucht exakt gleich viel Arbeit: ein Tageswerk. Nur verlässt der Journalist danach die Redaktion regelmäßig glücklich. Denn das kurze Porträt ist so gut wie immer ein gelungener Text, fast unabhängig von seinem Autor.

Warum das? Warum ein so krasser Unterschied bei gleicher Länge und gleicher Arbeit?

Das ist eine kleine Studie wert:

Auf den ersten Blick wirkt der **Dreispalter** als Form völlig legitim. Er behandelt ein aktuelles Ereignis, leicht aufgepeppt durch etwas Recherche: etwa eine Parlamentsdebatte, eine Firmenfusion oder einen größeren Verkehrsunfall.

Dramaturgisch jedoch stößt man auf mehrere Probleme:

1. Im Kern liefert der Dreispalter zwar etwas Brauchbares: eine Nachricht. Doch diese ist fast immer **nur ein Teil, ein Bruchstück einer Geschichte**. Egal, ob die Politdebatte, die Fusion, der Unfall: Man kann aus Platzgründen höchstens etwas Kurzes über die Vorgeschichte sagen – und gar nichts über die Wirkung der Sache, die ja noch nicht eingetreten ist: für das Land, die Firmen oder jene, die den Unfall erlitten haben. Das Einzige, was lieferbar ist, sind kurze Statements einiger Akteure – also nur die erste Aufregung nach dem Ereignis.

2. **Der Stoff des Dreispalters lässt kaum Auswahl** zu. Die Debatte, die Fusion, der Unfall laufen ab, wie sie eben ablaufen.

Der Journalist kann vielleicht am Rande ein paar beschreibende Schnörkel setzen. Oder er kann ein paar Schnitte machen. Aber das wars schon. Das heißt, er ist der Gnade oder Ungnade der abrollenden Wirklichkeit ausgeliefert. Und das kommt selten gut. Denn die Wirklichkeit ist als Regisseurin ihrer selbst meist stümperhaft: langfädig, nebensächlich, wirr. Und das bekommt auch der Reporter zu spüren, der ihrer Inszenierung auf Gedeih und Verderb ausgeliefert ist. Selbst, wenn sich ein Ereignis als Nicht-Ereignis herausstellt, hat der Journalist meist nicht einmal die Chance, die einzig brauchbare Wahrheit zu schreiben, nämlich nichts. Denn in der Zeitung wäre sonst ein Loch.

3. Der Dreispalter, weil Nachrichtenstoff, liefert **Fakten ohne viel Interpretation**. Das klingt auf den ersten Blick nach seriösem Handwerk. Und nach Objektivität. Nur wird es der Sache oft nicht gerecht, denn spannender als das Ereignis selbst ist oft der Hintergrund: Nicht nur was, sondern warum etwas gespielt wird. Gerade bei inszenierten Ereignissen wie Parlamentsdebatte oder der Pressekonferenz zur Firmenpolitik dominiert die Rhetorik: Was daran ist wirklich wahr, neu, interessant? Das kann dann frühestens der Folgeartikel klären. »Dass Dinge geschehen, ist nichts; dass sie gewusst werden, ist alles«, schrieb Egon Friedell.

4. Sogar wenn der Journalist viel weiß: Etwa um die Tücke des Gesetzes, die Komplexität der Fusion, die technischen Bedingungen des Unfalls – im Dreispalter wird er kaum etwas davon unterbringen können. Denn er steckt in einem doppelten Korsett: Erstens hat er **kaum Platz**. Und zweitens **gestattet der Nachrichtenton wenig Variation**: Einsprengsel von Analyse, Anekdoten, Ironie wirken als Fremdkörper.

Fazit: Der Dreispalter gestattet es fast nie, eine echte Geschichte zu erzählen, mit Anfang, Mitte, Schluss. Er lässt keine Wahl: Man muss nehmen, was auf den Tisch kommt. Dazu verhindert er die Wertung komplexer Tatsachen. Und die Variation des Tons.

Aus all diesen Gründen scheitert der Dreispalter *als ästhetisches Produkt* so gut wie immer. Egal, wer der Autor ist. Egal, wie hart dieser arbeitet.

Damit zur **Dramaturgie des Tagesporträts**. Es ist wie der Dreispalter ein Routineprodukt: irgendeine Person, die gerade aktuell ist, wird auf knappem Platz porträtiert. Warum ist das Produkt fast immer ein Vergnügen – beim Schreiben wie beim Lesen?

1. Das Porträt hat zwar einen **aktuellen Anlass**. Aber dieser ist variabel. Er kann fast gewichtslos sein (Etwa: Ein Sänger tritt irgendwo in der Stadt auf.) oder den ganzen Text einnehmen (etwa bei der Schilderung der Methoden, mit denen ein Betrüger arbeitete). Man ist der Aktualität verpflichtet, aber nicht ausgeliefert.

2. Ein Leben bietet eine Fülle von Stoff. Und daraus kann man **fast ausschließlich die Höhepunkte** auswählen – aus der Kindheit, dem Job, den Beziehungen, irgendwelchen Skandalen: Man kann so weit in die Vergangenheit tauchen, wie man will. Und wenn die Person langweilig, blass oder unbekannt ist, aber das Milieu spannend (etwa bei einem Funktionär), dann kann man das Milieu schildern.

3. Das heißt auch: **Man kann Unmengen Material weglassen**. Das Weglassen steht am Anfang jedes ernst zu nehmenden Kunstwerks. Wie Egon Friedell es sagt:

> Wir können die Welt immer nur unvollständig sehen; sie mit Willen unvollständig zu sehen, macht den künstlerischen Aspekt. Kunst ist subjektive Bevorzugung gewisser Wirklichkeitselemente vor anderen, ist Auswahl und Umstellung, Schatten- und Lichtvertei-

lung, Auslassung und Unterstreichung. Oft wird ein ganzer Mensch durch eine einzige Handbewegung, ein ganzes Ereignis durch ein einziges Detail schärfer, einprägsamer, wesentlicher charakterisiert als durch die ausführlichste Schilderung.

4. Das heißt auch: Indem man das beste Material, also das Allerwesentlichste plus das Allerschillerndste, wählt, hat man fast immer **eine Geschichte**. Das schon automatisch dadurch, dass man auswählt.
5. **Bei gutem Material spart man Platz.** Denn das typische Element einer Personenbeschreibung – eine Anekdote – ist fast immer wesentlich schlanker als das typische Element einer Nachricht – das statische Referat eines Sachverhalts. »Aus drei Anekdoten ist es möglich, das Bild eines Menschen zu geben«, schrieb Friedrich Nietzsche.
6. **Der Stil ist fast frei wählbar.** Je nach Person kann der Ton des Porträts nüchtern, ironisch, verschnörkelt, lakonisch oder dramatisch sein.

Das alles ist der Grund, warum das Routineporträt trotz seiner Kürze so viel Weite ausstrahlt.

Natürlich ist es unfair, die tägliche Pflicht des Nachrichtendreispalters mit der täglichen Kür des Kurzporträts zu vergleichen. Als würde man Schiffszwieback mit Kuchen vergleichen. Nur: Bei der entscheidenden Instanz, den Lesern, spielt die investierte Arbeit keine Rolle. Sie werten einen Text nicht nach den Produktionsbedingungen, sondern als Produkt. Er bezaubert oder langweilt sie.

Selbst bei den Profis innerhalb der Redaktion läuft das nicht anders. Für Nachrichtenpflicht gibt es selten Blumen. Für die Kür schon.

Nein, es gibt keine Gerechtigkeit. Und deshalb soll man seine Aufträge klug wählen.

Meiden Sie also alle Geschichten, in denen Sie:

- keine Auswahl haben,
- nur Bruchstücke erzählen,
- nichts weglassen dürfen,
- keine stilistischen Freiheiten haben.

Aber suchen Sie die Stoffe, bei denen Sie:

- der Wirklichkeit nicht ausgeliefert sind,
- viel gutes Material haben,
- nach Belieben schlechtes Material streichen können,
- den aktuellen Aufhänger knapp halten dürfen,
- den Stil, also Ihre Waffe im Duell mit der Wirklichkeit, selbst wählen können.

Dann werden Sie als Journalist erfolgreich sein. Sonst nicht. So ungerecht das auch ist.

5.4 Der CEO-Text
Porträt oder Landschaft?

Es braucht lange, um in die Teppichetagen vorgelassen zu werden. Und dann blüht einem oft das Schicksal eines Suchenden, der das Grab Jesu öffnet, die Kaaba betritt oder die letzten Geheimnisse des Zen erfährt. Wenn man endlich das Innere des Tempels erreicht, steht es fast immer leer.

Jedenfalls ist es verblüffend, wie nichtssagend viele Interviews mit CEOs sind, so stolz sie auch auf einer Doppelseite präsentiert werden. Oft bestehen sie lediglich aus einer Wolke bürokratischer Formeln, die klingen wie schlecht übersetztes Airport-Englisch.

Die Sprachlosigkeit vieler heutiger Machtträger hat gute Gründe. Die wichtigsten:

- Zunächst sind große Unternehmen tatsächlich auch riesige Bürokratien, und ihr Vorsitzender darf bei keinem Fehler überrascht werden.
- Die Chefs müssen als Kapitäne eines Weltunternehmens auftreten, dessen Steuerung sie wegen der Komplexität ihres Konzerns gar nicht voll unter Kontrolle haben können.
- Das Zielpublikum der Chefs sind fast nie neutrale Leser, auch nicht die eigenen Angestellten oder Kunden; es sind die Börsenanalysten und die anderen Chefs. Deshalb auch der Imponier-Jargon.
- Außerdem erkämpfen sich den Top-Posten in der Regel nicht die einfallsreichsten Leute.
- Und selbst wenn, dann haben sie seit Langem das Reden verlernt: Da jeweils nur die Nummer eins wirklich Auskunft ge-

ben darf, musste diese eine Karriere lang unters Joch, bevor sie frei reden konnte – und dann ist die Fähigkeit dazu längst tot.

- Aber selbst wenn die Nummer eins ausnahmsweise etwas Kühnes oder Kantiges sagt, muss das Interview noch durch die PR-Abteilung des Konzerns: Was einem Nacktbad in einem Haifischbecken gleicht.

Folglich haben viele CEOs ein langfristiges Problem: wirkungslose Kommunikation. Aber vor allem haben Sie als Interviewer das akute Problem: eine todlangweilige Doppelseite.

Um die Qualität eines Interviews zu messen, genügt eine einfache Faustregel. Wie viel hat jemand zu sagen, a) im Machtsinn und b) an Inhalt? Die Relevanz ist das Produkt von beidem. Also:

$$\text{Relevanz} = \text{Macht} \times \text{Inhalt}$$

Die wichtigste Folgerung daraus ist, dass die Relevanz exakt null ist, wenn der Inhalt null ist. Egal, mit wem Sie sprechen. Ein Paradebeispiel ist das World Economic Forum, bei welchem die mächtigsten Leute der Welt verkehren, aber nichts sagen. Trotz einer Machtballung von mehreren Tausend Milliarden Dollar Aktienkapital ist das Resultat der weltweiten Berichterstattung annähernd null.

Daraus ergibt sich eine handwerkliche Frage: Was zum Teufel macht man mit wichtigen Interviewpartnern, wenn sie langweilen?

Den Weg aus der Klemme weist wie oft ein jüdischer Witz. In diesem Fall sogar mein jüdischer Lieblingswitz:

Zwei Juden stehen in dem Metropolitan Museum of Art vor einem abstrakten Bild und streiten sich.
»Des ist eindeutig a Porträt!«
»Nee, das is a Landschaft.«

»Nebbich! A Porträt.«

»A Landschaft!«

»Nu, wollen wir mal sehen, was der Künstler sich dabei gedacht hat!«, sagt der eine, geht vor und liest die Plakette neben dem Bild. Dann dreht er sich triumphierend um und sagt:»Ganz eindeutig a Porträt. Da steht: Rosenfeld in der Toskana!«

Genau dies ist die Lösung. Jeder Mensch ist beides: Ein Individuum und eine Landschaft. Das gilt umso mehr für mächtige Leute. Diese sind zwar Herrscher über ihre Firma, aber noch weit mehr Sklaven ihrer Umstände: der Absatzkurven, der Konkurrenz, der Börse, der internen Intrigen, der allgemeinen Konjunktur und nicht zuletzt der herrschenden Management-Mode. Ihre Agenda ist zu enormen Teilen fremdbestimmt; und da sie es seit Jahren war, ist es ihr Charakter meist auch. (So wie Menschen in der Rushhour des Lebens, zwischen dreißig und fünfundfünfzig, mitten in Karriere und Kindererziehung, die aktivsten, aber auch die uniformiertesten sind. Junge Leute und Greise sind eigenwilliger, also interessanter.)

Kurz, Sie können getrost die Annahme treffen: Große Teile eines Chefs (in Wirtschaft, Politik, Kultur) bestehen aus seiner Umgebung: Der Mensch ist dann vor allem eine Landschaft.

Für die Praxis heißt das:

1. **Regel: Aus schlechten Interviews mach ein Porträt!** Diese Regel ist der Königsweg für jedes verhauene Interview – egal, ob aus eigener Schuld oder weil der Interviewte ein trockenes Etwas war. Ein mieses Interview ist als Interview meistens unrettbar. Aber selbst der schlimmste Müll ist immerhin als Rohmaterial brauchbar: für ein Porträt. Denn zu diesem können Sie mehr Material hinzuziehen als nur die langweiligen Worte Ihres Helden: Aussagen von Untergebenen und Konkurrenten, das Pressearchiv, die eigenen Augen.

Diese Lösung braucht einige Rücksichtslosigkeit gegen den Interviewten: Der sprach mit Ihnen und findet dann im Artikel nur ein paar Quotes. Dafür nehmen Sie Rücksicht auf Ihren echten Partner: das Publikum. Ein gelangweilter Text ist eine schlimme Sünde – immer. Falls es einen Gott gibt, werden Sie dafür in der Hölle brennen. Das sollten Sie vermeiden. Ändern Sie also den Plan, und schreiben Sie ein Porträt.

2. **Regel: Als Porträt zeichnen Sie die Landschaft!** Das zentrale Problem bei Ihrem Porträt wird sein: Sie sind der mächtigen Figur nicht nah. Erstens verkehren Sie in unbedeutenden Kreisen. Zweitens werden mächtige Leute nur selten einem Journalisten ihr Herz öffnen.

Aber das tut nichts zur Sache. Denn ein Machthaber ist vor allem die Organisation, die ihn umgibt. Seine Person zeigt sich in den Dingen, die ihn beschäftigen: die Firma, die Branche und seine Kaste. Und in seiner Reaktion darauf: in seiner Philosophie, seiner Karriere und nicht zuletzt in seinen Entscheidungen. Das herauszufinden, ist eine Frage von Fleiß und Qualität des Pressearchivs.

Da in Firmenhierarchien nur die Nummer eins sprechen darf, leiden alle anderen. Diese dürfen von ihren Abenteuern, Vorstellungen, Ärgernissen nichts erzählen. Deshalb reden in Organisationen die kleineren Nummern oft erstaunlich offen. Meist unter zwei Bedingungen: dass die Sache *off the record* ist, und dass Sie sich für ihre Arbeit interessieren. Denn nichts tun Menschen lieber, als über ihre Arbeit zu sprechen. So erfahren Sie einiges über die tatsächlichen Probleme, Tätigkeiten und Ziele der Firma.

Die Gefahr bei dem Porträt ist, den Chef als Allmächtigen seiner Firma zu beschreiben: als einzig Handelndem, verantwortlich für alles, für Gewinne wie Verluste. In Managementbüchern und -seminaren wird zwar ein fast religiöser

Geniekult verbreitet: Legenden über Erfolgreiche und ihre magischen Rezepte, Bekenntnisse von bekehrten Bossen, Gezischel über gescheiterte Sünder, dazu viel Weihrauch über Leadership. Und in der Presse steht oft dasselbe: der Manager des Monats oder der Versager des Jahres.

Halten Sie sich fern davon. Cleverer sind folgende Fragen: Unter was für Bedingungen, mit was für Möglichkeiten, hat dieser Mann, was gesagt, was getan, was erreicht? Inwiefern tat seine Firma nur das, was der gesamte Markt tat? Inwiefern waren also die Entscheidungen des Bosses seine eigenen, welche traf er nur mit der Herde? Das führt gleichzeitig zu einem respektvolleren wie respektloseren Bild eines Chefs: als Mann in einem Netz, nicht als Spinne.

Deshalb, wenn Sie jemand Mächtigen porträtieren, folgen Sie diesem Rat: Zeichnen Sie nie einen Menschen. Zeichnen Sie einen Menschen in einer Landschaft.

5.5 Das Königsdrama
Shakespeares Rückkehr

Es ist kein gutes Zeichen für Europa, aber wir sind zurück im Reich Shakespeares.

Wenn ich mich recht erinnere, war das in meiner Jugend anders. Damals schien das ganze Land in Beton gegossen: Parteien, Banken, Militär. Die Leute, die Lehrer, selbst die Luft waren vor Gewissheit so dickflüssig wie Haargel, und wer noch ein Herz hatte, träumte von einer alles zerschmetternden Bombe.

Um Zerstörung muss sich heute keiner mehr kümmern. Politiker, Manager, Firmen, ganze Staaten taumeln und stürzen. Dauer verspricht heute keiner mehr. Was wird in fünf Jahren sein? Niemand weiß es.

Das Epizentrum der Skandale hat sich verlagert. Die Schweiz vor dreißig Jahren erschütterten Politik-, Militär- und Geheimdienstskandale. Heute gibt es solche zwar noch, aber sie bleiben Anekdoten. Die großen Skandale sind seit fünfzehn Jahren fast ausschließlich Wirtschaftsskandale.

Der Grund ist klar: Echte Skandale entstehen nur im Zentrum der Macht. Und diese hat sich mit den Strömen des Geldes verschoben, von der Politik zu den Konzernen. Und auch ihre Struktur hat sich geändert: Waren Skandale im Kalten Krieg meist nach dem Rechts-gegen-Links-Schema organisiert und war meist ein kleines Telefonbuch von Akteuren darin verwickelt, lesen sich die Skandale von heute verblüffend oft wie Königsdramen.

So wie die Rückkehr der großen Villen, der fantastischen Gehälter, der Jachten und der Privatjets sind diese Sorte Skandale

Symptome einer Rückkehr zur Feudalgesellschaft: Konzerne funktionieren hierarchischer als Demokratien.

Will man die heutigen Skandale beschreiben, fällt Folgendes auf: Sie schillern zwischen Abstraktion und Kammerspiel. Einerseits sind lauter anonyme Akteure am Werk – Märkte, Derivatprodukte, Börsen, Währungen etc. –, anderseits lesen sie sich als persönliche Tragödien der jeweiligen Chefs.

So ließe sich der Bankrott des Swissair-Konzerns wie folgt beschreiben:

- **Philippe Bruggisser**, ein erprobter Kostenoptimierer, wird Chef der Fluggesellschaft Swissair, deren Expansionspläne er zuvor bekämpfte. Drei Jahre laufen vor allem Sparprogramme. Dann, in wenigen Monaten, kauft Bruggisser für Milliarden ein Imperium von zehn maroden Fluglinien zusammen. Als sich Ende 2000 die Verluste summieren, wird der über Jahre stumme Verwaltungsrat nervös. Er verlangt eine neue Strategie. Bruggisser reagiert mit Verachtung. Als er im Januar 2001 entlassen wird, brütet der einstige harte Sanierer gerade über einer letzten, alles entscheidenden Fusion: mit der maroden Riesen-Airline Alitalia.
- **Eric Honegger** war der kommende Mann des Zürcher Wirtschaftsfreisinns. Als er zum Regierungsrat des Kantons Zürich gewählt wird, kündigt er an, höchstens zwölf Jahre zu bleiben, um nach den zähen Mühlen der Politik den scharfen Wind der Wirtschaft zu spüren. Und er hält sein Versprechen. Nach seinem Rücktritt werben ihn die prominentesten Verwaltungsräte des Landes an: UBS, *NZZ*, Swissair. Die letzteren zwei sogar als Präsident. Doch bei Swissair summieren sich unvermittelt die Verluste. Honegger feuert ohne jeden Plan den allmächtigen Bruggisser und wird selbst CEO. Wenige schreckliche Wochen folgen. Dann wird Honegger ebenfalls gefeuert. Erst bei Swissair, dann bei UBS und *NZZ*. Seitdem lebt er als Unperson.

- **Mario Corti**, Finanzchef bei Nestlé, ist erst ein Jahr im Swiss-air-Verwaltungsrat, als im März 2001 sämtliche seiner Kollegen daraus fliehen. Corti bleibt allein in der Chefetage zurück. Er setzt in Bewegung, was er kann, und beschwört den Glanz der alten Swissair. Dann, nach dem 11. September 2001, geht das Geld aus. Weder Bundesrat noch Banken geben Kredit. Der Konzern kracht zusammen.

All diese Schicksale folgen klassischen Dramenstrukturen: Der Buchhalter, der zum Visionär wird; der gelangweilte Politiker, dessen Wunsch nach Sturm erhört wird; der einsame Held, der alles versucht – und verliert.

Ähnlich ließe sich die Geschichte vieler Konzerne erzählen. Etwa der UBS – mit den milliardenteuren Dramen um die Chefs Peter Wuffli, Marcel Ospel, Peter Kurer und Oswald Grübel. Schon der Gründer lieferte eine klassische Theatervorlage: Mathis Cabiallavetta, seit Kurzem Chef der früheren Bankgesellschaft, hat eine Leiche im Keller: gefährliche Verluste in der von ihm zuvor geführten Derivateabteilung. Um diese verschwinden zu lassen, tut Cabiallavetta etwas unglaublich Kühnes: Er fusioniert seine Bank mit dem kleineren Bankverein. Und verrät dabei fast alle Kader seiner Bank: Die Schlüsselpositionen gehen alle an den Bankverein. Bis auf den Top-Job, der an Cabiallavetta selbst geht. Es ist ein Verrat, der sich auszahlt. Aber nur kurz. Denn Cabiallavetta investiert eine Milliarde in einen Hedgefonds. Als dieser pleitegeht, bricht er ihm das Genick.

Für die Angestellten und den Rest des Landes sind solche Dramen keine gute Botschaft. Ein Einzelner fällt, und Tausende fallen mit ihm. So wie früher die Sklaven des Pharao mit diesem begraben wurden, um ihm noch in der Unterwelt zu dienen.

Für Journalisten aber sind es großartige Geschichten. Denn der Vorteil eines Königsdramas, wo immer man es entdeckt, ist, dass es sich erzählen lässt. Seine Struktur ist alt, einfach, und sie hat Wucht: Ein Mann kommt zur Macht, hat Erfolg und scheitert. Und – dramaturgisch erfreulich – er scheitert fast immer daran, dass er sein Erfolgsrezept wiederholt.

In diese simple, aber wirksame Struktur lässt sich viel komplexe Information einbauen, deren Organisation sonst Schwierigkeit gemacht hätte: zur Person, aber vor allem zur Branche und zu den jeweils herrschenden Machtverhältnissen. Im Falle Bruggissers zum Beispiel folgende Punkte:

- Der Wandel des Fluggeschäfts von einem weltweiten Kartell vor 1990 zu einem brutalen Pfenniggeschäft mit riesigen Fixkosten, kleinen Gewinnen, enormer Konjunkturabhängigkeit.
- Die prekäre Ausgangslage der mittelgroßen Swissair in einem Markt, in dem nur noch die ganz Großen und die ganz Kleinen überleben.
- Der Fakt, dass die Swissair-Fluglinien zum Konzerngewinn fast nichts beitrugen. Sondern die Catering-Kette Gate Gourmet und die Kioskkette Nuance. (Beide von Bruggisser aufgebaut.) Also dass der stolze Konzern eigentlich eine Kantine mit angehängter Fluglinie war.
- Die enorme Komplexität, zu der die Steueroptimierung wie die politische Isolation der Schweiz den Konzern brachte. Bruggisser organisierte den Konzern zu einem undurchschaubaren Geflecht von über zweihundertsechzig weltweiten Einzelfirmen mit unterschiedlicher Rechtslage und gegenseitigen Verbindlichkeiten und Rivalitäten: Sodass niemand (außer vielleicht Bruggisser selbst) wusste, wie viel Geld in der Kasse war.
- Der Grund, warum Bruggissers Fall zum Königsdrama wurde: Er hatte sich innerhalb des Konzerns eine Parallelmachtstruktur aus Beratern aufgebaut. Angeblich, um schneller zu arbeiten.
- Die Folge: Das nominelle Swissair-Management spielte im ganzen Drama bis zum Ende keine Rolle. Was besonders ka-

tastrophal war, als die zehn maroden Fluglinien fusioniert werden sollten: zehn Kulturen, zehn Flotten, zehn Informatiksysteme, zehn Flugpläne, zehn Rechtslagen etc.

- Die Beobachtung, wie wenig Chancen ein Verwaltungsrat gegen das Management hat. Bruggisser arbeitete achtzehn Stunden pro Tag. Der Verwaltungsrat – die Crème des Schweizerischen Wirtschaftsestablishments – beschäftigte sich nur punktuell mit dem superkomplexen Konzern. Kein Wunder, dass die Verwaltungsräte selbst Milliardengeschäfte einfach abnickten. Wenn Bruggisser die Luft einzog, hingen sie wie ein Schnurrbart unter seiner Nase.

- Der Fakt, dass Bruggissers im Nachhinein hart kritisierte Expansionsstrategie so wenig originell war wie seine Sparstrategie zuvor: Ende der Neunzigerjahre expandierten zu New-Economy-Zeiten alle: Banken, Versicherungen, Industrieunternehmen. Sie taten es genau so radikal, wie sie Anfang der Neunziger den Rotstift angesetzt und Personal gefeuert hatten. Selbst ein so einsamer Mann wie Bruggisser folgte hier nur der Mode.

Aber zur Tragödie gehören auch folgende Punkte:

- Der Legende nach konnte Bruggisser in einer Excel-Tabelle von tausend Positionen innert Sekunden den kritischen Punkt finden.
- 1998 stürzte eine Swissair-Maschine über Halifax ab. Kompetent beraten, kommunizierte Bruggisser das Unglück schnell, klug und einfühlsam. Die Folge war: Zum ersten Mal in seinem Leben wurde der kühle Konzernchef nicht nur respektiert, sondern geliebt. In den Monaten darauf tätigte er alle seine Einkäufe.
- Tolle Zitate wie »Management ist ein Hochleistungssport« oder, als die Krise voll ausgebrochen war, »Jetzt braucht es Eis im Bauch!«.

- Absurdes nach dem Fall: Etwa, dass die Swissair-Gläubiger Betreibungen von über fünf Milliarden Franken bei Bruggisser deponierten oder dass er, wie Bekannte sagten, sich eine riesige Modelleisenbahnanlage im Keller aufbaute.

Kurz: Das Königsdrama (Aufstieg – Erfolge – Krise – Fall) ist das perfekte Skelett, um komplexe Fakten erzählen zu können. Im Fall Swissair etwa über die Airline-Branche, die Konzernbuchhaltung, die interne Machtmechanik des Konzerns und die Managementphilosophien der Neunzigerjahre. Diese Fakten sind das Fleisch. Und notwendig. Ohne sie, als reines Chefdrama erzählt, bliebe vom Konzern nur noch eine einzige Figur übrig, ein Gespenst: das klapprige Skelett des Bosses.

Denn die Falle beim Königsdrama ist, es zu sehr zu glauben und zum Höfling zu werden. Das passiert nicht nur in den Heldengeschichten (»Manager des Monats!«), sondern auch, wenn der gescheiterte Konzernchef als alleiniger Versager gezeichnet wird. Auch Letzteres ist eine blinde Verbeugung vor der Macht im Nachhinein. Sowohl das »Hosianna!« wie auch das »Kreuzigt ihn!« sind die Privilegien eines Jesus Christus.

Die Erfolgreichen von heute sind oft die Gescheiterten von morgen und manchmal umgekehrt. Was am König interessant ist, sind die Zeiten, die ihn befördern oder nicht.

So ist auch die Dramatik in Teppichetagen und Banken nicht aus dem Nichts gekommen. Sondern das Resultat der Umstände: der global befreiten Geldflüsse, einer Ideologie, einer davon profitierenden Kaste und nicht zuletzt das Resultat einer Politik, die durch Steuerprivilegien und das Schleifen von Regulierungen ihre Macht an die Konzerne abgegeben hat. Und die, wenn es hart auf hart kommt, klare Entscheidungen trifft: Banken und ihre Aktionäre werden gerettet, Angestellte nicht.

Es ist unmöglich – nicht einmal im Theater –, einen König allein zu spielen. Ihn spielen die anderen Schauspieler, durch Ehrerbietung.

5.6 Der Liveticker

Das letzte große Abenteuer

Der Liveticker ist eine journalistische Form, die so viel Stumpf-sinn, Zeitvernichtung und Grammatikfehler hervorgebracht hat wie kein anderes Genre in der ganzen, an Unfug nicht armen Pressegeschichte. Er ist eine wahre Pionierform.

Der Liveticker widerspricht allem, was man vom Leben und vom Schreiben weiß. Er ist die radikalste Form von Aktuali-tät. Eingeführt wurde er im Online-Journalismus, um dessen Schnelligkeit optimal zu vermarkten: auf der Jagd nach Klicks im Minutentakt.

Wirklich zwingend sind die Themen dafür selten. Getickert wird über Ereignisse wie Katastrophen, Wahlen, Sport. Die meist auch parallel im Fernsehen laufen. Und über Rituale wie Pressekonferenzen oder Gerichtsprozesse. Bei denen die Welt auch warten könnte.

Ein vernünftiger Liveticker ist fast unmöglich zu schreiben. Denn sein Konzept ist die komplette Überforderung. Des Au-tors. Des Schreibens an sich. Und der Wirklichkeit.

Die erste Voraussetzung eines Livetickers ist, seinen besten Trumpf aus der Hand zu geben. Der Trumpf, den Schreibende zuvor immer hatten: die Zeitverzögerung (→ Kap. 1.2).

Diesen Vorteil wirft der Liveticker-Autor radikal über Bord. Sein Vorsprung gegenüber dem Leser tendiert gegen null. Oder ins Negative. Er ist, etwa bei Sportreportagen, sogar langsamer als sein Leser, der die Sache ebenfalls auf TV sieht.

Kurz: Ein gelungener Liveticker braucht einen Autor in der Form seines Lebens: lichtschnell, superinspiriert, fehlerfrei.

Und selbst dieser Autor allein würde nicht genügen. Denn

der Liveticker setzt auf ein extrem optimistisches Bild der Wirklichkeit. Im Alltag ist die Realität ein miserabler Autor, obwohl sie manchmal wirklich verblüffende Ideen hat. Aber sie baut endlos Füllstoffe, Wiederholungen, schlechte Formulierungen in ihre Storys ein. Selbst die dramatischsten Biografien bestehen zu 99 Prozent aus Routine: Rasieren, Essen, Sitzungen etc.

Deshalb haben fast alle Künstler das Schreiben nicht als Abbild, sondern als Korrektur der Wirklichkeit begriffen. »Ein Drama ist das Leben, aus dem man alle langweiligen Stellen herausgeschnitten hat«, sagte Hitchcock.

Schlampt die Wirklichkeit wie gewohnt, hat der Liveticker kaum Chancen. Wird bei der Pressekonferenz Quark geredet, schieben die Fußballer sich den Ball nur im Mittelfeld zu, hat man nichts zu schreiben. Und dann, wenn etwas passiert, wenn die drei entscheidenden Sätze fallen oder das Tor, dann läuft der Moment oft zu schnell. Und das Schreiben zu langsam. Ein atemberaubender Ballwechsel im Tennis wird dann wie folgt zusammengefasst: »15:40 – toller Rückhandpassierball.«

Kurz: Der ideale Liveticker brauchte eine traumhafte Wirklichkeit, ein stetig sich steigerndes Drama – das auch noch in schreibfreundlichem Tempo abrollt.

Hier ein paar Vorschläge:

1. Im Kapitel über Ratteninseln wurde schon einmal der Satz des Entertainers Sammy Davis junior zitiert: »Du kannst immer improvisieren, wenn du perfekt vorbereitet bist.« Tatsächlich ließe sich viel gewinnen, wenn man Zitate, Witze, Storys, Mini-Essays, Links zum Ticker-Thema schon vor der Arbeit zurechtlegt wie der Fernsehkoch die fixfertigen Zutaten. Und sie dann nach und nach in die Pipeline jagt.

2. »Kein Problem ist so verwickelt und bedrohlich, dass man nicht davor wegrennen kann«, sagt das Kind Linus in einem *Peanuts*-Comic. Und hat recht. Gerade bei Dingen, die der

Leser gleichzeitig mit dem Autor sieht – etwa Sport oder TV-Shows –, lohnt es sich nicht, das Gesehene nachzuerzählen. Stattdessen beschreibt man lieber strikt subjektive Eindrücke: Nebendinge, Frechheiten, Kommentare. Die Flucht ins Individuelle lohnt sich: Man liefert etwas, was sonst niemand liefern kann.

3. Man wechselt das Ticker-Thema und tickert über etwas, wo man halbwegs die Kontrolle über den Ablauf hat: das eigene Leben. Das Baby, Liebeskummer, ein Kinobesuch. Das liest sich überraschend attraktiv. So wie Staubsaugen zwar langweilig ist, jemandem in einer gegenüberliegenden Wohnung beim Staubsaugen zuzusehen, aber fesselnd.

4. »Betrug«, schrieb Ambroce Bierce, »ist die Triebkraft des Geschäfts, die Seele der Religion, der Köder der Liebeswerbung und die Grundlage politischer Macht.« Und, so ließe sich hinzufügen, das Rezept eines gelungenen Livetickers – das eben darin bestehen kann, nicht live zu sein, sondern redigiert und arrangiert. Und erst mit Zeitverzögerung ins Netz gespeist wird. Damit liefert man dem Leser zwar Betrug, aber bessere und deshalb ehrlichere Arbeit.

Trotz dieser Hilfskonstrukte kennt niemand den perfekten Liveticker. Weil ihn noch niemand geschrieben hat. Und gerade deshalb ist diese Form reizvoll. Denn ein wirklich guter Liveticker gleicht den Abenteuern, über die man in seiner Jugend gelesen hat: der Entdeckung Amerikas, der Erforschung der Nilquellen, der Erstbesteigung des Mount Everest. Er ist – neben einem Finanzierungsmodell für Tageszeitungen – der letzte weiße Fleck auf der Landkarte des Journalismus.

Bis es jemand schafft, werden noch viele scheitern. Aber eines Tages wird es passieren. Jemand wird einen rundherum wundervollen, schlackenfreien Liveticker in Echtzeit schreiben.

Es wird dann ein großer Tag sein. Der Tag, an dem das beinah Unmögliche plötzlich Wirklichkeit wird. Dann, wenn die perfekte Inspiration eines Menschen zeitgleich auf eine perfekt inszenierte Schöpfung trifft.

Das Protokoll dieses Tickers wird für die Pressegeschichte das sein, was für einen Menschen sonst der erste Kuss, die erste Nacht, das erste graue Haar ist: ein unwiederholbarer Moment.

5.7 Der Ich-Artikel
Die drei schmutzigen Buchstaben

Frühling 2013, bei *USA Today*: Die Chefetage teilt der Redaktion mit, dass diese eine Kleinigkeit ändern sollte. Man habe seit dreißig Jahren neutral geschrieben. Ab sofort solle man bitte persönlich schreiben, kantig und kontrovers. Die Damen und Herren Redakteure sollten in Zukunft bitte zur unverwechselbaren Marke werden.

Fast gleichzeitig, beim Reporterforum im *Spiegel*-Gebäude in Hamburg: In einer Debatte sagen die anwesenden Journalisten, dass das Wort »ich« in ihren Redaktionen so verboten sei wie Drogen oder Bürodiebstahl.

Beides ist absurd. Sowohl der Befehl »Müller, ab morgen früh sind Sie Charismatiker! Verstanden?« als auch die freiwillige Selbstkastration.

Zwar ist der Gedanke der *USA Today* im Kern richtig. Die Exklusivität der Nachrichten ist für immer Vergangenheit. Gerade spektakuläre Scoops besitzt man nur wenige Minuten. Dann steht die Story auf allen Websites der Konkurrenz. Das einzig Unkopierbare ist heute die Art, wie eine Geschichte erzählt wird.

Trotzdem ist der Ansatz: »Schreibt ab heute was Provokatives«, so unbrauchbar wie: »Geht raus und gewinnt Jünger«, oder auch das ruhigere: »In Zukunft liefern wir Orientierung.« Denn all das ist vom Marketing und nicht vom Machen her gedacht.

Wirkungsvoller Journalismus geht von Fall zu Fall, also vom Stoff aus. Der Stil – welcher auch immer – ist die Reaktion darauf. Das handwerkliche Kernproblem im Journalismus ist, dass die Zeitung wenig Varianten kennt. Im Grundriss gleichen heutige Zeitungen noch immer den Irrenanstalten des 19. Jahrhunderts. Die seriöseren Storys werden fast alle in die Zwangsjacke des Nachrichtenstils gesteckt. Und dazu gibt es die Gummizellen der Kolumnen oder des Feuilletons. Hier kann getobt werden.

Dieses Modell gilt als Garant für Seriosität. In Wahrheit ist es vor allem perfekt für die Bedürfnisse der Anstaltsleitung konstruiert – zwecks effizienter Organisation. Das System dient der Bändigung der Redaktion, aber vor allem des Wahnsinns der Welt. Es hat nur einen Nachteil: Es ist nicht nur berechenbar – es liest sich auch so, denn es reagiert auf alles in etwa gleich. Willkommen, liebes kleines Stück Welt, sagt das Zeitungssystem zu jedem eintrudelnden Ereignis: Hier ist deine Zwangsjacke.

Aus drei Gründen ist es deshalb ein grober Fehler, die Ich-Form kategorisch aus dem Repertoire auszuschließen:

1. Mit dem Einkerkern des Subjektiven in die Gitterstäbe von Kommentar und Kolumne versperrt sich eine Zeitung ein ganzes Feld von Möglichkeiten, auf Ereignisse zu reagieren.
2. Sie fördert damit amateurhaftes Denken. Denn ein wirklicher Profi recherchiert auch bei Texten, in denen kein einziges Mal das Wort »ich« vorkommt, immer in zwei Richtungen: Nach außen, was die Fakten sind. Und nach innen, ins eigene Herz, was die Fakten bedeuten.
3. Und vom Handwerk her ist der Verzicht unlogisch. Immerhin ist Schreiben eine geradezu absurd subjektive Angelegenheit: ein Mensch, eine Tastatur.

Vielleicht gerade wegen des letzten Punkts kämpfen Redaktionen so hart um Glaubwürdigkeit. Und hoffen, diese in ihrem Kerngeschäft durch Anonymität, Normierung, Neutralität zu erreichen. Die Furcht dahinter ist, dass die Leser beim ersten subjektiven Wort merken, dass hier ja nur einer ist, der schreibt.

Folglich versucht der Journalismus den gleichen Trick wie Beamte und Businessleute: Seriosität durch graue Anzüge zu erreichen.

Nur denkt diese Strategie viel zu kurz: Denn seit jeher war der Augenzeugenbericht eine glaubwürdige Währung. Wenig ist so vertrauenswürdig wie eine identifizierbare Stimme. Zwar zweifelt das Publikum uniforme Texte fast nie an. Aber das aus Gleichgültigkeit.

Die Frage ist nicht, ob das Ich in der Zeitung auftreten soll, sondern wie.

Anwendung 1: Stunts. Die Antwort ist einfach: Das Ich ist in Texten dann eine Möglichkeit, wenn mit demselben bei der Recherche etwas passiert. Wenn es ungemütlich wird. Und es dem Ich an den Kragen, den Leib oder die Seele geht.

Das erste große Feld, wo »ich« eine starke Form ist, ist der Stunt. Diese können geplant oder ungeplant sein. Bei meinem ersten World Economic Forum im Jahr 2000 etwa stand ich trotz Anzug drei Mal mit den Händen in der Luft vor der Mündung einer Maschinenpistole, während ich durchsucht wurde. In den Konferenzhotels patrouillierten Sicherheitsbeamte, um Journalisten ohne Akkreditierung hinauszuwerfen. Ich war offensichtlich unerwünscht. Also war die richtige Form das Ich: Das Beschreiben der doppelten Schwierigkeit, physisch an die Sache heranzukommen. Und intellektuell zu begreifen, was hier überhaupt gespielt wurde.

Das Ich ist immer eine gute Option, wenn es unangenehm wird. Etwa als die Journalistin Laura Himmelreich vom betrunkenen FDP-Wahlkampfchef Rainer Brüderle angemacht wurde. Sie schrieb die Szene später aus der Ich-Perspektive nieder, mit der Analyse, dass Herr Brüderle als Figur von heute nicht sehr glaubhaft sei. Aus einem Standardporträt wurde so ein starker Text. Mit den erwartbaren Folgen: Die Autorin wurde vom Politmilieu als Verräterin angegriffen. Aber gleichzeitig erkannten Tausende die gleichen Mechanismen wieder, deren Empörung sich bei Twitter als #aufschrei verbreitete.

Geplante Stunts sind etwas weniger edel. Aber dafür planbar. Zum Beispiel eine Nordpolarfahrt, bei der die Kälte einem in die Knochen dringt. Das Dating mit einem Suggardaddy aus der Internet-Vermittlungsagentur, wo die eigene Würde auf dem Spiel bleibt. Eine Wagner-Oper. Zur Beichte gehen. In Neonazikneipen herumlungern. Seine Buße im Gefängnis absitzen. Bei Schweizer Banken Schwarzgeld anlegen.

Stunts können auch sehr ruhige Dinge sein, wenn man bereit ist, das Experiment ernst zu nehmen. Mein Lieblingsvortrag am Reporterforum war der von Alex Rühle, der Dinge tat wie: eine Nacht in einem vollkommen leeren Stadion zu verbringen, ein Wettwandern durch Deutschland oder den Selbstversuch, ein halbes Jahr ohne Netz zu leben.

Kurz: Als Leser kann man Stunts zwar für eitel halten. (Und deshalb muss man sehr aufpassen, diese trocken zu schreiben.) Aber lesen tut man sie trotzdem. Garantiert.

Anwendung 2: **Niederlagen.** Ein eisernes dramaturgisches Gesetz sagt: Deine Niederlagen sind interessant. Deine Triumphe wollen nur deine Eltern hören.

Tatsächlich sind Niederlagen der ideale Stoff für Ich-Geschichten – solange es ernsthafte Niederlagen sind. Ich-Geschichten gehorchen naturgemäß noch stärker literarischen Gesetzen als der restliche Journalismus: Weil die Nachricht darin nach Nachrichtenkriterien irrelevant ist. Und für literarisches Schreiben gibt es eine Faustregel – bei schweren, aber auch bei Zuckerguss-Texten: *Schreib über das, was dich schmerzt.* Über Peinlichkeiten, Scheitern, Angst. Und über nichts anderes.

Eine erste, sehr erfreuliche Folge ist, dass gescheiterte Recherchen nicht mehr in den Papierkorb geworfen werden müssen: So erlebten mein Kollege H. und ich einmal eine große Blamage, als der Böögg (ein riesiger Pappschneemann der Zürcher

Zünfte) sensationell von Anarchisten entführt wurde. Und ein Informant sein Versteck verraten wollte. Darauf wurden wir von diesem durch die halbe Schweiz gejagt. Am Abend standen wir dann vor einem besetzten Haus, dem angeblichen Versteck. Zwei sehr junge Punkerinnen öffneten. Und dann lachten sie uns aus: Nach dem *Blick* und der *NZZ* seien wir die Dritten, die den Parcours bewältigt hätten.

Blick und *NZZ* schwiegen; wir machten aus der Blamage ein Feuilleton.

Oder das katastrophale Interview mit Daniel Cohn-Bendit, der während vier gemeinsamen Stunden Zugfahrt nur am Telefon hing, wo er wichtigeren Journalisten Interviews gab: Daraus ließ sich ein passables Porträt kochen. Oder das intellektuelle Scheitern am oben genannten WEF – im Jahr 2003, diesmal mit Akkreditierung –, wo man in einer Woche Konferenztalk die Orientierung verlor, worum es ging: als Story des Scheiterns war sie wieder interessant.

Das Erfreuliche am Journalismus ist: Sobald es im Leben Ärger gibt, hat man im Berufsleben Stoff. Eigentlich lässt sich aus jeder Peinlichkeit, Blamage, allem Scheitern – wenn auch teilweise mit einigen Jahren Abstand – ein Text machen. Aus dem jahrelangen Scheitern bei den Mädchen: eine Seite Feuilleton. Aus der Art, wie ich einen Kaktus, die einzige Pflanze, die ich je liebte, tötete (indem ich sie goss): eine Anekdote. Dem paranoiden Wochenende unter Kokain: ein Abschnitt in einem Artikel über Verschwörungstheoretiker. Das Verpassen einer Informatikerkarriere: noch eine Kolumne. Der Kleinherzigkeit in der Liebe: zwei Kurzgeschichten. Langjährige chronische Unpünktlichkeit: ein Artikel unter Pseudonym.

Makel und Niederlagen sind gutes Geld. Den gescheiterten Versuch, in einem Berliner Bordell meine Unschuld zu verlieren, verkaufte ich später gleich mehrmals: erst als Feuilleton, dann in einer Kolumne, dann in einer Kurzgeschichte. Am Ende rechnete ich das Honorar aus: Ich hatte damit etwa das Zehnfache meiner Ausgaben im Bordell verdient. Und dachte sehr zufrieden: Du bist noch die begabtere Nutte.

Lese ich den letzten Abschnitt, finde ich ihn nicht sehr sympathisch. Kein Wunder: Triumphe sind nicht sympathisch. Das Beschreiben von Erfolgen ist öde – selbst im Film oder in der Literatur interessiert eigentlich nur der Kampf davor. Die Geschichte wird zwar von den Siegern geschrieben, aber die Stoffe für Geschichten liefern die Verlierer.

Man könnte das Prinzip des Schreibens über Niederlagen ausweiten, indem man nicht nur über seine Narben, sondern auch über seine offenen Wunden schreibt. Das Bekenntnis ist ein Genre, an das sich im Journalismus fast noch niemand getraut hat. Ein dunkles Land, ein weißer Fleck. Man könnte dem Leser den Atem rauben.

5.8 Der Szenetext

Das Rezept für einen Becher Gift

Mit siebzehn schrieb ich den ersten Text, der eine nennenswerte Wirkung hatte. Ich musste erst zum Rektor, dann zum Schulpsychologen. Der Erste hielt mir eine Predigt, der Zweite stellte Fragen. Einzig eine Note bekam ich nicht.

»Wir sind ein humanistisches Gymnasium«, sagte der Rektor. »Und in zwanzig Jahren habe ich nie so etwas Widerliches gelesen. Für so etwas geben wir keine Zensur.«

Mein Aufsatz war zugegeben keine klassische Interpretation von Schillers *Wilhelm Tell*. Er bestand aus der Schilderung eines Schweizer Bergdorfs, dessen Bewohner sich gegenseitig umbrachten. Ohne Erklärung, aber mit Landwirtschaftsgeräten.

Am meisten regte sich der Rektor über die Szene auf, in der ein Senn einer Kuh mit der Kettensäge das Euter abtrennte. Der Vorgang war in fast fotorealistischem Stil geschildert. Etwa mit dem Detail, dass die Milch sich um das Sägeblatt herum in blutige Butter verwandelte.

»Gibt es irgendeine Rechtfertigung für so etwas derartig Krankes?«, tobte der Rektor.

Ich stammelte etwas von der konsequenten Auslegung der Aufsatzfrage »Was bedeutet Freiheit?«. Wenn ich mich richtig erinnere, war die Grundidee des Textes, dass in der fett gewordenen Schweiz ein Vogt wie Gessler in jedem Bewohner steckte. Dass also zwecks Wiedererlangung der Freiheit alle alle ermorden müssten. Und die Kuh? Ein Symbol.

Der Rektor starrte mich an und sagte: »Sag mal: Was geht eigentlich in dir vor?«

Ich weiß nicht mehr, was ich antwortete. Sicher nichts Ehrliches. Denn die ehrliche Antwort war: Während ich mit ihm redete, spürte ich neben Aufregung und Scham ein überwältigendes Glück. Eine Schulzeit lang war ich meiner Mutter sanfter Sohn gewesen. Nun hielt mich zum allerersten Mal jemand für gefährlich.

Am Ende eines langen Tunnels öffnete sich eine ferne Tür. Ich hatte meinen Beruf entdeckt.

Es lief in diesem Fall, glaube ich, gleich wie mit den Mädchen in unglaublich kurzen Miniröcken, die nachmittags um drei das Tram betreten, geschminkt und gekleidet, als kämen sie von der Kokainparty eines Milliardärs. Sie sehen verruchter und eleganter aus, als du es je sein wirst. Aber sobald sie den Mund aufmachen, hört man an ihren Gesprächen: Es sind noch Kinder.

Hier geht es so wenig um Sex wie vorher um Gewalt. Sondern um etwas anderes: Sie haben ein paar Effekte entdeckt, die sie einsetzen müssen, damit seriöse Herren Würde und Autorität verlieren. Während sie ihre Augen auf dem Fußboden zusammensuchen müssen.

Diese Effekte setzen sie dann alle gleichzeitig ein. Denn als Anfänger hat man seine Mittel noch nicht unter Kontrolle. Genau wie die anderen Mädchen und Jungs, die nicht mit Schönheit punkten können, sondern mit Witz, Weltekel, Wut, Wahnsinn oder dergleichen experimentieren. Irgendwann bekommt jeder vom Leben seinen Farbkasten in die Hand; dann drückt fast jeder erst mal alle Tuben gleichzeitig aus.

Ich weiß noch, mit wie viel Pionierstolz ich den Aufsatz schrieb: Wie ich die Schockeffekte – das ausgelöffelte Auge, das Mörderbaby, das Euter – ausprobierte. So geht das? Wow. Und wäre es nicht noch schockierender, wenn …

Effizienz, also Stil und Lakonie, kommt erst später. Um Schrecken zu verbreiten, hebt die Lady nur noch eine Augenbraue; um lasziv zu wirken, genügt ihr eine Haarsträhne im Gesicht.

Ich glaube, die klügste Reaktion des Rektors wäre gewesen: Willkommen, liebes Kind, auf diesem Planeten. Aber du musst noch viel lernen. Sieh hin, mit etwas weniger Blut wäre dein Aufsatz noch schockierender gewesen.

Natürlich sind die Machwerke von Anfängern schrecklich herzlos. Und nervtötend für alle. Aber eigentlich sind sie eine schöne Sache. Hier fängt jemand an zu spielen – mit den Möglichkeiten der Welt.

Leider dauert heute die Jugend lang. Und auch Herzlosigkeit hält sich hartnäckig.

Die nächste Stufe gehobener Pubertät ist der Szenetext – dann, wenn man in die Stadt gezogen ist und sein soziales Umfeld gefunden hat. Der Szenetext hat zwei Funktionen: Die eigenen Kompagnons durch Radikalität zu begeistern. Und alle anderen Leute abzustoßen. (Natürlich in bester Absicht: um die ignoranten Dickhäuter durch einen Fußtritt zum Denken zu bringen.)

Wie macht man das am effizientesten? Bastelt man an einem derartigen Werk, dann, glaube ich, sind vier Bauprinzipien sehr hilfreich:

1. Setzen Sie auf Jargon. Jargon wurde erfunden, um die eigenen Leute ein- und das Restpublikum auszuschließen.
2. Nur: Ein Jargon allein (etwa Rap, Wissenschaftssprache oder der Finanzslang) ist zu berechenbar. Er genügt nicht. Weit effizienter bei dem Versuch, Irritation zu schaffen, ist der Mix von zwei verschiedenen Jargons. Zwei Jargons garantieren mehr als nur Abwechslung: mehr Missverständnisse, mehr Schärfe, mehr Schocks.
3. Ein guter Szenetext muss die einen aufrütteln, die anderen alarmieren. Er hat von Natur aus Manifestcharakter. Unverzichtbar sind großzügig eingestreute Slogans: harte Forderungen und noch härtere Urteile.
4. Ein richtig giftiges Gebräu entsteht erst, wenn der Ironiege-

halt von Satz zu Satz wechselt. Oder zumindest von Absatz zu Absatz. Wenn etwa ansatzlos Bekenntnis auf Unfug, Beobachtung auf Trash, Plastik auf Philosophie folgen. Und umgekehrt. Dieses Durcheinanderquirlen macht einen Text für seinen Leser so unvorhersehbar wie eine Geisterbahn. Und bleibt auch beim Nachdenken darüber fast unknackbar.

Interessant wird so ein Text vor allem bei hoher Geschwindigkeit. Drive ist zentral. Sein Nachteil, aber auch das Abenteuer dabei ist, dass man im Schwung Dinge schreibt, von denen man nicht einmal geahnt hätte, dass man sie denken würde.

Rund zehn Jahre nach meinem Schulaufsatz verfasste ich eine Art Remake. (Auch meine Jugend dauerte lang.) Es war ein Text für die *Fabrikzeitung* zum Thema Politik und Gewalt. Wenigstens war ich inzwischen ein wenig erfahrener geworden, denn diesmal schrieb ich unter Pseudonym.

Auch der darauf folgende Ärger vollzog sich erfreulicherweise auf professionellerem Level. Erstens bekam ich diesmal Honorar. Zweitens ärgerte sich nicht mehr ein einsamer Rektor, sondern das Präsidialdepartement der Stadt Zürich. Drittens verteidigte ich mich nicht selbst, sondern die Zeitung bezahlte einen Anwalt. Der wies in einem Plädoyer nach, dass mein Werk keinen Aufruf zur Gewalt betrieb, sondern ein wertvolles Stück künstlerische Freiheit war.

Als ich das Plädoyer las, war ich von meiner eigenen Unschuld überzeugt. Nur, zu Recht?

Klar war, dass es der Text mit dem Titel »Forget Peace. Start Riot. Do Dada« nicht freundlich mit unvorbereiteten Lesern meinte. Denn der Essay quirlte drei Jargons durcheinander, die alles andere als gemütlich gewählt waren: Den Computerjargon der Achtzigerjahre, eine Exklusivität meiner Generation. Dann den Jargon der RAF-Stadtguerilla-Manifeste der Siebzigerjahre. Plus einen Schuss neoliberales Marktvokabular der Neunzigerjahre.

Der Text enthielt eine Menge aggressive Slogans à la »Eine Revolution ohne Tote ist keine«, die hinzuschreiben Spaß machten. Doch der zentrale Dreh des Textes war das pure Gegenteil: Politische Gewalt wurde für völlig sinn- und folgenlos erklärt. Das allerdings mit einem Maximum an gewalttätigem Pathos. Etwa wie folgt:

Ein toter Schweizer Wirtschaftsführer oder Ständerat hinterlässt ein Vermögen, aber keine Lücke. Es lohnt sich nicht, sie umzubringen.

Natürlich war das Zielpublikum, das mit dem Text, der um Revolution, Attentate, Computer, Management und Krawall ging, schockiert werden sollte, nicht die fernen Wirtschaftsführer. Die lasen die *Fabrikzeitung* nicht. Als Rechtfertigung für diesen Text finde ich nur einen ehrlichen Grund: Er machte beim Schreiben großen Spaß. So wie mit Knallkörpern um sich zu schmeißen großen Spaß macht.

Aus welchen Zutaten Szenemanifeste heute gemixt werden müssen? – Fragen Sie mich nicht. Ich bin nicht mehr kompetent für aktuellen Slang. Klar ist nur, dass Szenetexte seit Anfang der Moderne – vom Dada über das *Manifest des Surrealismus* bis heute – ähnlich gebaut sind.

Nur leider: Meine Zeit ist vorüber. Längst bin ich erwachsen. Ich trage Krawatten und Kleinkinder, bekomme ein Monatsgehalt und stehe überzeugt auf dem Boden der Verfassung. Längst interessiert mich Freundlichkeit mehr als Schrecken – sie ist das schwierigere Problem. Lese ich heute radikale Manifeste, hebe ich kurz die Augenbraue. Und denke: Ich kenne deine Tricks.

Aber trotzdem, wenn ich auf eines dieser herzlosen Machwerke stoße, fühle ich vor allem Melancholie. Über die Unschuld, die ich verloren habe.

5.9 Der Maßanzugsartikel, Teil I
Der Journalist als Dandy

Fakten sind nur die Hälfte der Botschaft. Die andere ist der Stil. Wobei der Stil meist zum seriösen Transport des Inhalts dient. Das heißt in der Praxis: Wie jeder Vertreter trägt der Text also einen Businessanzug von der Stange. Was aber passiert, wenn man den Fakten einen echten Maßanzug verpasst?

Immer dann, wenn Aufbau und Stil zu keinen anderen Fakten hätten geschrieben werden können, entsteht der Dandy unter allen Artikeln.

Ein Maßanzugsartikel ist das Coolste, was ein Journalist aufs Papier bringen kann. Zum Ersten zeigt er, dass jemand in der Form denken kann, nicht nur im Inhalt. Zum Zweiten ist er eine großzügige Geste der Verschwendung: Er ist, weil einzigartig, nur ein einziges Mal zu gebrauchen, wie ein Hochzeitskleid.

1. **In der Form über die Form.** Die erste Methode, wie man zu einem Maßanzugsartikel – meistens als Konfekt – kommt, ist, die Form seines Gegenstandes als Form selbst zu nutzen. Was kompliziert klingt, wird durch folgendes Beispiel klar – vielleicht den perfektesten Maßanzugsartikel der Pressegeschichte. Es ist ein Essay von Heinrich Heine, das knapper und eleganter nicht möglich ist. Hier die gekürzte Fassung:

Die deutschen Zensoren – – – – – – – – – – – – – – – –
– –
– –
– –
– –

Die Chance, einen Maßanzugsartikel zu schreiben, bietet sich immer, wenn eine literarische oder sonstige Form direkt oder indirekt das Thema ist. Also Haikus, Telegramme, Sonette, Memos, Reden, Listen, Fragen, Tweets, Dialekt, Kreuzworträtsel, Memoranden etc.

Dann sollte man seine Chance wittern. Und voll auf die Form setzen. Etwa in folgendem Beitrag, dem Kontra in einem Pro-Kontra zur südafrikanischen Tröte, der Vuvuzela, während der Fußball-WM in Südafrika:

Constantin Seibt
Ein Versuch, den
Vuvuzelas gerecht
zu werden

Nein

Um den Vuvuzelas Gerechtigkeit angedeihen zu lassen, tröööööööööööööööö öööööööööööööööööööööööööööööööööö öööööööööööööööööööööööööööööööööö öööööööööööööööööööööööööööööööööö öööööööööööööööööööööööööööööööööö öööööööööööööööööööööööööööööööööö öööööööt ist einerseits tröööööööööööööö öööööööööööööööööööööööööööööööööö öööööööööööööööööööööööööööööööööö öööööööööööööööööööööööööööööööööö öööööööööööööööööööööööööööööööööö öööööööööööööööööööööööööööööööööö öööööööööt brillante Idee tröööööööööö

öööööööööööööööööööööööööööööööööööö öööööööööööööööööööööööööööööööööööö ötööööööööööööööööööööööööööööööööö öööööööööööööööööööööööööööööööööööö öööööööööööööööööööööööööööööööööööö öööööööööööööööööööööööööööööööööööö öööööööööööööööööööööööööööööööööööö öööööööööööööööööööööööööööööööööööö ööööööööt hat Recht? tröööööööööööööö öööööööööööööööööööööööööööööööööööö öööööööööööööööööööööööööööööööööööö öööööööööööööööööööööööööööööööööööö öööööööööööööööööööööööööööööööööööt erinnert an ein Zitat von tröööööööööö öööööööööööööröööööööööööööööööööö öööööööööööööööööööööööööööööööööööö öööööööööööööööööööööööööööööööööööö öööööööööööööööööö ööööööööööö öööööööööööööööööööööööööööööööööööö öööööööööööööööööööööööööööööööööööö öööööööööööööööööööööööööööööööööööö öööööööööööööööööööööööööööööööööööö öööööööööööööööööööööööööööööööööööö öööööööööööööööööööööööööööööööööööö öööööööööööööööööööööööööööööööööööö öööööööööööööööööööööööööööööööööööö öööööööööööööööööööööööööööööööööööt.

Weiter hinten in diesem Buch wird Robert Gernhardts Sonett über Sonette zitiert (→ Kap. 8.1); Annette Müller schrieb ein sehr schönes Feature über die amerikanische Mode der Sechs-Wort-Sätze in Sechs-Wort-Sätzen. Und einer meiner unerfüllten Pläne ist ein Beitrag zur Homöopathie-Debatte. Dort ließe sich sehr effektvoll die Frage stellen: »Gewinnt eine Substanz durch Verdünnung an Wirksamkeit?« Und zwar dadurch, dass man nach diesem Satz den Rest des Artikels weiß lässt.

2. **Die Kritik im Stil der Kritisierten.** »Wo steht das? Wo steht das?«, fragte mein Deutschlehrer, der es liebte, bei Ärger jeden Satz zu verdoppeln. Dabei zeigte er auf den Satz »Ein Gedicht lässt sich nur durch ein Gedicht beantworten«, den ich an den Anfang meines Schulaufsatzes über irgendein Goethe-Gedicht geschrieben hatte. Und darunter ein Gedicht hingehauen hatte. »Wo? Wo?«, fragte mein Deutschlehrer. Ich zuckte die Schultern. Und er schrie: »Die Aufgabe ist nicht erfüllt! Nicht erfüllt! Ungenügend! Ungenügend!«

Jahre später, als ich selbst Germanistik studierte, hätte ich es ihm sagen können: Bei den Romantikern war das Mode. (Aber die hatte Goethe auch gehasst.)

Und da man im Erwachsenenalter seltsamerweise alle verlorenen Kämpfe seiner Jugend erneut kämpft, bin ich ein Anhänger dieser Methode geblieben.

Also: Bei der Kritik von Kunstwerken mit einem auffälligen Stil oder Aufbau ist es keine schlechte Idee, Form und Ton des Originals zu übernehmen. Um die Sache direkt zu zeigen, mal als Parodie, mal um das Thema weiterzudenken.

Meistens ergeben sich dadurch ziemlich schillernde, kontroverse, also interessante Mischformen. Hier ein paar Beispiele:

- Die Rezension zum (leider ziemlich schwachen) Raumschiff-Enterprise-Film *Generations*. Hier begegnen sich laut Filmplakat »die beiden größten Kapitäne des Universums«: Kirk und Picard. Interessanter, als sich über den schwachen Film zu beklagen, war, ihn weiterzudenken. Also das Drehbuch zum Treffen der beiden wirklich größten Kapitäne des Universums zu schreiben: Kirk und Gott. Das sah dann wie folgt aus:

Captains Logbuch. Sternzeit 666.6. USS-Enterprise auf Mission zum Spiralnebel Armaggedon 17. Leichte Erschütterungen im Warp-Antrieb.

   Lt. Uhura: »Die Erschütterungen im Warp-Antrieb verstärken sich.«

   Kpt. Kirk: »Warp-Wobble-Faktor?«

   Uhura: »Warp-Wobble-Faktor sieben!«

   Kirk: »Warp-Wobble-Faktor sieben! Spocky, was ist los?«

   Lt. Spock: »Sir, wir haben heute wieder den Tag des verlorenen Commanders. An diesen Tagen steigt die irrationale Fluktuation im ganzen Universum auf Heidegger 5. Das bringt den Warp-Antrieb durcheinander.«

   Kirk: »Spocky, das Dossier!«

   Spock (bedient den Dossier-Computer): »Der verlorene Commander, B. Jehova – Klingone und Konstrukteur von Planeten im Adam-Smith-System. Genial, aber geistesgestört. Baute das Murphy-Syndrom ins Universum ein: die Katastrophen-Konstante.«

   Uhura: »Warp-Wobble-Faktor neun!«

   Spock: »Der-Warp-Antrieb! Er geht zurück! Warp 12. Warp 11. Warp 10,2.«

   Kirk: »Der Status, Mr Spock!«

   Spock: »Irrational-Faktor Heidegger 17! Laut Dossier-Computer befindet sich der Warp-Antrieb in einer negativen Schleife! Bei Warp-Wobble-Faktor 12 wird der Warp-Antrieb in den negativen Bereich kippen!«

Kirk: »Negativ? Roter Alarm! Mr Spock, was bedeutet ein negativer Warp-Faktor?«

Spock (kühl): »Ein negativer Warp-Faktor bedeutet, dass sich das Raum-Zeit-Kontinuum in Negativ-Energie stülpt und sich die Enterprise in Anti-Materie verwandelt und per Kettenreaktion das ganze Universum. Kurz: Ein negativer Warp bedeutet das Ende des bekannten Universums.«

Uhura: »Warp-Wobble-Faktor elf!«

Spock: »Irrational-Detektor meldet Heidegger 19!«

Uhura: »Warp 4. Warp 1. Warp Wurzel 3.«

Kirk: »Warp Wurzel 3? O Gott!«

Explosion. Bei Warp – 0,000025 verwandelt sich erst die Enterprise, dann das ganze Universum mit Klingonen, Paramount-Pictures und sämtlichen Drehbuchschreibern in Antimaterie. Die Leinwand wird schwarz; Stille. Dann fliegt Captain James T. Kirk auf seinem Kommandantensessel vorbei.

Kirk: »Irgendwie muss das Raum-Zeit-Kontinuum meines Sessels den negativen Warp überstanden haben.«

Stimme: »Nichts übersteht Warp-Wobble-Faktor 23! Das Eintauchen hinter die irrationale Raum-Zeit-Barriere hat Sie gerettet.«

Kirk: »Wer sind Sie?«

Stimme: »Mein Name ist Walter B. Jehova – der verlorene Commander. Zur Strafe für die eingebaute Katastrophen-Konstante im Universum musste ich Jahrmilliarden hinter der Raum-Zeit-Barriere in konzentrierter Irrealität auf Schlegel 38 verbringen. Jetzt endlich ist das Universum in Antimaterie zerfallen – und damit die Katastrophen-Konstante … und Schlegel 38.«

Kirk: »Und ich?«

Walter B. Jehova: »Du wirst es besser machen. Ein besseres Universum. Ohne Klingonen. Ohne 2.-Klasse-Planeten. Ohne Krieg und Leid.«
Kirk: »Und ohne Warp-Wobble!«
Musik.
Einblendung:
Am ersten Tag schuf James T. Kirk, vormals Captain der Enterprise, Himmel und Erde.

- Oder die Kritik am Steeruwitz-Roman *Lisa's Liebe.* Dieser war im Bastei-Lübbe-Heftchen-Stil geschrieben, nur trostlos und feministisch. Die Rezension mit dem Titel »Das Leben ist melancholische Scheiße« arbeitete in Stil und Haltung gleich.
- Oder die Besprechung von Art Spiegelmans Holocaust-Comic-Ausstellung. Die *Maus*-Comics bezogen ihre Direktheit paradoxerweise darin, dass Spiegelman mehrere Ebenen mischte: Die Konzentrationslager, dann Spiegelmans Vater, der sie überlebt hatte, und Spiegelman selbst, der vor dem Schreibtisch mit dem ganzen Wahnsinn klarkommen muss. Um diese Direktheit auch in der Kritik aufs Papier zu bringen, lag die Idee nahe, die Komplexität noch zu erweitern. Um den Kritiker. Und seine Familiengeschichte: aus dem Lager der Täter.

Die Übernahme von Sprache und Bauprinzip aus einer Vorlage ist auch deshalb faszinierend, weil man in fremdem Stil quasi mit fremdem Kopf denkt; oft überrascht einen das Resultat selbst.

Was mir an den letzten zwei Beispielen – zwei ziemlich alten Texten – gefällt, ist gerade das Schmutzige daran: der Mix zwischen Kapern des Stils, Reflexion darüber und der Peinlichkeit, Privates als Material hineinzumischen. Es ist keine distanzierte Besprechung. Sondern eine, in der sich der Kritiker mit vollem Einsatz ins besprochene Werk wirft. Eine Technik, mit der, fürchte ich, mehr über die Sache herauskommt als bei vielen kontrollierten Kritiken, die ich später schrieb.

5.10 Der Maßanzugsartikel, Teil II
Wie man einen Welterfolg landet

Es gibt wenig, was so brauchbar ist wie ein Skelett: Alle größeren Tiere und alle größeren Texte brauchen es.

Höchst elegant – und extrem arbeitserleichternd – ist es, das Skelett eines Artikels aus seinem Gegenstand herauszupräparieren. Und dieses dann wieder mit neuem Leben zu füllen, so wie Dr. Frankenstein. Denn mit einem Skelett ist die Arbeit halb getan. Sie müssen dann nur noch das Fleisch häppchenweise hineinschreiben. Wo immer man einen dramaturgischen Bauplan in seinem Thema entdeckt, soll man ihn benutzen. Bei einem Theaterskandal die Fünf-Akt-Struktur, beim Konkurs eines Familienbetriebs die *Buddenbrooks*, der Essay über Science-Fiction-Storys als Science-Fiction-Story.

Oft lohnt es sich, bei einer Geschichte die Story herunterzudenken, bis man zum nackten Kern kommt. Etwa: Hier geht es um eine Liebesgeschichte. Oder ein Märchen. Oder eine Anklage. Hat man diesen Kern, ist es immer einen Versuch wert, daraus Stil und Form abzuleiten. Und beides kompromisslos durchzuziehen.

Also sich zu fragen: Ist das, was man schreibt: eine Plauderei? Eine Polemik? Eine Notiz-Liste? Ein Plädoyer? Eine Verdammung? Ein Liebesbrief? Ein innerer Monolog? Ein Theaterstück? Eine Predigt? Ein Märchen? Eine Werbeanzeige? Ein Rezeptbuch? Ein Memorandum? Ein Tagebucheintrag? Ein Protokoll? Ein Krimi? Eine Klatschkolumne?

Das funktioniert etwa wie folgt:

- Bei Prognosen begeben Sie sich auf das Gebiet der Prophezeiungen. Schreiben Sie diese im Gestus der Propheten – etwa jener der Bibel. Dann ist Ihr Text radikaler, angreifbarer, wuchtiger und ehrlicher zugleich.

- Oder nehmen Sie den schon erwähnten Kommentar zum Aufstieg der Superreichen und der Stagnation der Mittelklasse (→ Kap. 2.6). Die radikalste, wirkungsvollste Art, den Text zu schreiben, war nicht ein staatsmännischer Kommentar, sondern ein Brief an ein Baby.

- Nach dem Attentat auf das World Trade Center 2001 hatte ich den Job, das politische Klima in der Schweiz zu beschreiben. In Presse und Politik dominierten wildeste Terrorszenarien. Es klang wie Krieg. Ich überlegte, was der Stil der Kriegsberichterstattung war. Ganz klar: CNN. Also schrieb ich ein Protokoll im Breaking-News-Stil, in dem im Protokollstil eines TV-Senders zwischen (lauter echten) Statements von Politikern, Katastrophenschützern, Sicherheitsleuten, Pressekommentaren hin- und hergeschaltet wurde. Das Resultat war ein schmutziges Stück paranoiden Wahnsinns. Eine gelungene Kopie des herrschenden Klimas in Politik und Presse.

Dem gleichen Prinzip verdanke ich auch meinen einzigen Welterfolg. Es war einer meiner ersten Artikel, und ich war verzweifelt. Dabei war die Aufgabe einfach. Ich musste für eine Drogenbeilage 4000 Zeichen zu Haschisch abliefern. Ich hatte versprochen, etwas dagegen zu schreiben. Kiffen langweilte mich. Ebenso das ganze Ritual rundum: die Kennerschaft, die Kreativität, die Kleingärtnerei.

Nachts vor Redaktionsschluss saß ich in den Trümmern mehrerer Anfänge. Einer donnernd. Einer schneidend. Einer anekdotisch. Einer plaudernd. Einer soziologisch. Und alle klangen falsch. Ich hatte irgendwo einen massiven Fehler in der Rechnung. Nur welchen?

Schließlich kam ich darauf. Das Thema war mir egal. Haschisch war wie weiße Socken. Ich persönlich mag weiße Socken nicht. Aber wenn sie jemand anderes trägt – warum nicht? Das hieß: Zu Hasch konnte ich nichts sagen als: Mich macht es müde, aber mir egal, macht, was ihr wollt. Und das hieß: Ich konnte nur schwätzen.

Damit hatte ich den Kern des Problems. Und damit den Kern des Artikels: Das Schwätzen. Ich fragte mich, wie Schwätzerei stilistisch ausdrückbar wäre. Wer war der größte Schwätzer aller Zeiten? Die Antwort lag nahe: Goethe. Er hatte über gnadenlos alles geschrieben.

Also nahm ich einen Band Goethe aus dem Regal, strich Satzkonstruktionen und exotische Wörter an und schrieb *Goethes Aufzeichnungen zu einem Versuch der Steigerung der poetischen Existenz beim Hanf-Rauchen*, bei welchem er und Schiller schlechte Gedichte schrieben. Das klang ungefähr so:

Mein Zustand war der seltsamste: Allerlei trübe Gedanken schwirrten um mich herum wie kalte Goldfische in einem Glase, allein ich erhaschte keinen und blieb gelangweilt, was sich mit immer stärkerem Unwillen mischte, als ich bemerkte, dass die drei, die mit Fleiß zu reden anhuben, was wunders sie fühlten und dächten, diese Reden schon oft gehalten hatten. Hierauf verteilten sie Papier, die außergewöhnlichen poetischen Steigerungen der Kreatur unter Hanf festzuhalten: Ich schrieb ein, zwei magere Sonette, die wenig Wert hatten, Schiller eine Ballade, beginnend mit den Zeilen »Ein frommer Knecht war Fridolin / Ergeben der Gebieterin«, welche noch weniger Wert hatte.

Darauf ging der Text um die Welt. Er landete – 1993 noch korrekt als Scherz bezeichnet – in der italienischen *l'Unità*, im *Jornal do Brasil*, in der *Zeit*, aber bald schon als wahre Geschichte in Hanfbüchern, germanistischen Dissertationen, Lexika, mehreren weiteren Zeitungen und schließlich 1999 so weit oben wie möglich: als Tatsache in der Titelgeschichte des *Spiegels*.

Es wurde mein einziger Welterfolg. Obwohl ich beim Verfassen nie an eine Fälschung gedacht hatte. Denn eigentlich war es nur eine Schreibtechnik: Das zentrale Problem des Themas – die Schwätzerei – wurde durch den Stil angepackt.

Wie der Dandy auch, wirkt der Maßanzugsartikel zwiespältig auf das Publikum. Einerseits anziehend. Aber ebenso missverständlich, ja provokativ.

Der CNN-Artikel über die 9/11-Folgen in der Schweiz etwa fiel völlig flach. Obwohl ich ihn für einen meiner besten halte. Der Grund? Wegen der Ungewöhnlichkeit der Form hielten die Leser sämtliche – hart recherchierte – Aussagen der Politiker und Katastrophenexperten für erfunden.

Ärger gab es auch bei der schönen Idee, eine Reportage über ein Krimi-Wochenende selbst als Rätselkrimi zu schreiben, bei der am Ende der Autor ermordet wird und der Leser herausfinden muss: »Wer war es?« Denn die *WOZ* druckte damals das Plakat: »WOZ-Reporter im Grandhotel ermordet!« Was einigen Redakteuren zu frivol war. Jemand stahl dann sämtliche Plakate, bevor sie ausgehängt werden konnten. Mit der Begründung: »Und wer wird uns glauben, falls wirklich einmal jemand von uns ermordet wird?«

Auch mein Welterfolg beruhte letztlich auf einem Missverständnis. Statt als Parodie wurde der Text als Werk Goethes gelesen. Nicht zuletzt, weil er als Rechtfertigung brauchbar war: Warum dürfen wir nicht, was schon Goethe tat?

Nein, der Maßanzugsartikel ist nur ausnahmsweise erfolgreich. Schlicht, weil er zu ungewohnt ist. Trotzdem sollte man ihn riskieren. Aus vier Gründen:

1. Weil er eine Extremposition im Schreiben darstellt und wie alles Extreme ein Erlebnis und ein Abenteuer ist.

2. Weil Sie durch fremden Stil und fremde Form zu Aussagen kommen werden, die Sie selbst überraschen.

3. Weil Sie durch Experimente damit erfolgreich werden. Denn wirklich erfolgreich sind nicht die radikalen Texte, sondern später die Maßanzugsartikel *light*. Bei denen man den Stil nur sanft oder punktuell dem Gegenstand anpasst. Also die abgeschliffene Radikalität. (Es geht dieser Artikelform so, wie es Kurt Tucholsky einmal über James Joyce' Avantgarde-Roman *Ulysses* schrieb: »Das Buch ist ungenießbar wie Liebigs Suppenextrakt. Aber es werden noch viele gute Suppen daraus zubereitet werden.«)

4. Weil Sie für einen Maßanzugsartikel vielleicht nicht vom Publikum geliebt werden. Aber von mir.

Der Maßanzugsartikel ist das Gegenteil von Routine, er ist ein echter Einzelfall, eine kleine Geburt. Und damit, würde ich sagen, ein kleiner Sieg über den Tod.

Theorie und Praxis der Kolumne

6.1 Eingekaufte Köpfe

Warum Kolumnen hassenswert sind

Wäre ich klüger gewesen, hätte ich schon zu Anfang des Bewerbungsgesprächs gewusst, dass das Spiel verloren war. Fast die Hälfte der zuständigen Kommission war nicht gekommen.

Aber auch so wurde mir nach fünf Minuten klar, dass eher der Aktenschrank hinter mir von der *WOZ* eingestellt würde als ich. Die drei Kommissionsmitglieder starrten direkt durch mich hindurch auf den Schrank. Sie taten es, wie mir schien, ohne je zu blinzeln. Und mit Sicherheit ohne je zu lächeln und ohne eine einzige Nachfrage.

Es wurde eine harte Stunde. Ich sprach über Journalismus und Pläne; die anderen schwiegen. Längst ging es beim Reden nicht mehr um den Job, den ich dringend gebraucht hätte. Sondern nur noch um einen Rest Selbstachtung.

Ganz zum Schluss spielte ich meinen letzten Trumpf aus: »Bei *Facts* habe ich mich übrigens nicht beworben.«

Zum allerersten Mal glühte in den Augen der drei Kommissionsleute Interesse auf. Und zum ersten Mal kam eine Rückfrage: »Warum?«

Die Frage musste kommen. Denn das Magazin *Facts* – heute längst verstorben – befand sich damals, 1995, im glücklichen Zustand kurz vor der Geburt. Alle möglichen Gerüchte jagten sich und versetzten die Konkurrenz in Angst.

»Nun«, sagte ich, »ich habe gehört, dass sie vor allem viele bunte Kästchen machen wollen. Aber ich will lange, ernsthafte Artikel schreiben. Erwachsene Artikel. Bei *Facts* würde ich mit einer kleinen, komischen Kolumne enden.«

Der Satz wurde mit Schweigen aufgenommen.

Zwei Wochen später bestellte man mich in die Redaktion. »Tut uns leid, wir haben keine Stelle für dich«, sagte die Kommissionssprecherin. »Aber was wir dir anbieten könnten, wäre, äh, eine kleine, komische Kolumne.«

In mir kämpfte der Rest meiner Selbstachtung mit dem Bewusstsein, dass mein Bankkonto völlig leer war. Der Kampf dauerte rund zwei Sekunden. Dann nickte ich.

Ich schrieb viele Kolumnen, ein ganzes Jahrzehnt wurden Kolumnen meine Hauptverdienstquelle. Erst statt, dann neben der Arbeit als Redakteur. Ich schrieb Kolumnen für das *NZZ-Folio*, die *Weltwoche*, das Magazin der *Basler Zeitung*, die *Annabelle*, das *Luzerner Kulturmagazin*, den *Tages-Anzeiger* und die *Werbewoche*.

Ich tat das wie ein Drogensüchtiger, der Kioske aufbricht, ein Elternteil, der ein Kind erzieht, ein Vegetarier, der eine Metzgerei geerbt hat. Ich versuchte, meinen Job so gut wie möglich zu machen. Aber für eine saubere Sache hielt ich ihn nie.

Kolumnen können in Ordnung sein. Doch die Grundidee einer Kolumne ist es nicht. Und zwar aus diesem Grund: Was Zeitungen mit Kolumnen zu kaufen hoffen, sind Köpfe. Und mit ihnen auch Profil und Glanz – mal Witz, mal Kühnheit, mal Haltung, mal menschliche Nähe, mal Provokation, mal Stil.

Gerade dieses Ziel zeigt, dass – jedenfalls bei einer Häufung von Kolumnen – die Chefredaktion versagt. Denn sie sourct out, was das Kerngeschäft jeder ernsthaften Publikation ist: Witz, Kühnheit, Haltung, Wärme, Mut und Stil. Diese gehören nicht in die Nischen, sondern ins tägliche Geschäft. Kolumnen gelten für ihre Käufer gemeinhin als eine Art Wurm am Angelhaken: als Grund für Leser, ein Blatt in die Hand zu nehmen. Aber sobald man eine Zeitung oder Zeitschrift vordringlich wegen der Kolumnen in die Hand nimmt, hat sie versagt.

Es ist die Pflicht der Chefetage, dafür zu sorgen, dass die Köpfe in der Redaktion sitzen und nicht nur als Foto über einer

Rubrik. Nichts gegen ein paar eingekaufte Konfektstücke, aber die Kirschen machen nicht den Kuchen. Eine vernünftige Redaktionsleitung muss wie eine gute Hebamme funktionieren: Sie muss ihre Leute mutiger, klarer, strahlender machen. Vielleicht sogar erwachsen.

Deshalb habe ich nicht viel Hochachtung für Publikationen mit vielen Kolumnen. Doch mit dieser Erkenntnis läuft es so wie mit Stolz: Beides ist ein Luxus für Leute mit geregeltem Einkommen.

Eine Sorte Einkommen, die man als freier Journalist paradoxerweise erst erhält, wenn man eine Kolumne schreibt.

6.2 Das Scheitern in Serie
Warum Sie zu uninspiriert sind. Zu langweilig.
Und Ihre Meinungen nichts wert

Das Beste an einer Kolumne ist, dass sie regelmäßig erscheint. Denn das bedeutet ein regelmäßiges Einkommen.

Für ihren Autor heißt Regelmäßigkeit vor allem eins: Sie ist keine Frage der Inspiration. Eine Kolumne ist eine halb industrielle Form. Sie muss schreibbar sein, Tag für Tag, Woche für Woche, egal, was sonst passiert: Kater, Liebeskummer, schreiendes Baby, andere Aufträge.

Und das ohne großen Kampf. Denn wenn eine Kolumne jedes Mal beim Schreiben Probleme macht, verwandelt sie sich von einem Segen in einen Fluch: Für das regelmäßige Honorar zahlt man mit einem regelmäßigen Abstieg in die Hölle.

Verzweiflung ist zwar unvermeidbar im Journalismus. Immerhin kämpft man bei jedem ernsthaften Artikel mit einem neuen Stoff, knapper Zeit, eigener Unzulänglichkeit. Die Furcht, zu versagen, das Versagen selbst gehören zum Job. Nur wäre es Wahnsinn, sich die Hölle als Dauerauftrag ins Haus zu holen.

Tatsächlich hat, wer bei einer Kolumne leidet, einige fundamentale Entscheidungen falsch getroffen: den falschen Stil, das falsche Thema, eine zu offene Form.

Die Ursache der Verzweiflung beim Schreiben ist die anfängliche Leere. Nichts steht bei einem ernsthaften Artikel fest: nicht der Ton, nicht die Form, nicht, was drin ist und was draußen. Vorhanden ist nur ein Misthaufen an Material, teils auf dem Tisch, teils im Kopf, wo er von den routinierten Teufeln Angst und Ehrgeiz immer neu umgeschichtet wird. Meist so, dass er noch mehr nach Misthaufen aussieht.

Das Schöne und Schreckliche am Schreiben ist, dass es aus einigen Hundert freien Entscheidungen besteht. In der Theorie klingt das nach Inselparadies: Wo sonst in der heutigen Welt ist ein Angestellter noch ein derart absoluter Herrscher wie ein Journalist auf seinen paar Quadratzentimetern? Und in der Praxis ist es oft so schrecklich, wie auf einer einsamen Insel ausgesetzt zu sein: Du hast keine Ahnung, und jede falsche Bewegung kann deinen Untergang bedeuten.

Das heißt für eine Kolumne: Wer komfortabel damit leben will, muss die Freiheiten so weit wie möglich selbst eliminieren: in Ton, Stil und Inhalt. Und sich für den Notfall möglichst viel greifbare Vorräte zulegen, die sich schnell benutzen lassen.

Nur welche Ressourcen hat man? Auf den ersten Blick ließe sich Folgendes vermuten:

1. Viele Kolumnen sind witzig. Also setzen Sie auf Ihre Inspiration!
2. Viele Kolumnen sind persönlich. Schildern Sie Ihr Privatleben!
3. Viele Kolumnen enthalten Kommentare. Äußern Sie Ihre Meinung!

Aber das ist ein Irrweg. Er führt geradewegs in die Hölle: in das Reich regelmäßiger Qual, unausweichlicher Mittelmäßigkeit und berechtigter Selbstzweifel. Denn sehen wir die Zutaten einmal genauer an:

1. **Ihre Inspiration.** Man hört immer wieder, dass es beim Schreiben und speziell bei Kolumnen um Ideen ginge. Doch wer das glaubt, ist Amateur. Denn die eigenen Einfälle sind ein höchst zweifelhafter Rohstoff: Die meisten sind zu absehbar oder zu absurd. Wirklich gute Ideen beziehen selbst kluge Leute nur im Vierteljahresabonnement. Jedenfalls ist es keine Option, bei einer Kolumne auf gute Einfälle zu vertrauen.

Besonders, weil diese auch noch regelmäßig wie das Tram eintreffen müssen: pünktlich vor Redaktionsschluss. Darauf eine Kolumne zu basieren (also zu sagen: ich werde »etwas Witziges«, »etwas Bewegendes«, »etwas Tiefgründiges« schreiben), heißt in der Praxis, vor einem leeren Blatt Papier zu verhungern.

Fazit: Vertrauen Sie Ihrer Inspiration nicht. Sie sind zu wenig originell.

2. **Ihr Privatleben.** Angeblich schafft das Leserbindung. Zumindest glauben das viele, und viele Kolumnen funktionieren auch so: Der Journalist schreibt etwas Nachdenkliches oder Lustiges aus seinem Leben, und die Leser sagen: »Oh, ich kenne das auch!« Nur leider sind praktisch alle dieser Kolumnen Quark: Austauschbares über drollige Haustiere, nervende Handybenutzer, dumme Werbeangebote und die ewigen Missverständnisse zwischen Mann und Frau.

Der Haken besteht darin, dass das eigene Leben harmlos ist. Nur, warum sollte man keine Harmlosigkeiten schreiben? Sie tun niemandem weh. Und sie verkaufen sich sogar.

Der Grund, warum Sie es nicht tun sollten, ist einfach: Ihre Mutter hat Sie unter Schmerzen geboren. Und sie hat es nicht getan, damit Sie dasselbe wie alle anderen tun und Ihr Leben mit Austauschbarem verschwenden. Und wenn Sie schon schreiben, spurlos zu schreiben.

Die erfolgreichste Ausnahme vom Privatlebentabu gilt für sehr junge Leute. Diese schreiben sexy Kolumnen: Dort wird geflucht, herumgeknutscht, werden Drogen genommen. Und dazu werden Urteile von fröhlicher oder melancholischer Herzlosigkeit abgefeuert. Diese Sorte Kolumne hat garantiert Echo: Denn Senioren (als Zeitungen befinden wir uns in der Seniorenunterhaltungsbranche) lieben Nachrichten von der Jugend – um sich zu ärgern oder zu verstehen.

Dieses Modell ist allerdings nicht nachhaltig. Die Kolumnisten oder Kolumnistinnen altern. Sie geraten in eine stabile Beziehung, bekommen Kinder und Job. Und sitzen plötzlich ihre Tage im Büro ab statt in einer Londoner Galerie. Wenn dann in ihrem Alltag etwas wirklich Aufregendes passiert – eine nervenzerfetzende Affäre, Krach mit dem Chef –, dann können sie es nicht mehr schreiben. Sondern nur noch das Übliche über nervende Handybenutzer.

Fazit: Bauen Sie nie eine Kolumne auf Ihrem Privatleben auf. Sie langweilen.

3. **Ihre Meinung.** Zeig mir jemanden, der auf seine Meinung stolz ist, und ich zeige dir einen Dummkopf. Das Problem bei Meinungen ist: Sie wachsen einem wie Haare. Man hat lauter Meinungen zu Dingen, von denen man keine Ahnung hat: etwa zu China, der Schwulenehe, moderner Kunst, dem Higgs-Boson, klinischen Depressionen, zu Norwegen oder zur NASA. Das ist auch okay: Irgendwie muss man sich in der Welt orientieren. Publizistisch verwertbar ist jedoch nur ein Bruchteil an Meinungen. Und zwar folgende:

- Die Meinung muss durch Erfahrung gedeckt sein. (Man muss die Sache wirklich erlebt haben.)
- Die Meinung muss leidenschaftlich vertreten werden. (Wozu über etwas debattieren, was einem egal ist?)
- Die Meinung muss verblüffend sein. (So ist etwa die Erkenntnis, dass in der Liebe Aufmerksamkeit wichtig ist, durch Erfahrung gedeckt, braucht in der Praxis auch Leidenschaft, ist aber auf dem Papier todlangweilig.)

Wie viele derartige Meinungen hat man, die gleichzeitig fundiert, mitteilenswert und originell sind? Vielleicht fünf oder sechs. Nicht genug für eine Serie. Nicht untypisch ist, dass Meinungskolumnen die Domäne alter Männer sind. Und sie haben auch die Attraktivität älterer, dozierender Männer.

Fazit: Trauen Sie Ihren Meinungen nicht. Fast alle haben Mundgeruch.

Nichts also taugt. Ihre Inspiration, Ihr Privatleben, Ihre Meinungen, sie sind langweiiiiiiiiiiiiiilig. Bleibt nur noch die Frage: Wie zur Hölle konstruiert man dann Kolumnen? Und kommt ohne Schande an sein Geld?

6.3 Der Motor der Kolumne
Wie man Ideen frisiert

Es ist Nacht, Sie sind müde, Sie müssen Ihre gottverdammte Kolumne schreiben. Was haben Sie zur Verfügung? Was haben Sie jederzeit greifbar? Wenn Ihre Inspiration, Ihr Privatleben, Ihre Meinungen als Stoff nicht ausreichen?

Ganz einfach: Sie haben zwei, drei halb gute Ideen. Also Ideen, die zwar ein wenig originell, scharf oder lustig sind, aber nicht sehr.

Halb gute Ideen sind unerschöpflicher Rohstoff. Um damit arbeiten zu können, brauchen Sie einen Mechanismus, der halb gute Ideen in ganze Kolumnen verwandelt. Denn eine Kolumne ist ein Fließbandprodukt. Sie besteht zur Hälfte aus der Idee, zur anderen Hälfte aus dem Mechanismus, der diese Idee immer auf die gleiche Art veredelt.

Der Haupttrick dabei ist, *Ihre Freiheiten beim Schreiben der Kolumne von Anfang an konsequent zu beschränken*. Das Allerschlimmste für eine halb gute Idee wäre, wenn sie auf einem leeren Blatt Papier starten würde. Dort würde sie aus Mangel an Substanz fast jedes Mal verhungern.

Wenn die wichtigsten Entscheidungen bereits vor dem ersten Satz getroffen sind, passieren jedoch zwei Dinge: Erstens sehen Sie weit schneller, welche Ihrer paar halb garen Einfälle am besten zum Setting passt. Und zweitens schreiben Sie ungleich schneller, denn die sonst quälenden Grundentscheidungen über Thema, Form und Ton sind bereits getroffen.

Gäbe es eine Entsprechung für den Kolumnenmechanismus im realen Leben, dann wäre das der bereits erwähnte Haarschneidehelm. Dieser würde jedwelche Köpfe und Haare automatisch in die richtige Form schneiden und dann hoch-toupieren.

Wie funktioniert der Helm für Kolumnen? Im Prinzip be-steht er aus einem Paket aus drei fix montierten Voreinstellun-gen. Sie brauchen:

- ein klar definiertes Thema
- eine klar definierte Form
- eine klar definierte Haltung

Stimmt dieses Paket, wird die Kolumne wiedererkennbar und ohne Schmerzen schreibbar. Stimmt es nicht (meistens, weil Sie sich vor klaren Festlegungen gedrückt haben) bleibt die Ko-lumne inspirationsabhängig.

1. **Das Thema.** Bei der Wahl des Kolumnenthemas zählen vier Dinge:

- **Sie sollten in Ihrem Thema bewandert sein wie ein Bern-hardiner in den Alpen**, um nicht jedes Mal recherchieren zu müssen. Ideal ist etwa ein Fachgebiet, wo Sie wirklich Bescheid wissen: Banking, Kochen, Atomphysik und der-gleichen. Oder ein fruchtbares Gebiet, wo jede Woche von den Zeitungen genügend Rohmaterial angeschwemmt wird: wissenschaftliche Entdeckungen, Polit- oder Wirt-schaftsnachrichten, Dummköpfe aller Art etc. (Das ermu-tigende italienische Sprichwort zum letzten Sujet: »Die Mutter der Idioten ist immer schwanger.«)
- **Je schwerer das Thema, desto leichter der Ton.** Setzen Sie etwa auf die Erklärung von Phänomenen aus Wirtschaft oder Wissenschaft, dann sollte Ihre Kolumne tendenziell so zart, leicht und verschnörkelt sein wie ein Baiser. Sonst hebt sie sich kaum von den Nachrichten ab. Umgekehrt sollten klassische Kolumnenthemen – wie etwa Essen,

Liebe oder Sex – mit Grimm, politischem Dreh oder harter Recherche angegangen werden. Sonst sind Sie nur ein Schwätzer unter hundert anderen.

- Täuschen Sie sich nicht: **Das offizielle Thema einer Kolumne ist oft nur die Tarnung des geheimen Themas.** So hatte der NZZ-Redakteur Max Frenkel das scheinbar harmloseste aller Kolumnensujets: Briefmarken. Darin platzierte er jedoch regelmäßig etwas völlig Verqueres: boshafte politische Seitenhiebe. Was dafür sorgte, dass alle Welt seine Briefmarken-Kolumne las, immer auf der Suche nach der gelegentlichen Giftpraline. (Heute, da er in der *Basler Zeitung* eine reine Meinungskolumne schreibt, funktioniert Frenkels Magie nicht mehr. Als pure Privatmeinung sind seine Texte nur noch bezahlte Leserbriefe.) Oder die Hausmann-Kolumne von Bänz Friedli: Die Alltagsszenen von Kindern und Küche werden dadurch interessant, dass Friedli im Grunde eine andere Frage immer neu stellt: Ist man noch ein richtiger Kerl, wenn man hauptberuflich Hausarbeit macht? Die Antwort darauf (»Ja«) gibt der Kolumne Schärfe.

- Das Wichtigste bei der Wahl Ihres Themas ist Ihr Feuer: Es muss Sie etwas angehen. Immerhin müssen Sie sich nun lange damit beschäftigen. **Ohne Leidenschaft keine gute Kolumne.**

2. **Die Form.** Wählen Sie ein strenges Korsett. Zunächst, weil halb gute Ideen ein künstliches Rückgrat brauchen. Und weil man bei einer starren Form nicht zu viel beim Schreiben überlegen muss. Hier im Telegrammstil eine Liste:

+++ Die Frage-Antwort-Ratgeber-Kolumne +++ Das Tagebuch +++ Der Brief +++ Ein Theaterdialog (Warnung, aufwendig!) +++ Der Countdown +++ Die Liste (Achtung: einfach zu schreibende, aber schwere Form, denn für eine Liste benötigt man meist viele Ideen, von denen die meisten dann mittelmäßig sind) +++ Die Minireportage +++ Eine Rezension +++ Ein Groschenroman +++ Eine Kurzgeschichte +++ Eine Zeitungsmeldung plus Kommentar +++ Eine Rede +++ Eine Predigt +++ Ein Kinderaufsatz +++ Ein Gedicht +++ Eine Salonplauderei +++ Der Tipp +++ Das Memorandum +++ etc.

Möglich ist auch, dass Ihre Kolumne immer ungefähr gleich anfängt oder endet: etwa mit einem Zitat. Oder einer Verbeugung, Beleidigung oder Ermahnung des Lesers.

Bei sehr verschnörkelten, plaudernden und dadaistischen Kolumnen empfiehlt sich auch die bereits beschriebene Technik des eleganten Schwanzbeißers (→ Kap. 3.11). So brauchen Sie keine Schlusspointe zu suchen.

3. **Die Haltung.** Im Leben ist die Haltung, mit der Sie etwas tun, fast immer wichtiger, als was Sie tun. Hier auch. Die Haltung, mit der Sie eine Kolumne schreiben, ist *die* Entscheidung überhaupt. Denn hat man eine klare Haltung für eine Kolumne, kann man, wie ein Schauspieler, immer wieder beim Schreiben in sie kippen. Und dann trifft man den Ton wie von selbst.

Deshalb sollte man nie, nie eine Kolumne unvorbereitet *als man selbst* schreiben. Denn man selbst ist eine viel zu vage und stimmungsabhängige Amöbe. Man sollte die Kolumne an einen Teil seiner Persönlichkeit vergeben – an den mutigen, den schleimigen, den zornigen, den freundlichen, welchen auch immer. Denn dieser ist leichter abrufbereit. Auch wenn man offiziell »ich« schreibt, ist dieses Ich in der Kolumne immer nur eine designte Kunstfigur.

Nun müssen Sie sich entscheiden: Schreiben Sie als Scharfrichter, Butler, Experte, halbes Kind, Professor, Staatsanwalt, Betroffener, Kunde, Verführer, Dandy, Lügner, Opfer, Zyniker, Priester? Und in welchem Ton? Witzig, trocken, freundlich, zynisch, verschnörkelt, ernsthaft, maschinengewehrhaft, sachlich, unsachlich?

Interessanterweise ist – zumindest für Anfänger – eine böse Rolle die klügere Wahl. Das Publikum nimmt Gift ernster als Güte. Und es ist ein großes Vergnügen, ein Mal in der Woche die schwarze Maske anzuziehen. So wie auch Kinder viel Spaß daran haben, böse zu sein.

6.4 Anatomie einer Kolumne
Die Simulation von Inspiration

Wie peppt man nun halb gute Ideen zu ganzen Kolumnen auf?
Hier ein Beispiel aus dem fernen 1995 – eine der über fünfhundert
Kolumnen, die ich unter dem Titel »Familie Monster« schrieb.

Damals hatte der Bischof von Chur, Wolfgang Haas, gerade
Ärger, weil er sich selbst einen Doktortitel zugelegt hatte. Auf
den ersten Blick sieht die Kolumne dazu täuschend nach Inspiration aus.

Können Sie zu meinem angemaßten Doktortitel etwas Posi-
tives schreiben? ~~Dr.~~ *lic. theol.* **Wolfgang Haas**

Gellende Schreie drangen aus dem Dschungelspital.
Eine junge Frau lag in den Wehen. Krämpfe schüttelten sie.
Mutter Teresa blickte ernst auf. »Sie ist noch Jungfrau.«
Schon die fünfte jungfräuliche Geburt in diesem Monat.
Und die komplizierteste. Bischof Wolfgang setzte das Ste-
thoskop ab und schauderte. Ein Stück der Niere hatte sich
in der Gebärmutter verklemmt. Herz und Lymphflüssig-
keit gaben pfeifende Geräusche von sich. »Sofort Operation vorbereiten! Hier hilft nur noch die Methode von
Dr. Engelmacher!« Mutter Teresa wurde bleich: »Von
Dr. oec. publ. Engelmacher?« – »Ja«, antwortete der Bischof
ernst, »der große Sinologe. Ihm verdanke ich alles, was ich
über Misogynie weiß.« Einen Moment glitt der Schatten
der Erinnerung über das Gesicht von Bischof Wolfgang:
Glückliche Zeiten, als man noch ein brillanter Prälat war,
der mühelos Dissertationen in Chemie, Marienforschung
und Testikelkunde bei Ministranten abgeschlossen hatte.

Aber hier und jetzt, im Dschungelspital, galt es ernst! Der Bischof riss sich in die Wirklichkeit zurück. Mit primitivsten Mitteln kämpften er, Mutter Teresa und Schwester Monika mitten im Dschungel gegen Unglauben, Seuchen und eine Serie von jungfräulichen Geburten! Der Bischof griff zum Hostienmesser. Jetzt oder nie! Die angstvollen Augen Schwester Monikas weiteten sich, als der Bischof zu einem komplizierten Rundschnitt ansetzte, der gleichzeitig die mit der Kniekehle verstopfte Lunge, den Nabelschnurkortex und das lebensbedrohende Krebsgeschwür an der Ferse entfernte. Minuten später krabbelte ein neugeborener Erdensohn in den Händen Mutter Teresas.

Die Patientin errötete schüchtern. »Bischof«, flüsterte sie schwach, »Sie haben mein Leben und das meines Kindes gerettet. Ich will es nach Ihnen nennen.« Bischof Wolfgang nickte gerührt: »Dann also wird es Doktor heißen!«

Klingt nach Einfällen, oder? Doch mit Inspiration hat ein derartiger Text wenig zu tun. Dafür umso mehr mit kühler Ingenieurslogik. Denn betrachtet man den Bauplan der Monster-Kolumne, brauchte es zum Start beim Schreiben exakt nur eine einzige halb gute Idee. Und danach ein paar wenige, eher mechanische Assoziationen.

Der Bauplan der wöchentlichen Monster-Kolumne sah so aus:

Thema: Opfer ist jede Woche ein Dummkopf aus Politik, Gesellschaft oder Wirtschaft.
Form: Die Grundidee der Serie war, reale Würdenträger mit vollem Namen in eine fiktionale Umgebung zu reißen: in ein Groschenroman-Universum aus Science-Fiction, Kinodrehbüchern, Detektivromanen, TV-Debatten, Horrornovellen, Bibelkapiteln, Bahnhofserotik. In solcher Pappmaschee-Umgebung

musste man sich um Bösartigkeit nicht kümmern. Die Würde des Helden oder der Heldin geht automatisch flöten. Die Hauptentscheidung vor dem Schreiben war: Welche Umgebung für wen? Und sie war fast immer einfach. Denn Satire funktioniert nach dem uralten Prinzip der Blutrache: Auge um Auge, Zahn um Zahn.

Haltung: Nicht ohne Grund erschien die Kolumne die ersten fünf Jahre anonym. Ich fürchtete um meinen Ruf. Denn die Haltung war sehr von den Punk-CDs inspiriert, die ich damals hörte: Keine Rücksicht auf nichts zu nehmen, nicht auf das Opfer, nicht auf die Leser, den Geschmack, den Presserat und im Zweifel nicht einmal auf die Verständlichkeit. Es war eine Rachekolumne: weniger an den wöchentlichen Opfern als ganz allgemein von der Literatur an der Wirklichkeit. Eine Jugend lang war ich ein schüchternes Milchgesicht gewesen, das sich von Büchern ernährt hatte. Diese haben mich wachsen lassen, und auch meine Zeit war gekommen, böse zu sein.

Sieht man sich die Bischof-Haas-Kolumne also nach Kenntnis des Bauplans noch einmal an, so war kaum Inspiration nötig. Im Kern besteht sie aus der Antwort auf eine einzige Frage: Falscher Doktortitel – welche literarische Form ist das? Die Antwort lag auf der Hand: ein Arztroman! Alle anderen Entscheidungen sind daraus abgeleitet: Das dramatischste Spital? Ein Dschungelspital. Die katholischste aller Krankheiten? Eine jungfräuliche Geburt – oder noch komischer: eine Serie von jungfräulichen Geburten. Die katholischste aller Assistentinnen? Mutter Teresa. Die Qualifikationen von Dr. Haas? Massenweise Pseudotitel.

Das ganze Mittelstück war geklaut: Die Art von idiotisch komplexer Operation hatte ich beim Meister der Parodie, Robert Neumann, gelesen und sehr bewundert. Und die Schlusspointe ist ebenfalls Diebstahl, bei einem anderen Meister: Lichtenberg. Dieser schrieb: »Könnten nicht die Titel Magister,

Doktor pp. zu Taufnamen erhoben werden?« Was ich mir gemerkt habe, weil ich dachte, dass, sobald ich mal ein Kind hätte, ich diesem den Vornamen »Doktor« geben würde, weil er ihm die Universität ersparen würde. (Als ich dann eins hatte, scheiterte dies leider.)

Der entscheidende Punkt an obiger Kolumne ist aber, dass ich weder die Schlusspointe noch sämtliche Details im Kopf zu haben brauchte, als ich die Kolumne anfing. Denn der Motor »Reale Person – Groschenroman« war stark genug, um zu wissen, dass sich beim Bischof im Arztroman schon Pointen auf dem Weg ergeben würden. Ich konnte also schnell zu schreiben anfangen. Da das Korsett stark genug war, genügte eine halb gute Idee.

6.5 Der Test
Werden Sie durch die Hölle gehen?

Ein Kolumnenkonzept ist alles andere als eine kleine Entscheidung. Denn es prägt ein Stück Ihres Lebens.

Sitzt das Konzept, ist eine Kolumne eine Abwechslung zur sonstigen Arbeit. Sitzt es nicht, werden Sie bei jeder Kolumne gleich drei Mal leiden: Davor, weil Sie Angst haben. Dann beim Schreiben. Und danach, weil Sie sich schämen.

Deshalb lohnt es sich, vor dem Start Ihrer Kolumnenserie einen doppelstöckigen Test zu machen:

1. Setzen Sie sich eine halbe Stunde hin, und schreiben Sie mögliche Themen für Ihre Kolumne auf einen Fresszettel. Kommen Sie spielend auf mehr als zehn Folgen mit dem Gefühl, locker auf mehr zu kommen, geben Sie sich grünes Licht. Bei weniger als zehn, mit dem Gefühl, schon jetzt an Ideenmangel zu leiden, stoppen Sie das Projekt. Sie wollen nicht jede Woche ratlos dasitzen.
2. Schreiben Sie in einer vernünftigen Frist, also in zwei, drei Stunden eine Probekolumne. Fühlen Sie sich in Ton und Haltung wohl? Macht es Spaß? Fällt Ihnen etwas Sie selbst Überraschendes ein? Dann legen Sie los. Wenn Sie aber bei jedem zweiten Satz harzen, ändern oder begraben Sie das Projekt.

Denn sonst leiden Sie. Monat für Monat. Oder Woche für Woche.

6.6 Das Honorar
Verhandle, gottverdammtes Arschloch

Und nun zur zentralen Frage des ganzen Kolumnenteils, ja sogar des ganzen Buchs: die Frage des Honorars.

Honorar und Gehalt sind das Herzstück dieses Berufs. Journalismus ist kein geschützter Beruf. Das heißt: Man fängt eines Tages einfach damit an. Und auch wenn alle Journalistenschulen der Welt das Gegenteil behaupten: Zum Journalisten wird man nicht per Diplom, sondern per Bankbeleg – sobald einem jemand Geld dafür zahlt.

Die spannende Frage in allen Jahren danach ist nur noch: Wie viel?

Einer der lehrreichsten Momente meines Lebens war der Moment, als ich den Kabarettisten Lorenz Keiser in einem Café traf. Wir sprachen über unsere Gemeinsamkeit. Wir schrieben damals beide eine satirische Kolumne.

Ich fragte ihn, wie er dazu gekommen sei.

»Ein Anruf«, sagte er. »Irgendwann vor zwei Jahren rief jemand aus der Chefredaktion an. Und sagte etwas von einer Satire-Kolumne. Ich fragte zurück, wie viel sie dafür zahlen würden.«

»Wie viel denn?«, fragte ich.

»Ich hörte die Zahl 300.« Keiser sah mich an und kippte mit Genuss einen Schluck Kaffee, bevor er fortfuhr: »Und dann fing ich an zu lachen ...«

»Zu lachen?«, fragte ich.

»Drei-hun-dert!«, sagte Keiser. »Das war ja erbärmlich.«

»Und wie viel haben sie dann gezahlt?«

»1300. Und als ich letzten Sommer noch einmal neu verhandelt habe, 1500.«

Ich lächelte dünn. Meine Kolumne war der *Wochenzeitung* genau 150 Franken wert gewesen, nach fünf Jahren hatten sie das Honorar freiwillig auf 200 erhöht.

Kurz: Ich habe meine ersten zehn Jahre als Profijournalist wie ein Schaf verhandelt. Der Grund dafür war, dass mich oft der Auftrag an sich begeisterte: über dieses oder jenes schreiben zu können. Und dass ich im Grunde verblüfft war, dass irgendjemand überhaupt dafür Geld bezahlte.

Meine einzig kluge finanzielle Maßnahme blieb bis zu meinem dreißigsten Geburtstag, dass ich am Monatsersten meinen ganzen Kontoinhalt in Hunderternoten abhob, das Bündel in meine Hosentasche steckte und das Gefühl hatte: Ich bin reich. Gegen Monatsende musste ich dann vielleicht fünf, sechs Tage morgens, mittags und abends nur Spaghetti essen, aber das ließ sich aushalten: Ich war dann nur ein Millionär im Exil. Denn am nächsten Monatsersten würde ich wieder reich sein.

Nicht, dass ich mit diesem System ernsthaft unglücklich war – nur mit einem mindestens siebenstelligen Vermögen erreicht man wieder die Freiheit eines kleinen Budgets –, aber ein wenig blöd war es doch.

Als ich dann beim *Tages-Anzeiger* anheuerte, stellte mich eine sehr hübsche Gewerkschaftertochter zur Rede:

»Was zahlen sie dir?«, fragte sie.

»Keine Ahnung«, sagte ich. »Mal sehen.«

»Du gottverdammtes Arschloch«, sagte sie, »du arbeitest jetzt für den größten Konzern auf dem Platz. Die haben Geld wie Heu. Wenn du nicht vernünftig verhandelst, dann rede ich kein Wort mehr mit dir.«

»Und was soll ich tun?«

»Also ERSTENS, mach dir die Situation klar. Für den Chefredakteur ist die Verhandlung ein Spiel. Für ihn geht es um nichts. Dein Gehalt ist eine Stelle hinter dem Komma in seinem

Budget. Er wird also etwas versuchen. Aber für dich bedeutet es jeden Monat Geld oder nicht Geld auf dem Konto.«

Sie machte eine kurze Pause und fuhr fort: »Und zwar, solange du in der Firma bist. Glaub mir: Wenn du niedrig einsteigst, wirst du das durch Gehaltserhöhungen niemals aufholen. Auch wenn du zwanzig Jahre bleibst, wird noch der letzte, halbwegs geschickte Eumel am Nebentisch mehr verdienen. Nur, weil du EINE HALBE STUNDE LANG NICHT WIDERLICH sein wolltest!«

»Aber wirkt das nicht etwas …«

»Und ZWEITENS mach dir keine Illusionen, dass irgendjemand dich sympathisch findet, wenn du billiger bist. Keiner deiner Chefs wird im Nachhinein an die Verhandlungen denken. Und wenn doch, dann wird man dich VERACHTEN, wenn du zu billig zu haben warst. Denn in dieser bescheuerten Welt verachtet man die Leute, die zu billig sind.«

Ich versuchte, teuer auszusehen.

Sie sagte: »Also mach DRITTENS sofort deine verdammten HAUSAUFGABEN. Du recherchierst doch auch sonst jeden Mist. Also frag unter deinen Kollegen herum, was jemand in deiner Position in etwa verdient. Und dann schlag auf das höchste Gehalt noch einmal zehn bis zwanzig Prozent drauf.«

»Zehn bis zwanzig Prozent?«

»Natürlich! Wenn sie bei deinem ersten Angebot nicht bleich werden, dann hast du etwas falsch gemacht. SCHANDE über dich, wenn sie dein erstes Angebot sofort akzeptieren! Dann hast du viel zu wenig verlangt!«

Sie blies sich eine Strähne aus dem Gesicht, um einem bösen Lächeln Platz zu machen: »Und falls dir eine halbe Stunde Verhandeln unangenehm sein sollte: Denk stets daran, ich bin NOCH VIEL BÖSER ALS TAMEDIA. Wenn du deinem Verlag kampflos Geld schenkst, dann rede ich nie wieder ein Wort mit dir. Also geh raus und pack sie.«

Und das tat ich dann.

Das Ergebnis? Nun, als wir Redakteure vom *Tages-Anzeiger* unser Gehalt verglichen (über ein Drittel der Redaktion machte mit), lag ich zwar nicht an der Spitze, aber im oberen Fünftel.

Ich finde das nicht schlecht. Und bin überzeugt, dass ich ohne die Gewerkschaftertochter im unteren Fünftel rangiert hätte. Mit wohl 1000 Franken pro Monat weniger. Das macht seit meiner Anstellung 2006 bis heute die Summe von 72000 Franken.

Deshalb ist Klarheit im Kopf vor Vertragsverhandlungen sehr wichtig. Sie müssen wissen:

- Was ist in diesem Medium das übliche Gehalt für den Job (Artikel, Kolumne oder Festanstellung)?
- Was ist das absolute Maximum, das sich keinesfalls toppen lässt?
- Was ist die Zahl, mit der Sie einsteigen?
- Was ist das Minimum, das Sie akzeptieren?

Falls Sie eine Honorar- oder Vertragsverhandlung unvorbereitet trifft, dann sagen Sie am besten nichts. Verschieben Sie sie, bis Sie sich vorbereitet haben. Und falls Sie zu schüchtern sind, proben Sie mit kompetenten Freunden. Oder noch besser: Freundinnen.

Aber dann gehen Sie raus, und lassen Sie Ihre Auftraggeber kurz erbleichen.

7
Karrieretipps

7.1 Verkaufsargumente für Einsteiger
Eifersucht. Jugend. Sex mit der Chefetage

Karrieren laufen manchmal krumm. Meine erste richtige Stelle bei einer Zeitung bekam ich, weil man vermutete, dass ich mit jemandem aus der Chefetage des Tamedia-Konzerns geschlafen hätte.

Zuvor war ich in der *WOZ* drei Mal bei Bewerbungsverfahren gescheitert. Mein Glück war, dass meine Freundin blond war. Und ich mit ihr nach dem Theater essen ging.

Das Essen war kein Vergnügen. Denn direkt hinter meinem Rücken stritt ein Ex-Ehepaar. Der Exmann hatte eine Opernsängerstimme und begann lange Monologe gerne mit der Einleitung: »MAAAAADELEEIIIIINE, ICH WILL DIR GAAAAR NICHTS SAAAAGEN, AAAAABER ...«

Was folgte, war auf Meter hinaus unüberhörbar. Schon nach der Vorspeise hätte ich gern gezischt: »Madeleine, wehr dich!« Beim Kaffee stand ich auf, um einen Aschenbecher zu holen. Und mir den Sack einmal von vorn anzusehen.

Zu meiner Überraschung kannte ich ihn. Es war ein angesehener Kritiker, und er schrieb regelmäßig in der *WOZ*. Außerdem mochte er meine Texte: Er hatte mir eine Woche zuvor einen freundlichen Brief geschrieben. Nun sah er mich mit den erwartungsvollen Augen an, die Hunde, Kinder, Alkoholiker, Künstler und Lobspender haben.

Ich stammelte etwas Verwirrtes und setzte mich.

In dieser Nacht erhielten, wie ich später hörte, mehrere Mitglieder der *WOZ* denselben Anruf: »COOONSTANTIN IST NUN VÖLLIG ARROGANT GEWORDEN, SEIT ER FÜR DEN *TAGES-ANZEIGER* SCHREIBT. ER HAT KAUM DREI WORTE MIT MIR

GEWECHSELT! UND WISST IHR, MIT WEM ICH IHN GESEHEN
HABE – UND er HAT SOGAR IHREN ARM GESTREICHELT!! –,
MIT DER CHEFREDAKTEURIN DES *TAGES-ANZEIGERS*, ES-
THER GIRSBERGER!!!«

Eigentlich stimmte davon nichts: Die Aufträge des *Tages-Anzeigers* waren kaum der Rede wert – nicht mehr als zwei Kleinst-
artikel im Kulturteil; die Chefredakteurin Esther Girsberger
hatte ich nicht nur nicht gestreichelt, ich hatte sie nicht einmal
kennengelernt. Und außer, dass beide blond waren, sah meine
Freundin ihr auch nicht ähnlich.

Aber das war letztlich egal. Als ich zwei Tage später in der
WOZ meine Kolumne abgab, empfing mich ein Redakteur mit
den Worten: »Komm mal runter in den Keller!« Dort, im Sit-
zungszimmer, saßen bereits vier weitere Redaktionsleute, alle mit
verschränkten Armen. Sie waren offensichtlich übelster Laune.

»Setz dich!«, sagte jemand.

Ich tat es, und noch jemand sagte: »Machen wir es kurz. Wir
stellen dich im Fall ein. Aber du wirst nie bei uns in ein Gre-
mium gewählt werden! Du wirst nie Verantwortung tragen!
Und du musst dir ein Handy kaufen!«

Ich brauchte einen Moment, um durch den Schleier der Beleidigung hindurch zu begreifen, dass ich es geschafft hatte. Ich
hatte den Job. Meine Jahre im freien Journalismus waren zu Ende.

Freier Journalist zu sein, ist mehrfach unangenehm. Wegen der
Hygiene: Die Aktenstapel wuchern nicht im Büro, sondern zu
Hause Richtung Bett. Wegen der Disziplin: Mit TV, Büchern
und Bett steigt die Versuchung, sich vor dem Schreiben zu drü-
cken. Wegen des Geldes: Die Honorare werden seit Jahren
schlechter und fließen unregelmäßig. Dazu fehlt einem der Re-
daktionsklatsch: die täglichen kleinen Skandale, Pannen und
Wutausbrüche. Und schließlich hat man das Erfolgsgefühl an
der falschen Stelle: nach dem An-Land-Ziehen des Auftrags.
Danach fühlt sich das Schreiben an wie Schulden abzahlen.

Das Gute am freien Journalismus ist: Man lernt, wie man seine Ware verkauft.

Beim Verkauf von Artikeln gibt es zwei, drei Grundregeln. Die wichtigste davon ist die Kenntnis des Redakteurs. Erstens natürlich dessen persönliche Vorlieben. Aber vor allem die Kenntnis seiner Situation: Der Redakteur muss die Zeitung füllen. Er muss gegenüber seinen Kollegen und Chefs den Einkauf rechtfertigen können. Und er hat fast nie Zeit. Kurz: Er schätzt Reibungslosigkeit in all ihren Facetten.

Das heißt: Man muss am Telefon gut vorbereitet sein und sich knapp halten. Was zählt, ist:

- ein netter Einleitungssatz (über das Wetter, das Befinden des Redakteurs oder den letzten Journalistenskandal)
- die knappe Skizze des geplanten Artikels samt möglicher Längenangabe plus Abgabezeit
- die Begründung, mit der er es seiner Redaktion verkaufen kann

Diese Begründung braucht höchstens zwei, drei gute, aber möglichst grelle Argumente. (Mehr merkt sich niemand.) Sehr hilfreich ist irgendeine **Statistik**. Sagen wir, Sie wollen, weil Sie seltsamerweise Orientteppiche mögen, Ihren nächsten Bettvorleger mit einem Artikel finanzieren. Dann sagen Sie (je nach Recherche): Der Teppichhandel in der Schweiz (in der USA, weltweit) ist um fünfzig Prozent gestiegen (oder geschrumpft). Daraus konstruieren Sie dann einen **Trend**: Orientteppiche sind der letzte Schrei unter den oberen Zehntausend (Studenten, den Normalverbrauchern). Oder Sie ziehen **irgendeine aktuelle Parallele**: Die türkisch-schweizerischen Beziehungen sind nach der Minarett-Initiative stark belastet, und nun bricht auch noch der Teppichhandel ein. (Oder er floriert trotzdem.) Sehr wirksam für den Verkauf eines Themas ist auch ein **möglicher Skandal**: Es besteht der Verdacht, dass der unlukrative Teppichhandel nur Geldwäsche für die Mafia (al-Qaida etc.) betreibt. Oder Sie setzen auf die **Anekdote**: Alle fragen sich, warum in Teppichgeschäften dauernd Ausverkauf ist. Ich erkläre es. Und vergessen Sie keinesfalls den **Superlativ**: Verkaufsprofis sagen, dass Teppichhändler die besten Feilscher unter allen Verkäufern sind. Ich erzähle Ihren Lesern, wieso.

Das Zweitwichtigste dabei ist, dass die Verkaufsargumente auch mehr oder weniger stimmen. Alles andere wäre Betrug an Ihrem ersten Kunden, der Redaktion. Das Wichtigste ist, dass Sie selbst nicht daran glauben. Alles andere wäre Betrug an Ihrem zweiten Kunden, dem Leser.

Denn mit den Argumenten, mit denen Sie Ihren Artikelvorschlag verkaufen, verhält es sich so wie mit dem Wurm, den man über den Angelhaken zieht. Ohne ihn kann man nicht fischen. Aber am Ende grillt man den Fisch, nicht den Wurm.

Ziemlich viele Artikel werden ruiniert, indem die offensichtlichen Verkaufsargumente (die Umfrage, die Statistik, den angeblichen Trend, der Geldwäscheverdacht) lang und breit getreten werden. Also der Wurm gegrillt wird. Anstatt dass man erzählt, was einen an der Sache wirklich interessiert hat – etwa die faszinierende Lebensgeschichte eines Teppichhändlers, die Verarbeitung, die Orientromantik im Westen, die knallharten Arbeitsbedingungen, die Märchen der fliegenden Teppiche. Und den vorgeblichen Anlass, falls uninteressant, nur dezent irgendwo im zweiten Abschnitt erwähnt.

Die wenigsten Redakteure werden darüber unglücklich sein. Denn erstens ist die Wahrscheinlichkeit groß, dass das genaue Verkaufsgespräch längst vergessen ist, begraben unter Dutzenden anderen. Und zweitens hat kaum ein Redakteur etwas gegen einen abweichenden Text, solange er interessant ist. Und da Ihr Redakteur wie fast alle anderen vor allem an Reibungslosigkeit interessiert ist, wird er fast nie etwas beanstanden.

Es gibt einen alten Broadway-Witz:

Schauspieler 1: Frag mich, was das Wichtigste an Schauspielerei ist!

Schauspieler 2: Also gut, was ist das Wichtigste an Schau…

Schauspieler 1 (*unterbricht ihn*): Timing!

So ist es auch beim Artikelverkauf. Ein Redakteur, der gerade volle Seiten hat, wird ein anderer sein als der freundliche Mensch, der gerade leere Seiten hat. Zum Teil ist Timing Glücksfrage. Sie können Pech haben, und irgendwer hat zu Ihrem Thema in der Woche davor etwas geschrieben. Und die Tür ist zu. Sie können Glück haben, und dem Redakteur ist just etwas Größeres abgestürzt. Dann werden Sie bekniet, doch aus Ihrem Teppichartikel eine ganze Seite zu machen, aber bitte bis heute Abend.

Ein wenig kann man sein Glück allerdings auch steuern. So herrscht in Wochenzeitungen gern am Montag Verzweiflung. Die Diensthabenden haben die Wochenendleere im Kopf und die halb leere Zeitung vor Augen. In Tageszeitungen sind der Freitag und der Montag die großen Kaufrauschtage: Freitags müssen gleich zwei Nummern geplant werden, Samstag und Montag. Und am Montag herrscht dann Ebbe.

Damit zu den im Titel versprochenen Argumenten Eifersucht, Jugend und Sex mit der Chefetage:

Der **Sex mit der Chefetage** steht als Wurm im Titel, damit Sie dieses Kapitel hier gelesen haben, Fisch.

Eifersucht hingegen ist ein fast unschlagbares Verkaufsargument. Sagen Sie am Telefon etwas wie:»Ich habe gehört, dass die *NZZ* (die *Weltwoche*, die *Zeit*) etwas Großes über Teppichhandel bringen will …« Und Ihr Artikel ist so gut wie gekauft. Denn Redaktionen sind fast lächerlich eifersüchtig aufeinander. Alle wollen die Ersten sein. Obwohl die Kunden das fast nie merken: Die wenigsten Leute abonnieren mehrere Blätter.

Das Argument der **Jugend** hat mir bis etwa zu meinem fünfunddreißigsten Lebensjahr viele Artikel verkauft. Es geht so: »Alle meine Freunde interessieren sich für Orientteppiche …«, sagen Sie. Und falls der Redakteur nicht versteht, werden Sie deutlicher: »Alle Jungen interessieren sich für Orientteppiche!« In diesem Moment wird der Redakteur auf seinen Jahrgang schauen, auf seine grauen Schläfen, auf die wachsende undefinierte Zone um seine Hüften, er wird denken, »Orientteppiche – was für ein Scheiß«, er wird vielleicht sogar den Verdacht haben, dass Orientteppiche mitnichten die Jugend interessieren, sondern nur Sie Schnösel hier, aber dann wird er sich seines Jahrgangs schämen, denn er ist alt geworden, verbringt viel Zeit auf einem Bürostuhl und hat keine Ahnung mehr, was die Jugend alles treibt, vielleicht sind es wirklich Orientteppiche. Und er wird Ihnen Platz und Honorar verschaffen und einen unhörbaren Seufzer als Zugabe. Denn alt zu sein im Neuigkeitsgeschäft, ist eine große Sünde, und eines Tages wird sie von seinem Arbeitgeber mit Frühpensionierung bestraft werden so wie im Märchen:

Schau, sagte der Verleger zu seinem Human-Ressources-Manager, der Redakteur hier hat immer brav unsere Zeitung gefüllt, aber jetzt ist er alt und zahnlos geworden, und ich fürchte, wir müssen ihn in den Wald führen und schlachten …

Jung sein hingegen ist ein Killerargument beim Verkauf. Nur seien Sie gewarnt beim Schreiben: Veranstalten Sie dann im Artikel kein großes Tamtam um dieses Thema, indem Sie zum Beispiel einen Trend erfinden.

Denn Verkaufsgespräch ist Verkaufsgespräch. Und Artikelschreiben ist Artikelschreiben. Und die beiden haben nur wenig miteinander zu tun. So wenig wie der Wurm und der Fisch.

7.2 Frechheiten
Opportunismus für Fortgeschrittene

Zu Anfang meiner Karriere hatte ich ein paar Mal Angst um sie. Etwa, als ich in der *WOZ* mit der Monster-Kolumne anfing und wöchentlich Politiker, Wirtschaftsführer, Prominente, aber auch Verleger, Konkurrenzkolumnisten und Chefredakteure durch ihren eigenen Quark zog.

Und dann, als ich dort nebenamtlich das Medienressort zugewiesen bekam. Da die *WOZ* die linke, unabhängige Zeitung im Land war, hieß das: Zum Loben war dieses Ressort nicht gedacht. Sondern um den Unfug aufzuschreiben, der in den Großverlagen passierte, aber in deren Blättern natürlich nicht beschrieben werden konnte.

Ich fürchtete mich, weil beide dieser Jobs darauf angelegt waren, nicht nur viele spätere Interviewpartner gegen mich aufzubringen, sondern auch alle möglichen Arbeitgeber.

Zu meiner Verblüffung passierte das Gegenteil. Zwar ärgerten sich einige mächtige Leute. Aber fast alle schlugen mir mal Monate, mal Jahre später komplizenhaft auf die Schulter. Ich entdeckte, dass es eine pure Frage der Arithmetik war: Sie ärgerten sich, wenn sie selbst das Thema waren. Aber freuten sich die nächsten zwanzig Mal, wenn es jemanden von der Konkurrenz traf.

Was ich anfangs als kühnes bis selbstmörderisches Punk-Unternehmen eingestuft hatte, entpuppte sich als Karrierebeschleuniger: Man kannte meinen Namen, und man hielt mich für einen unbestechlichen Hund.

Serielle Frechheit war, wie ich ebenso erleichtert wie traurig feststellte, nichts als die geschicktere Form von Opportunismus.

Ich könnte diese Strategie – Satire, Zweihänder, Medienressort – jedem Berufsanfänger empfehlen. Wenn auch mit dem Zusatz, dass am Ende nicht der kühne Kerl oder das taffe Mädchen mit der Haartolle in den Spiegel blickt, sondern ein Berufsmensch, an den sich alle gewöhnt haben. Es gibt keinen Ort außerhalb der riesigen Maschine, die bedrucktes Papier zu neuem bedruckten Papier verarbeitet.

7.3 In der Redaktion
Wer für seine Zeitung arbeiten will, arbeitet gegen sie

Etwas, was den Journalismus für einige Leute anziehend und für andere instinktiv anrüchig macht, ist seine Doppelnatur.

Wo immer man in diesem Beruf hinschaut, es findet sich Zwielicht. Etwa, dass seine Ware halb Waffe, halb Waffel ist: Information, Wahrheit und Kritik als Unterhaltung. Oder dass sein Personal Neugier und Routine gleichermaßen beherrschen muss, also zwischen Unschuld und Abgefeimtheit pendelt. Dass das Neueste, das ein Medium anpreist, für seinen Verkäufer im Augenblick des Verkaufens das Uninteressanteste überhaupt ist: die Nachricht von gestern. Dass eine Redaktion die Telefonnummern aller wichtigen Leute kennen, aber mit niemandem befreundet sein sollte. Dass auch die aufrichtigsten Artikel nur die Rückseite der Kleininserate für Immobilien, Autos und Bordelle sind.

Und so weiter. Eine der faszinierenden Zwiespältigkeiten ist die Doppelrolle zwischen Opposition und Opportunismus. Einerseits ist Opposition das große Erbe: Journalismus war und ist Kitt und Waffe der Demokratie. Die legendären Momente dieses Berufs, von Émile Zolas *J'accuse* über die Schriften von Leuten wie Egon Erwin Kisch, Kurt Tucholsky, Karl Kraus, Hunter S. Thompson bis zu den Watergate-Recherchen sind alles Kampfschriften gegen Herrschende und Herrschendes. Andererseits ist ohne Opportunismus alles vergeblich. Eine Zeitung will gekauft und gelesen werden: Die Geldgeber und das Publikum fordern Sensationen, Knaller, Bonbons. Kein ernsthafter Journalist kann sich leisten, sein Publikum zu verschrecken – es muss seine Meinung nicht teilen, aber ihn lesen. Das zwingt noch den unabhängigsten Kopf in die gerade aktuelle Debatte, so unsinnig diese auch sein mag. Denn nur die heißen Eisen lassen sich hämmern. Und es zwingt noch den aufrechtesten Journalisten zur Unterhaltung. Kein Wunder also, dass ein Hauch von Schminke, Unernst und Verfall selbst über den ernsthaftesten Redakteuren liegt: der Geruch nach Altpapier und nach kleinem Kind.

So etwas wie Reinheit ist im Journalismus nicht zu haben.

Das obige Dilemma hat eine praktische Seite. Und zwar bei der wichtigsten Entscheidung für alle, die in den Bürofluren des Zwielichts ihr Geld verdienen. Es geht um das Verhältnis zwischen dem Journalisten und der eigenen Zeitung. Welche Strategie soll dieser dort wählen: Opposition oder Opportunismus?

Für jeden, der bei einem Medium anheuert, gibt es zwei Möglichkeiten: a) den ungeschriebenen Gesetzen seiner neuen Redaktion zu folgen. Oder b) gegen seinen Arbeitgeber und dessen Gesetze zu wirken.

Es gibt bei dieser Wahl keinen Zweifel. Wer seinen Job und seine Redaktion ernst nimmt, der muss gegen sie arbeiten.

Erstens aus Notwehr. Wer zuverlässig Produkte im Stil des eigenen Blattes liefert, bleibt unauffällig. Im besten Fall ist er eine Perle unter Perlen. Es ist eine der großen Ungerechtigkeiten im Leben, dass Zuverlässigkeit (zumindest in der Aufmerksamkeitsbranche) nicht honoriert wird. Schon nach wenigen Tagen haben sich alle daran gewöhnt, dass Kollege XY pünktlich brauchbaren Stoff liefert. Niemand wird auch nur ein Wort darüber verlieren, höchstens ein flüchtiges »Danke«. Die große Nachrichtenmaschine nimmt stumm ein weiteres Rädchen in Betrieb. Das wars.

Aufmerksamkeit bekommt nur, wer den internen Kodex regelmäßig bricht. Die richtige Strategie in jeder Zeitung ist dieselbe wie im Journalismus überhaupt: Man muss die Regeln, Gesetze, Vorurteile, Formen präzise studieren. Und sich

dann fragen: »Wie wäre es, wenn wir es ganz anders machten?«
(→ Kap. 1.3) Und es tun.

Sagen wir, Sie heuern bei einer linken Wochenzeitung an. Ein ernstes Blatt, das seriös recherchiert und zu Anklagen neigt. Dann ist Ihre Strategie tendenziell klar: Bringen Sie Leichtes hinein. Fröhliches. Und wenn Sie Kernthemen bearbeiten, dann streichen Sie alle längst bekannten Adjektive. Beschreiben Sie das Drama nackt. Und predigen Sie nie vor einer schon überzeugten Gemeinde. Schreiben Sie also nicht, dass der Turbokapitalismus böse ist, sondern zeigen Sie, dass er sich nicht rentiert.

Oder Sie kommen zu einem konservativen Wirtschaftsblatt, stolz, starr, abstrakt. Bringen Sie Leben hinein – porträtieren Sie die seltsamen Köpfe, die abenteuerlichen Entscheidungen, den ganzen widersprüchlichen Wahnsinn der realen Wirtschaft. Erzählen Sie, statt zu predigen. Und wenn Sie predigen wollen, dann richtig, mit dem Vokabular der Bibel und nicht des Analysten. Kratzen Sie an Publikum und Dogmen.

Oder Sie landen in einer biederen Lokalzeitung. Dann halten Sie Ausschau nach allem, was Weite verspricht. Nach weit gereisten Leuten, nach den weltbewegenden Strömungen im Kleinen, denn diese sind Ihr wahres Thema. Kommentieren Sie das Lokale nie eng, sondern mit großem Herzen. Benutzen Sie Zitate von Philosophen in den Artikeln über Katzenausstellungen. Und wählen Sie Ihr Jagdgebiet klug. Am besten dort, wo weiße, unentdeckte Flecken sind (→ Kap. 2.4).

Diese unkartografierten Gebiete gibt es überall, in jeder Zeitung. Sie liegen erfahrungsgemäß erstens im Schreiben selbst: im sehr begrenzten Arsenal der möglichen Formen. Experimentieren Sie hier (→ Kap. 5)! Und zweitens im Brackwasser zwischen den einzelnen Ressorts: etwa in dem trüben Gebiet zwischen Wirtschaft und Politik. Oder im Feuilleton zwischen Büchern, Theater, Musik und Wissenschaft, Politik und Wirtschaft. Oder in der weiten Prärie zwischen Verwaltung und Leben: Was veranstalten die Angestellten mit den Strategien des CEO? Wie leben die Betroffenen eines gerade debattierten Gesetzes?

Verankern Sie Ihre Wurzeln vorzugsweise auf solchem schlammigem Grund. Denn im Rest der Zeitung sind Gärtchen und Gefängniszellen meist schon begrünt und bewacht. Zwischen zwei Welten zu wohnen, hat den Vorteil, frei flottieren zu können – je nachdem, wo Flut, Ebbe und Neugier Sie hintreiben.

Aber Achtung: Sowohl die Tu-es-anders- als auch die Brackwasser-Strategie funktionieren nur, wenn Sie echte Sympathie für Ihre Zeitung spüren. Sie müssen stolz sein auf das Blatt, dessen Mängel Sie erforschen.

Was nicht funktioniert, ist Opposition in einer feindlichen Umgebung. So etwa hieß es beispielsweise zu Anfang des scharfen Rechtskurses der *Weltwoche* unter Roger Köppel, man wolle unbedingt Linke, Liberale und Unpolitische im Blatt. Auf dass das bessere Argument gewinne. Ziemlich viele kluge Leute glaubten daran. Und restlos alle wurden in mehreren Säuberungswellen aus der Zeitung gespült: teils erschöpft, teils entlassen.

Der Grund: In ideologisch oder formal starren Blättern gibt es keine Opposition. Selbst wenn einige andere Stimmen noch möglich sind (meistens werden sie als Kolumnisten eingekauft), spielen sie keine Rolle. So wie es nicht darauf ankommt, wohin sich die Passagiere bewegen, wenn der Zug in eine Richtung fährt.

Eine kluge Zeitung, eigentlich jede mit Format, zeichnet sich fast definitionsgemäß dadurch aus, dass in ihr möglichst viele Angestellte immer wieder in Opposition gehen: Das garantiert ihre Weite, ihre Neugier, ihre Entwicklung. So sind etwa berühmte bürgerliche Blätter nie durchgehend bürgerlich: die *Frankfurter Allgemeine Zeitung* etwa leistet sich ein meist linksliberales, verspieltes Feuilleton; die *NZZ* einen oft unideologischen Auslandsteil. Auch linke, ernsthafte Zeitungen wie der *Guardian* oder die *Tageszeitung* leisten sich einen deutlich unernsteren Teil 2. Nicht ohne Grund sind in allen Weltzeitungen das Klima, die Dogmen, der Stil von Ressort zu Ressort sehr verschieden.

Das ist keine wirkliche Überraschung. Denn in den Bürotrakten des Journalismus herrscht ein ewiges Zwielicht. Selbst scharf getrennte Gegensätze – wie etwa Opposition oder Opportunismus – sind im Licht des Halbschattens keine mehr. Sie bedeuten dasselbe.

7.4 Die Pflicht zur Größe
Warum man sich nicht in der Provinz hängen lassen sollte

Es gibt zwei Zitate aus dem Film *Les enfants du paradis,* die in jeder Redaktion hängen sollten.

Das erste sagt die Figur des Frédérick, als er noch als Pantomime arbeitet: »Wie, was – wieso soll ich Pantomime spielen, wenn ich doch ein Orchester in der Brust habe?«

Das zweite Zitat äußert der Dandy und Verbrecher Lacenaire, nachdem er einen Grafen im türkischen Bad erstochen hat. Er wendet sich an seinen Komplizen Avril und sagt: »Mein lieber Avril, das Spiel ist aus. Ich glaube, es ist besser, wenn du einige Zeit aus Paris verschwindest. Denn ich für meinen Teil kann es mir nicht leisten, mich in der Provinz hängen zu lassen.«

Worauf er sich mit einem bösen Lächeln der Polizei ausliefert.

Frédérick und Lacenaire haben recht: Im Journalismus gibt es die Pflicht zur Größe. Falls Ihnen also Ihre Karriere lieb ist, setzen Sie auf große Artikel, große Themen, große Gegner. Und vermeiden Sie kleine.

In Redaktionen tobt ein ewiger Kampf: Was tun, um Lesernähe zu erreichen? Eine Standardmethode, sich diesen zu nähern, sind die Ärgernisse des Alltags. Soll man mitschimpfen? Also Artikel darüber veröffentlichen, dass Hunde ein bösartiges Wesen haben, Kinderwagen die Trams verstopfen, Raucher stinken, Handys nerven, Jogger scheußliche Kleidung tragen, Mütter Kleinkinder verhätscheln, Balkongrillen wie eine Rauchbombe für die Nachbarn ist?

Das starke Argument für solche Artikel ist, dass sie gelesen werden. Und Fluten von Kommentaren erzeugen. Das nennt die Redaktion dann: Eine Debatte auslösen.

Meine Empfehlung ist hingegen: Nein. Tun Sie so etwas nie.

Zwar zünden diese Themen wie ein Strohfeuer. Doch im Kern beruhen sie fast alle auf einer Niedrigkeit – meist einer Gruppe. Diese Niedrigkeit pflanzt sich dann zuverlässig in der Debatte fort: Es wird hin und her beleidigt. Die Kommentarspalte füllt sich mit einer Kette von kleinen Geschwüren.

Die eigentliche Verpflichtung zu Größe, ja Großzügigkeit liegt im Medium, das Sie gewählt haben: dem Schreiben. Schreiben ist nicht Leben. Es ist die überarbeitete, weniger langweilige, weniger verwirrte Variante davon.

Was immer in Ihrer Bibliothek steht, fast alles hat einen schärferen Blick und ein weiteres Herz als der Alltag. Das ist der Sinn des Buchs: der Filter. Die Möglichkeit, Dinge sehr genau zu sagen. Und deshalb mehr zu riskieren, als man es im Leben tun würde: mehr Klarheit, mehr Frechheit, mehr Gefühl, mehr Logik, mehr Freundlichkeit. Jedes gelungene Buch ist ein kleines Wunderwerk aus Kontrolle und Kühnheit.

Dasselbe gilt auch – ein wenig abgeschwächt – für den Journalismus. Mit der Wahl des Mediums Schrift hat man sich im Kleingedruckten zur Größe verpflichtet: zur Weite des Horizonts und des Kopfes. Wer dieses Kleingedruckte nicht einhält, wird vertragsbrüchig. Als Strafe auf den Bruch dieses Vertrags steht automatisch der Tod: zwar nicht der des Autors, aber der seines Artikels.

Zugegeben, das war etwas viel Pathos. In der Praxis ist Größe nichts besonders Aufregendes, sondern gehört zum Handwerk. Wie der Büroangestellte den Anzug, legt man sich als Journalist vor der Arbeit etwas Größe an. Das fühlt sich so spektakulär an wie eine Krawatte. Auch diese schützt im Büro und würgt einen auch ein wenig.

Im Grunde genügt ein Set von Faustregeln:

1. Seien Sie bei den großen Themen Ihrer Zeit dabei. Wenn Sie schon Journalismus machen, dann nicht in der Provinz.
2. Die großen Storys finden Sie dort, wo Sie etwas nicht verstehen. Das ist fast immer der Kern der Sache.
3. Das gilt besonders für Dinge, wo alle so tun, als würden sie sie verstehen. Wenn Sie etwas nicht verstehen, sind Sie selten allein.
4. Suchen Sie routinemäßig das Weite, bevor Sie schreiben. Recherchieren Sie die Vorgeschichte (bei fast jedem Artikel), die Gegenargumente (bei Analysen), die Umstände (bei Porträts), die Alternativen (bei Handlungen), die Haken (bei Einfachem), die Formel (bei Komplexem).
5. Lassen Sie sich nicht in einem Fachgebiet einsperren: in Politik, Wirtschaft, Kultur oder Lokales. Die kompletten Storys finden sich oft im Niemandsland zwischen den Ressortgrenzen. »Die Folgen liest man im Politischen, die Verbrechen im Wirtschaftsteil«, schrieb Otto Jägersberg.
6. Im Zweifelsfall sehen Sie eine Nachricht, eine Person, ein Buch immer als Symptom: als Teil von etwas Größerem. Schreiben Sie nicht nur über einen Manager, sondern über die ganze Kaste, rezensieren Sie kein Buch, sondern die Zeit, schreiben Sie keine Nachricht, sondern die neueste Variante eines uralten Dramas.
7. Sind Sie fertig mit der Recherche, fragen Sie sich ehrlich, was Sie an der Sache interessiert. Schreiben Sie das. Und alles andere nicht.
8. Verschwenden Sie Ihr Thema nicht, wenn es gut ist. Seien Sie widerlich, nerven Sie alle Kollegen, und verlangen Sie so viel Platz wie möglich.
9. Bei Nebenbemerkungen oder Nebensachen fahren Sie nie

das ganze Arsenal auf. Es ist Small Talk, also schreiben Sie es wie Small Talk: verspielt oder gelassen. Keinesfalls ernst oder empört.

10. Gedanken, die fast alle teilen, sind es nicht wert, aufgeschrieben zu werden. Nur Holzfäller hauen in tiefe Kerben.
11. Greifen Sie keine kleinen Leute an.
12. Stellen Sie niemanden ausschließlich als Opfer dar. Nicht ohne Grund beleidigen heutige Jugendliche einander mit: »Du Opfer.«
13. Greifen Sie – wenn schon – große Leute an. Aber nicht ihre Wade. Kritisieren Sie sie nicht wegen Kleinkram, sondern wegen des Zentrums ihrer Tätigkeit: also Politiker wegen ihrer Politik, Manager wegen ihrer Entscheide, Schriftsteller wegen ihres Stils.
14. Gegner müssen Sie mögen wie sein Spiegelbild. Sonst finden Sie nie ihre Schwachpunkte heraus.
15. Beschreiben Sie niemanden ohne seine Umgebung: als einsamen Schurken oder Genie. Ein Mensch ist nicht denkbar ohne Herkunft, Milieu, Vorurteile und Vergangenheit.
16. Machen Sie nur selten Prognosen. »Ich begreife nicht, wie sich zwei Propheten auf der Straße begegnen können, ohne sogleich in lautes Gelächter auszubrechen«, schrieb Lichtenberg.
17. Seien Sie im Zweifel großzügig.

Kein Wunder, dass man bei dieser Menge an Regeln immer wieder scheitert. Doch das tut nichts zur Sache. Denn Scheitern bedeutet nur, dass ein Text widerstandslos in der täglichen Flut versinkt. Das Schöne an diesem Beruf ist: Nur die gelungenen Sachen bleiben im Gedächtnis. Zwar auch nur zwei oder drei Tage, aber hey!

Professionelle Größe ist übrigens nichts Stabiles. Sie ist alles Mögliche – ein Businessanzug, eine Haltung, ein Prozess –, nur eines ist sie nie: ein Zustand.

7.5 Mut im Büro

Just give a damn!

Einer der peinlichen Momente im Journalismus ist, wenn Leser einem zu seinem Mut gratulieren. Verblüffenderweise geschieht das fast immer dann, wenn man breit Akzeptiertes schreibt: etwa böse Kommentare zu Banken, Managern oder Bankgeheimnis. Vor zehn Jahren, als derartige Kommentare noch umstritten waren, klang das Echo anders. Damals war das Publikum gespalten. Die erzürnte Hälfte warf einem Absurdität vor. Und auch bei der einverstandenen Hälfte lag Zweifel in der Stimme.

Doch heute reicht die Skepsis gegenüber Banken und Managern bis tief in bürgerliche Kreise. Wenn man heute einen Artikel schreibt, hat man am nächsten Tag unter Garantie ein, zwei pensionierte Anwälte oder sogar Banker am Draht, die einem zu dem Mut gratulieren, den man dazu nicht mehr braucht.

Die Anrufer irren vor allem in einem: Mut hat im Büro nichts zu suchen. Zumindest nicht im Journalismus. Der Grund ist einfach: Mut bedeutet Überwindung, Entscheidungen, Kampf, also Aufwand. Und diesen täglich nach dem Morgenkaffee aufzubringen, wäre unpraktisch.

Es muss ohne Mut gehen – auch für Feiglinge wie Sie oder mich. Das heißt: Man braucht eine klare Haltung (→ Kap. 6.3). Im Fall des Journalismus genügt es, ein paar wenige Punkte genau durchzudenken.

Angenommen, Sie würden bei heiklen Themen, Plänen, Urteilen an die möglichen Nachteile denken – für Ruf, Bequemlichkeit oder Karriere: Was würde passieren?

1. Die Arbeit würde kaum noch Spaß machen. Sie wären ein Spielball Ihrer Ängste.
2. Sie wären auch Spielball aller möglichen Leute. Und Sie können Gift darauf nehmen, dass selbst größte Konzessionen die Sympathie Ihnen gegenüber nicht steigern würden. Man würde nur den Respekt vor Ihnen verlieren. Gegen einen Spielball wird getreten. (Das gilt nicht nur für nachgiebige Redakteure, sondern auch für nachgiebige Zeitungen.)
3. Das Allerwichtigste jedoch: Sobald Sie sich zensieren, verkleistern Sie Ihre Wahrnehmung. Und diese – so verblüffend unvollständig sie funktioniert – ist in diesem Beruf alles, was Sie haben. Sie ist Ihr Werkzeug, Ihre Waffe, Ihre Ware. Sie können sich nicht leisten, sie zu sabotieren. Zu keinem Preis.

Das sind auch die Gründe, warum Kompromissartikel fast immer schlecht geschrieben sind. Gore Vidal definierte Stil einmal mit dem Satz:»Style is knowing who you are, what you want to say and not giving a damn.«

Zu wissen, wer man ist und was man sagen will, ist Arbeit genug. Beschleicht einen dabei die Furcht vor den Konsequenzen, sollte man folglich versuchen, nicht daran zu denken. Und wenn man es trotzdem tut, keine Mutfrage daraus zu machen. Sondern sich automatisch zu sagen: zur Hölle damit.

Um dann ungerührt hinzuschreiben, was man sieht. Oder genauer: Was man gesehen zu haben glaubt.

Damit ist alles Wichtige gesagt. Aber noch nicht alles weniger Wichtige:

- Wenn Sie neu in eine Redaktion kommen, fangen Sie im Zweifel nicht vorsichtig an. Machiavelli riet, seine Grausamkeiten alle am Anfang zu begehen. Und dann milder zu werden. Zeitungen als Routinemaschinen funktionieren über Gewohnheiten. Wer drei Artikel zu Hunden schreibt, gilt fortan als Hundespezialist. Und ist es nach dreißig weiteren Artikeln wirklich. Und wenn Sie mit den ersten drei kontroversen Artikeln durchkommen, ist der Ton etabliert. Alle werden sich fragen: Darf der das? Und sich sagen: Er durfte es drei Mal, also darf der das. Diese Strategie ist weit risikoloser, als nach einer Kette von Harmlosigkeiten eine einsame Kühnheit zu wagen.

- Irritierenderweise führt serielle Frechheit mit der Zeit dazu, dass Sie sogar von Ihren Opfern geschätzt werden. Meist dann, wenn Sie auch über mehrere Konkurrenten des Opfers Frechheiten geschrieben haben (→ Kap. 7.2).

- Natürlich werden Sie nicht immer so billig davonkommen. Sie werden auf Gegenfeuer stoßen. Und von Zeit zu Zeit auch einen Schuss kassieren. Mal zu Unrecht, mal zu Recht und oft in Nebendingen. Ärgern Sie sich dann nicht zu sehr. Analysieren Sie, warum die Schweinebacken es geschafft haben, Ihnen eins aufs Fell zu brennen. Knurren Sie einen Fluch. Dann denken Sie an die vielen Male, bei denen Sie unverdient entwischten. Und arbeiten friedlich weiter.

- Zu echter Furcht besteht wenig Anlass. Journalisten sind eine spottlustige, raue, aber letztlich freundliche Bande. Vielleicht nur, weil sie so vergesslich sind, aber immerhin. Bis auf wenige Erzfeindschaften gilt die Branchenregel: Pack schlägt sich, Pack verträgt sich. Selbst die Leute, die die gefälschten Hitler-Tagebücher und Hollywood-Interviews veröffentlichten, erhielten eine zweite Chance.

- Eine der unpraktischsten Haltungen, die Sie sich zulegen können, ist die des Boxers mit Glaskinn. Als die *NZZ* nach Jahren des Schweigens einen doppelseitigen Verriss seines Werks geschrieben hatte, weinte der große Reporter Niklaus Meienberg drei Tage lang. Statt sich zu sagen: Noch nie zuvor hat die *NZZ* einen Schriftsteller auf einer Doppelseite verrissen. Aber Meienberg wollte vom Establishment, das er angriff, geliebt werden. Das war kein weiser Wunsch.

- Jammern Sie nie. Es gibt im Journalismus nichts Peinlicheres als Papiertigerjäger. Die Leute, die dieses Spiel systematisch betreiben, sind etwa die Kämpfer gegen die politische Korrektheit. Sie veröffentlichen meist gezielt Verletzendes, und beim ersten Ärger schreien sie: Zensur. Gibt es keinen Ärger, machen sie weiter, bis es welchen gibt. Dann klagen sie über Moralkeulen, Denkverbote oder Zeitgeist. Und preisen den Ärger als Beweis des eigenen Muts. Als hätten nicht seit jeher dumme Grobheiten dumme Grobheiten hervorgebracht.

Sparen Sie sich Ihren Mut für Dinge auf, bei denen Sie ihn wirklich brauchen: in der Liebe, in der Freundschaft, vor dem Rasier- oder Schminkspiegel. Denn dort müssen Sie sich früher oder später Ihrer Furcht stellen und können ihr nicht mit dem automatisierten Fluch antworten: Zum Teufel damit.

Aber in der Redaktion können Sie das. Und das macht das Berufsleben gelegentlich so erholsam.

7.6 Die Korruption des Geschäftsmodells
Die Frage ist nicht, ob Journalisten bestechlich sind.
Sondern, von wem

Ein Abendessen. Eine Indiskretion. Ein Warenmuster. Zwei Tickets. Drei Tage Côte d'Azur. 550 oder 400 000 Franken. Was ist Ihr Preis?

Womit, von wem und in welcher Höhe will ich bestochen werden? Es lohnt sich, ernsthaft über diese Frage nachzudenken. Immerhin ist Journalismus Schreiben gegen Geld. Und die berühmteste Definition von Pressefreiheit stammt von Hunter S. Thompson: »Free Food. Free Drinks. Free Press.«

In den letzten Monaten wurde in der Branche ziemlich viel über Bestechlichkeit nachgedacht. Aus aktuellen Anlässen:

- Der *Sonntag* enthüllte, dass der Veranstalter für ein Treffen von Journalisten mit Tourismusvermarktern ein Kuvert mit 500 Franken beilegte. Einige, etwa der *Bund*-Chef, wiesen das Geld sofort zurück. Andere, etwa die Teilnehmer der *NZZ* und der *SonntagsZeitung*, taten dasselbe, aber erst, als der Fall publik wurde.
- Der *Walliser Bote* veröffentlichte gleich selbst ein Inserat, in dem er seine Mitarbeiter als PR-Leute anpries.
- Beim Ringier-Verlag unterschrieb Fußball-Nationaltrainer Ottmar Hitzfeld für – wie man las – etwa 400 000 Franken einen Beratervertrag. Das, wie alle Seiten beschworen, »natürlich« ohne jeden Einfluss auf die Berichterstattung. Weder würden Ringier-Journalisten nun freundlicher schreiben, noch würde Hitzfeld ihnen Informationen stecken.
- Angeblich ist es ein ungeschriebenes Gesetz, dass in manchen

großen deutschen Zeitungen Bücher von Verlagen bevorzugt besprochen werden, die regelmäßig Inserate schalten.

Auffallend an diesen Fällen ist, dass die Bestechungsversuche (außer im Fall des Tourismusberaters) nicht von irgendwelchen Warenverkäufern ausgingen. Auch nicht von den Journalisten. Sondern von deren Arbeitgebern, der Verlagsetage. Das Geld wird knapper; man sucht neue Geschäftsmodelle.

Die Geschäftsmodelle im Journalismus aber haben alle eine charakteristische Gemeinsamkeit: Sie kollidieren miteinander. Printauflagen leiden unter dem Online-Gratisangebot, die Online-Reichweite unter der Bezahlschranke. Und der Verkauf von Aufmerksamkeit an die Werbung kollidiert mit der Glaubwürdigkeit, die man seinen Lesern verkauft.

Was das neue Geschäft ist, weiß niemand. Schon in den alten, fetten Zeiten war der Mix kompliziert: Man verkaufte die Zeitung an die Leser und die Leser an die Werber. Dieser Mix wird nun noch komplexer: Printabonnements, Online-Reichweitewerbung, Digitalabonnements. Die richtige Mischung kennt keiner. Es ist nicht einmal klar, was davon in zehn Jahren das Hauptgeschäft ist.

Die Hochzeit von Geldmangel und unklarer Zukunft ist nicht gerade die perfekte Kinderstube für Charakterfestigkeit. Und wenn man die Zahlen kennt, kann man den Zeitungskonzernen nicht einmal einen großen Vorwurf machen, Geldquellen zu suchen. Die Werbeeinnahmen der US-Presse sind seit 2000 auf ein Drittel gesunken und stehen heute auf dem Stand von 1950.

Im Prinzip gibt es drei verschiedene Strategien:

1. **Man öffnet den gesamten Verlag für den Warenverkauf.** So etwa Springer und Ringier, die stolz darauf sind, die »gesamte Wertschöpfungskette« zu bedienen. Also etwa einen Star zu managen, Konzerte zu veranstalten, Tickets zu ver-

kaufen, über den Star zu schreiben. Und daneben noch Reisen und Gemüseraffeln an den Leser zu bringen. Der Nachteil dieser Methode ist offensichtlich: Gähn. Aber auch: Beiß. Denn die Langweile, die routinierte PR zwangsläufig verbreitet, muss durch Härte anderswo ausgeglichen werden. So ist in der Schweiz etwa der *Blick* – früher oft eine hellwache Zeitung – als politische Stimme tot: Neben den Nachrichten über die üblichen Ringier-Prominenten bleibt dem Leser nur ein Fachblatt für einheimische Kriminalität. Schleim wird mit Blut gepfeffert.

2. **Dem Kaiser geben, was des Kaisers ist – und im Übrigen seinen Job tun.** Diese Strategie versucht, kleine Paradiesinseln für positiven Nonsens zu schaffen, der Werbung anzieht. Das wären typischerweise die Stil-, Trend- oder Uhrenbeilagen. Oder Beauty-, Wohnen- oder Wellness-Ressorts. Alle fast unlesbar, aber prächtig bebildert. An sich ist das die perfekte Lösung.

Das Problem ist, das Paradies so unter Kontrolle zu halten, dass es nicht wuchert. Etwa in einigen Sonntagszeitungen, bei denen die Doktrin herrscht, dass in den hinteren Bünden (Kultur, Leben, Stil etc.) *nichts Negatives* vorkommen darf. Also etwa keine Buch- oder Filmverrisse. Weil der Leser am Sonntag angeblich nichts Negatives schätzt. (Und der Werbekunde auch nicht.) Die Lektüre dieser Sorte Zeitung führt daher oft zu dem Gefühl, das man im Winter vor dem Kamin hat, wenn einem der Bauch gebraten wird und der Rücken erfriert: Vorne kalte, aggressive News, hinten die Nivea-Welt.

3. **Die Werbung weitgehend dorthin wandern zu lassen, wo sie hinwill: zu Google ins Netz.** Als Test für die Unbestechlichkeit einer Zeitung kann der Ton im Umgang mit den für sie mächtigsten Institutionen des Landes gewertet werden. Nein, nicht mit Politik oder Hochfinanz. Sondern mit den

bedeutendsten Inserenten, in der Schweiz Migros und Coop. Wo über diese beiden Unternehmen auch kritische Artikel erscheinen, wo nicht regelmäßig lange, ergebene Interviews mit deren Chefs kommen, da herrscht noch Autonomie der Redaktion.

Der Haken bei der Freiheit ist die Finanzierung. Waren vor zwölf Jahren noch Zeitungen zu achtzig Prozent von der Werbung bezahlt und zu zwanzig Prozent von den Lesern, so steht heute das Verhältnis bei 50:50. Bei 0:100 würde eine Zeitung ihren Käufer fast so viel kosten wie ein Taschenbuch.

Das heißt: Um gekauft zu werden, muss diese Sorte Zeitung verdammt gut sein. Und deshalb auch teuer gemacht. Und auch teuer verkauft. Und – wegen des Auflagenschwunds bei höheren Preisen – tendenziell immer noch teurer und noch besser gemacht werden, um sich noch teurer zu verkaufen. Ein Teufelskreis, der, zu Ende gedacht, bei der *Basler Zeitung* endet: Ein Milliardär kauft sich eine Zeitung, die er dann allein liest.

Kurz: Die Zukunft wird kompliziert. Die vernünftigste Strategie wird bei einer Mischform von Modell zwei und drei liegen. Um eines aber wird man in der Branche nicht herumkommen: um komplexe, hybride, also schmutzige Lösungen.

Und auch nicht um die Frage, welche Bestechung man annehmen will, unter welchen Bedingungen, und von wem. Diese klingt zwar auf den ersten Blick anrüchig. Ist sie aber nicht, denn totale Unbestechlichkeit ist ein Privileg der Jugend, der Reichen und der Einsamen. Eine Zeitung mit ihrem traditionell komplexen Geschäftsmodell arbeitet aber in einem Gewimmel von Menschen: Lesern, Werbern, Reportern, Chefs, Verlegern, Aktionären, Politikern, Informanten, Anwälten, Firmenbossen. An einem Tag gibt sich hier die halbe Welt die Klinke in die Hand.

Deshalb gehört für Journalisten die Frage seit jeher zum Alltag, wo man Deals machen will, wo Kompromisse eingehen – und wo nicht. Genau wie im Leben, wo man auch von einem geraden Kind zu einem widersprüchlichen Etwas heranwächst, was Ringe um den Bauch, scharfe Kanten im Gesicht und massenweise Kompromisse am Hals hat.

Die kaltblütige Frage, welche davon noch zu rechtfertigen sind und welche nicht in die Tüte kommen, also die Frage nach der eigenen Bestechlichkeit, ist die Frage jedes erwachsenen Menschen.

7.7 Die Korruption privat
Welches ist Ihr Preis?

Noch einmal: Ein Abendessen. Eine Indiskretion. Ein Warenmuster. Zwei Tickets. Drei Tage Côte d'Azur. 550 oder 400000 Franken. Was ist Ihr Preis?

Das wurde zwar schon im vorigen Kapitel gefragt, nur zweigte der Text dann in Richtung Geschäftsmodell ab. Die Frage nach der persönlichen Bestechlichkeit blieb unbeantwortet.

In den guten, schlechten alten Zeiten, als es noch keine Monopolblätter gab, war die Sache noch gemütlich. Ich war Volontär beim *St. Galler Tagblatt* und machte dort die viertklassigen Anlässe: Pressekonferenzen des lokalen Einkaufscenters, Vernissagen, Vorträge. Wobei ich jedes Mal auf die Kollegen der Konkurrenzblätter traf. Diese sahen, Mann oder Frau, verblüffend gleich aus: enorme Bäuche und Nasen. Mit der einen Hand griffen sie nach dem Weißwein, mit der anderen nach dem Lachsbrötchen und mit der dritten unterstrichen sie die Passagen im Pressetext, die sie danach abschreiben würden.

An mehr erinnere ich mich nicht: Durch die zwei, drei Pressetermine pro Tag war ich damals zuverlässig betrunken. Es war eine Zeit, als Journalisten noch Respekt erhielten: An Gemeinde- oder Gewerbeversammlungen wurden die Namen der anwesenden Journalisten samt Zeitung verlesen. Dann stand man auf, verbeugte sich, und der Saal applaudierte. Und jemand füllte einem immer das Glas nach.

Aus dieser Zeit stammt auch der Traum, einmal für ein Jahr als Auto-Journalist zu arbeiten: Einladung von Mercedes oder weiß Gott wem zu Testfahrten in Südspanien, fünf Tage lang bonbonfarbene Drinks und langbeinige Menschen, die einem Hochglanzprospekte des neuen Modells zwecks Abschreiben überreichen. Wahrscheinlich bleibt der Traum Traum. Erstens hat heute die Autoindustrie weniger Geld. Zweitens sollte ich zuerst einmal den Führerschein machen.

Außerdem stellte ich bedauernd fest, dass Luxus auf Recherchereisen völlig verschwendet ist. Egal, ob in einem Viersternehotel oder einer Jugendherberge, das Gefühl ist immer gleich: dass man das Falsche gesehen, die Interviews vergeigt, das Wichtigste verpasst hat – und gerade jetzt wieder verpasst, wo man seine Krawatte auf das Hotelbett wirft. Wenn das Gefühl Unfähigkeit ist, ist dir die Unterkunft egal.

Die Hauptquelle sanfter Korruption im heutigen Journalismus ist nicht mehr Gemütlichkeit. Sondern ihr Gegenteil: das Fließband. Also das schnelle Übernehmen von Kommuniqués, die Instant-Interviews mit Experten, Politikern, Firmenleuten, das Copy-and-Pasten. Seltsamerweise ist dies weniger ärgerlich für das Publikum als für den Journalisten. Denn, wie mir ein Gewerkschaftsprofi sagte, würden etwa die vor Verhandlungen üblichen Vorwürfe an eine Firma, die fast wortgetreu von der Presse übernommen werden, vom Publikum nur flüchtig gelesen. Die wirkliche Bedeutung hätten sie nur für den Absender und den Adressaten. Diese beiden nähmen das Publikum ernst.

Während als Artikel getarnte Produktwerbung, wie mir ein PR-Agent sagte, sich auf den Verkauf selbst kaum messbar auswirkt. Aber umso mehr auf die Stellung des Agenten selbst: Weil die Firmen und ihre Bosse alle positiven Publikationen über sich höchst wichtig nähmen.

Kurz: Der Hauptbetrogene ist nicht einmal das Publikum, das nur flüchtig hinsieht. Sondern der Journalist. Deshalb, weil er – unter Zeitdruck – Irrelevantes tut.

Die Folgerung: Nichts gegen Tempo, wo es sein muss. Aber man sollte sein Fließband bremsen, wo immer es geht.

Zurück zur Ausgangsfrage: Was also ist Ihr Preis? Sagen Sie nicht: »Ich habe keinen.« Völlig Unbestechliche sind für diesen Beruf kaum geeignet. Schon, weil alles Interessante in der Grauzone passiert. Etwa bei Informanten. Für jede Recherche braucht man Köpfe im Hintergrund: Tippgeber, Experten, Sympathisanten. Und diese wollen von Ihnen dasselbe wie Mercedes oder das Einkaufscenter: nette Worte über sich selbst. Und nach Möglichkeit nur Boshaftes über die Konkurrenz.

Hinter fast jeder Enthüllung, die Sie lesen, steht jemand, der gepetzt hat. Und das selten aus reiner Wahrheitsliebe. Wie weit also gehen? Kommt drauf an, wie sehr Sie Schlagzeilen oder Genauigkeit lieben. Oder Menschen. Denn Bestechlichkeit ist auch eine große Tugend, gerade bei Journalisten: Nur Taube reagieren unerschütterlich auf Charme, nur Verbohrte ziehen ihre Vorurteile überraschenden Ideen vor, nur Herzlose lassen sich nicht bestechen von der Angst und Hilflosigkeit eines Gegenübers. Und zur Hölle damit: Gerechtigkeit ist nicht nur nicht herstellbar, sie wäre auch grausam. Es wäre eine finstere Welt, wenn alle nur das bekämen, was sie verdienen.

Zur Frage der Käuflichkeit also ein deutliches, dezidiertes Ja. Einfach deshalb, weil diese Haltung wacher macht. Sie werden sowieso immer alles prüfen müssen. Nicht zuletzt sich selbst.

Festzulegen bleibt nur noch der Preis: Wie viel? Und vor allem die Währung: Wollen Sie Luxus? Respekt? Wenig Ärger? Exklusivinformation? Bestätigung der eigenen Irrtümer? Neue Ideen? Das Gefühl von Wichtigkeit, wenn Sie ein Prominenter anlächelt? Oder den Eishauch der Macht, wenn ein anderer vor Ihnen zittert? Was genau ist Ihr Preis?

Sie entscheiden das. Aber wählen Sie weise! Truman Capote etwa verlor nach dem Vorabdruck seines Schlüsselromans *Erhörte Gebete* seine Freunde unter den oberen Zehntausend. Er kommentierte den Verlust todunglücklich, aber mit dem stolzen Satz:»Wen zum Teufel, haben die gedacht, haben sie eingeladen? Einen Schriftsteller.«

7.8 Erfolgsrezepte
Was, wenn man Erfolg hat?

Früher, bei Partys und Podiumsdiskussionen, lungerte ich herum und sah mir die erfolgreichen Vertreter meines künftigen Berufs an. Meist waren es energische Herren, schon etwas aus dem Leim. Bei den meisten dachte ich, dass sie zu Unrecht auf ihrem Posten saßen. Aber trotzdem war ich überzeugt, dass sie etwas entdeckt hatten: ein Geheimnis, das ich noch nicht geknackt hatte.

Heute, bereits etwas aus dem Leim und nach einigen Erfolgen, weiß ich: Nein, es gibt kein Geheimnis. Erfolg ist eine überschätzte Sache.

Im Prinzip gibt es dazu nur Folgendes zu sagen:

1. Der einzige vernünftige Grund, warum man Erfolg haben sollte, ist, weil er zum Beruf gehört. Journalismus zielt auf Aufmerksamkeit. Von Zeit zu Zeit muss man das Publikum hinreißen. Sonst macht man seinen Job nicht richtig.
2. Welcher Artikel zündet und welcher versinkt, ist nicht vorherzusagen. Es werden nie die schlechtesten populär, aber oft auch nicht die besten. Denn Erfolg ist nicht die Sache des Artikels, nicht des Autors, sondern die der Leser.
3. Vielleicht ist Erfolg deshalb eine Enttäuschung: Er hat fast nichts mit einem selbst zu tun. Denn Erfolg ist akzidentiell. Er ist eine Zutat, die nicht in der Arbeit selbst steckt. Im Grunde zieht man als Journalist mit jedem Artikel ein Los. Die meisten sind Nieten. Mit anderen gewinnt man ein großes oder ein kleines Echo.
4. Junge und hungrige Leute wundern sich manchmal, wie die

Bande von älteren Herren und Damen an die Schaltstellen gekommen ist. Besonders, da diese nicht unglaublich begabt wirkt. Doch ihr Aufstieg geschah ganz harmlos. Die Leute, mit denen man mit Anfang zwanzig Billard spielt oder Bier trinkt, sitzen mit dreißig in irgendwelchen Sesseln. Und mit vierzig ist es von großem Vorteil, sie anrufen zu können und »Du« sagen zu können. Eine ganze Generation steigt hoch, wie der Schimmel im Abwasch eines Junggesellen. Der beste Satz, den man Jugendlichen zu Theorie und Praxis der Karriere sagen kann, ist: Wart mal.

5. Als junger Mensch denkt man, es wäre großartig, geehrt zu werden. Dabei sind Ehrungen nur eine neue Sorte Frechheit: Jeder kann einem dann auf die Schulter klopfen, auch Leute, mit denen man nichts zu tun haben will. Protest ist albern, er klänge viel zu arrogant. Gegen Beleidigungen und Angriffe kann man sich wehren. Gegen Umarmungen nicht.

6. Erfolg bringt erstaunlich viel Verwaltungsarbeit mit sich. Landet man einen Hit, muss man sich vor einer ganzen Menge Leute zurückverbeugen. Bei der wirklichen Arbeit hilft er dagegen nicht: Man sitzt beim nächsten Auftrag genauso ratlos vor dem Papier. Wenn man Pech hat, versucht man, etwas Geniales zu schreiben, statt zur Sache. Und fällt garantiert auf die Nase.

7. Doch das Allertraurigste am Erfolg ist: die Abwesenheit des Geheimnisses. Sicher, als junger Hochstapler, als man noch täglich seine Entlarvung fürchtete, hielt man die Generation an der Macht zwar für alte Säcke. Aber man glaubte, sie habe einen Qualitätssprung gemacht. Einen Moment der Erkenntnis, wo die Verwandlung zu Kompetenz und Seriosität passiert. Heute weiß man, dass man diesen Sprung nie tun wird. Man stapelt noch immer hoch. Nur wird man nie entlarvt werden. Denn erstens haben sich die Leute an dich gewöhnt. Und zweitens: Die stetige Angst vor der Entlarvung – das ist die Seriosität.

Das Gute an all dem Mangel an Glamour ist: Man muss sich im Leben um ziemlich viel kümmern (die Körperpflege, die Laune, die Haltung, das Kind, die Einkäufe, die Steuererklärung, das Aufpolieren des Verstandes, die Freunde), aber um eines nicht: den Erfolg. Er ist eine Art Grippe für Profis. Manchmal hat man ihn und manchmal nicht. Man sollte sich nicht groß Gedanken darum machen.

7.9 Trost
Drei Geißeln des Journalismus

Journalismus ist ein harter Job. Deshalb hier ein wenig Trost für drei unausweichliche Übel dieses Berufs: das Schreiben, das Geld und die Schande.

Das erste Übel: Schreiben. Ernsthaftes Schreiben bedeutet nichts als: immer wieder scheitern. Das Zweitscheußlichste daran ist die Einsamkeit in den Trümmern. Keiner sonst ist schuld, wenn Sie sich tief in den Morast geschrieben haben. Auch wenn Sie lange über mögliche Verantwortliche nachdenken, fällt Ihnen niemand ein als: die eigene Arroganz, die eigene Ideenlosigkeit, die eigene Verwirrung und Leere. Klar ist Ihnen nur eins: Heute ist der Tag gekommen, an dem Sie endgültig entlarvt werden. Dann folgt das Scheußlichste von allem: Gerade jetzt, wenn Ihr Selbstvertrauen nur noch aus einem gesichtslosen Etwas auf Knien besteht, müssen Sie den missratenen Text fertig schreiben. Denn sonst verlieren Sie Ihren Job.

Der Trost: Wenn Schreiben nicht eine derart verzweifelte, schmutzige, komplexe, das Selbstvertrauen sprengende Arbeit wäre, würden Sie dann noch auf Ihrem Sessel sitzen? Und nicht viel sympathischere Leute? Jüngere? Fröhlichere? Schönere? Und weit schlechter bezahlte?

Das zweite Übel: Geld. Trotzdem ist Ihr Gehalt nicht beeindruckend – in der PR würden Sie für weniger anstrengende Arbeit das Anderthalbfache verdienen, in der Bank das Doppelte.

Der Trost: Diese Rechnung vernachlässigt die verdeckten Zahlungen. Als ich in der *WOZ* knapp den Lohn einer Putzfrau verdient habe, rechnete ich wie folgt: Was, wenn ich meine Artikel als Inserat veröffentlichen müsste? Damals kostete eine Anzeigenseite rund 6 000 Franken. Bei einer Produktion von geschätzten drei Zeitungsseiten kam ich also auf ein verborgenes Zusatzeinkommen von monatlich 18 000 Franken oder 216 000 Franken im Jahr. Was mich auf Augenhöhe mit einem höheren Kader in Industrie und Verwaltung brachte.

Heute, beim *Tages-Anzeiger*, kostet eine Standardseite Inserat 26 840 Franken. Mein verstecktes zusätzliches Monatsgehalt beträgt dementsprechend 80 520 Franken, das Jahresgehalt 966 240 Franken. Damit stehe ich auf Augenhöhe mit dem CEO eines Industriekonzerns.

Das dritte Übel: öffentliches Versagen. Sie haben einen wichtigen Artikel verhauen und schleichen geduckt durch die Stadt. **Der Trost:** Die Strafe für einen miserablen Text ist so gut wie nie Schande. Sie ist das Gegenteil: sofortiges Vergessen. Ein unkonzentrierter, unklarer, unentschiedener Text verschwindet schon beim Lesen aus dem Kopf der Leser. Falls diese überhaupt zu Ende lesen.

Denn trotz allem gehört der Journalismus als kleine, flüchtige Schwester ins Reich der Literatur und der Kunst. Hier zählen missratene Dinge nur momentan; im Gedächtnis bleiben die Würfe. Deshalb lohnt sich jedes Risiko. Egal, wie viel schlechte Bücher, Platten, Filme jemand produziert: solange auch nur etwas richtig Gelungenes darunter war, bleibt das.

So geht es auch Journalisten. Ein schlechter Text ist nach vier Minuten vergessen, ein guter nach vier Tagen, ein großer Wurf nach vier Wochen. Das ist zwar keine Ewigkeit. Aber auch der Journalismus lebt im Reich der Gnade, wenn auch nur kurz. Dort, wo die Hässlichkeit keinen Schatten mehr wirft, weil nur das Strahlende zählt.

8
Die Leser

8.1 Was Leser beim Kaffee erwarten
Warum man in Tageszeitungen schreiben sollte

Oft heißt es, wer etwas wilder schreibt, sei in Büchern oder Magazinen besser aufgehoben als in einer Tageszeitung. Ich glaube das nicht.

Auf den ersten Blick spricht wenig dafür. Wäre die Tageszeitung eine Droge, wäre sie ein Beruhigungsmittel. Du hast geschlafen, bist noch nicht wach, hast den uralten Verdacht, dass die Welt sich während deines Schlafs verändert hat, und dann kommt die Morgenzeitung. Und egal, welche Schlagzeilen drinstehen, sie hat immer denselben Aufbau: Titel, vier Seiten Inland, drei Seiten Ausland, Kehrseite, Lokalteil, Wirtschaftsteil, Kultur, Sport ... Und du bist beruhigt. Denn du weißt, dass die Welt sich noch im gleichen Rhythmus dreht. Denn vor dir liegen wieder vier Seiten Inland, drei Seiten Ausland und so weiter. Tom Wolfe sagte einmal: »Man steigt in die Morgenzeitung wie in ein lauwarmes Bad.«

Warum ist sie trotzdem ein perfektes Medium für etwas wilder geschriebene Texte? Der Grund ist – nun, lassen wir zunächst einen Klassiker reden (→ Kap. 3.7). Im Magazin der *Zeit* veröffentlichte Robert Gernhardt 1979 folgenden später berühmt gewordenen literarkritischen Beitrag:

Materialien zu einer Kritik der bekanntesten Gedichtform italienischen Ursprungs

Sonette find ich so was von beschissen,
so eng, rigide, irgendwie nicht gut;
es macht mich ehrlich richtig krank zu wissen,
dass wer Sonette schreibt. Dass wer den Mut

hat, heute noch so'n dumpfen Scheiß zu bauen;
allein der Fakt, dass so ein Typ das tut,
kann mir in echt den ganzen Tag versauen.
Ich hab da eine Sperre. Und die Wut

darüber, dass so'n abgefuckter Kacker
mich mittels seiner Wichserein blockiert,
schafft in mir Aggressionen auf den Macker.
Ich tick nicht, was das Arschloch motiviert.
Ich tick es echt nicht. Und wills echt nicht wissen:
Ich find Sonette unheimlich beschissen.

Die Leserreaktionen waren heftig. Gernhardt erhielt Briefe
wie: »Goethe ist tot! Schiller ist tot! Klopstock ist tot! Robert
Gernhardt lebt! Wozu?« Oder empörte Nachdichtungen, die
mit der Zeile endeten: »Ich finde Robert Gernhardt unheimlich
beschissen.«

Einer, der sich beklagte, war Walter Hedinger, ein Mann, der
im Hamburger Hafen gearbeitet hatte, aber selbst dort »nie derartige Gossenausdrücke« gehört haben wollte. Gernhardt
schrieb ihm zurück, mit den Ausdrücken im Gedicht habe er
nicht das Sonett, sondern die Szenesprache kritisieren wollen.
Worauf Hedinger einen bemerkenswerten Brief zurückschrieb,
den Gernhardt wie folgt zusammenfasste:

Er könne meine Entschuldigung nicht gelten lassen,
schreibt er, denn: »Der Leser der *Zeit* ist machtlos dem Sonett ausgeliefert und merkt erst beim Lesen, was er liest.«

Damit dürfte Walter Hedinger an das Geheimnis jeder Literatur gerührt haben: Solange das so bleibt, sollte
einem um die Zukunft dieser Kunst nicht bange sein.

Es ist auch der Grund, warum die Tageszeitung für auf ihre Wirkung bedachte Schreiber ein klügeres Medium ist als Magazine

oder Bücher. Wer ein Buch aufschlägt, erwartet heimlich immer große Literatur. Wer ein Magazin aufschlägt, zumindest gehobene Unterhaltung. Wer im Internet surft, erwartet alles. Wer eine Tageszeitung aufschlägt, erwartet – nichts. Er trinkt ganz harmlos seinen Kaffee und hat noch die Restblasen der nächtlichen Träume im Kopf.

Umso ungewappneter ist der Leser, wenn man ihm Exzentrisches, Persönliches, Ergreifendes, Schönes oder schlicht ein paar Frechheiten um die Ohren fetzt. Und sein laues Morgenbad von Satz zu Satz in eine unkontrollierbare Wasserrutschbahn verwandelt.

Natürlich können Sie jetzt sagen: Das sind leichte Siege perfider, zweitklassiger Guerilleros über völlig ungeschützte Leser. Natürlich haben Sie recht. Aber Spaß macht es doch.

8.2 Kurze Theorie des Publikums
Alles Bastarde?

Als Volontär im *St. Galler Tagblatt* spielte ich manchmal mit anderen niederrangigen Redakteuren eine Partie Darts. Das Dartbrett nannten wir »Der Leser«.

Wir warfen die Pfeile mit echtem Hass: mit voller Kraft und wenig Präzision. Der Hass hatte Gründe. Denn wann immer einer von uns von den Chefs zurechtgepfiffen, zusammengestaucht, umgeschrieben oder heruntergekürzt wurde, dann immer im Namen von ihm: »dem Leser«.

Der Leser war ein seltsames Wesen mit Doppelgesicht: Einerseits dumm wie die Nacht – sobald der Text nur etwas ironisch oder komplex wurde, verstand er ihn angeblich nicht. Andererseits war er findig wie ein Affe: Sobald ihn etwas um drei Ecken möglicherweise ärgern konnte, wurde es gestrichen. Kein Wunder, dass wir diesen stumpfen, spitzfindigen Bastard hassten.

Nur: Hatten die Chefs recht? Die Leserbriefe scheinen ihre Diagnose zu unterstützen. Fast neunzig Prozent der Leserbriefe funktionieren ziemlich simpel. Entweder: »Ganz meine Meinung – guter Artikel.« Oder: »Gar nicht meine Meinung – warum hat Ihr Chefredakteur Sie noch nicht gefeuert?« Oder im besten, sehr seltenen Fall: »Meine Meinung, von der ich zuvor gar nicht wusste, dass ich sie so hatte – hervorragender Artikel.«

Nach der Lektüre von über tausend Leserbriefen hat man den Eindruck, dass Leser ihre Meinungen wie unsichtbare Schwänze hinter sich herziehen. Tritt man auf sie, wird geschrien. Werden sie gestreichelt, bekommt man einen Liebesbrief.

Die Online-Kommentare klingen ähnlich, nur deutlich rauer. Die deprimierendsten darunter sind aber nicht die beleidigenden. Sondern die, die komplett vom Thema abschweifen – und einfach irgendetwas daherschreiben. Oft sieht der Kommentarthread aus, als hätte man in sein Wohnzimmer Betrunkene eingeladen.

Trotzdem glaube ich, dass meine früheren Chefs sich mit ihrer Theorie des Lesers fundamental geirrt haben. Der Fehler in ihrer Analyse liegt vor allem in der Ignoranz des Mediums, mit dem sie arbeiteten: der Schrift. Das Charakteristische an der Schrift ist, dass sie linear und logisch voranschreitet, dass aber niemand am Satzanfang sagen kann, was am Satzende kommt. Lesen ist ein ähnliches Vergnügen wie Achterbahnfahren: Man gleitet auf Schienen voran, und plötzlich geht es rund. Auf Vergnügen hat noch kein Mensch verzichtet, in dem noch ein Hauch von Kind lebt.

Das gilt für alle Leser: von Romanen wie Geschäftsberichten, von Anzeigen oder Tweets, Online- oder Printartikeln. Sie sind alle so ernst, neugierig und verführbar wie Kinder. Wirklich zu verärgern sind sie eigentlich nur durch eines: wenn sie unverführt bleiben.

Der Autor kann dabei mit sehr verschiedenen Ködern arbeiten. Der Trick mit Sex im Titel des Artikels etwa ist alt, reißerisch und billig, bleibt aber verkaufsfördernd (→ Kap. 7.1).

Das Messen von Klickzahlen ist eine großartige Errungenschaft des Online-Journalismus. Denn die Quote ergibt paradoxe Resultate. Das Reißerische zieht, aber auch Dinge, deren Erfolg zu Printzeiten kein Profi erwartet hätte. So hat etwa der Wirtschaftsblog »Never Mind the Markets« verdammt gute Zahlen, obwohl seine Autoren – Markus Diem Meier, Tobias Straumann und Mark Dittli – in Sachen Komplexität keine Kompromisse machen. Wie die Chefredaktion einmal zugab, hätten derartige Texte keine Chance auf Publikation gehabt, hätte man nicht die Klickzahlen gekannt. Niemand hätte geglaubt, dass Derartiges gelesen wird.

Das heißt:

1. **Leser lesen Reißerisches, aber auch das Gegenteil.** Leser lesen, was sie interessiert. (Und das kann überraschend sperrig sein. Mein im Netz erfolgreichster Artikel war ein mir völlig aus dem Ruder gelaufener Essay über amerikanische Politik von 15 000 Zeichen mit dem sehr unreißerischen Titel »Der rechte Abschied von der Politik« – über 14 000 Leute teilten den Link auf ihrer Facebook-Seite.)
2. **Der Erfolg eines Artikels oder eines Genres kann kaum vorhergesagt werden.** Der einzige Test dafür ist die Publikation.
3. **Für Pessimismus in Sachen Publikum gibt es keinen Anlass.** Dieses konsumiert manchmal Fast Food, manchmal Fünf-Gänger, mal Schrott und mal Kunst, so wie jeder vernünftige Mensch auch. Es ist nicht dumm, aber auch nicht beflissen bildungsbürgerlich. Es ist vital.

Warum aber dann der oft limitierte Ton in den Reaktionen? Warum wird in den Briefen ausgerechnet der allerbilligste Stoff im Journalismus gelobt oder getadelt – die Meinung? Und warum das aggressive Geraunze und Geschwafel online?

Ein wesentlicher Grund ist, dass – gerade im deutschen Sprachraum – Schreiben immer als Ausdruck des einzigartigen Charakters des Autors begriffen wurde. Als private Magie. Nicht als Handwerk. Selbst Schriftsteller haben selten eine Sprache dafür. Sie reden über alles, außer über die Entscheidungen im täglichen Job. Und ohne Ahnung vom Handwerk bleibt nur das Geschmacksurteil: Gefällt mir. Gefällt mir nicht. Und der logische Schritt zum Verursacher: Ein Typ, der so etwas schreibt, gefällt mir nicht.

Neben der ästhetischen fällt öfter auch die sachliche Debatte flach. Denn Leser haben Privatleben und Beruf. Also nicht die Zeit, ähnliche Recherchen wie ein Journalist zu machen. Kein Wunder, dass sie sich auf die Ebene begeben, die allen Menschen offensteht: die der Meinung. Denn Meinungen haben fast alle.

Auch die Aggressivität der Voten ist nicht unentschuldbar. Oft stellen wütende Leser die Legitimationsfrage: Warum darf der Trottel in einer Zeitung schreiben und ich nur Kommentare dazu? Von denen einige auch noch zensiert werden? Die Antwort ist für beide Seiten deprimierend: Ein Journalist hat dem schreibenden Amateur nur eines voraus: Jemand bezahlt ihn dafür. Geld ist der einzige Beweis, dass der eine ein Profi, der andere sein Kunde ist.

Kurz: Die Unsitten der Leser, ihr Gerauze, ihr Zweifel an dem Charakter des Journalisten, ihr Triumph bei jedem entdeckten Rechtschreibfehler – das alles ist nicht illegitim. Und auch nicht der Fimmel mit den Meinungen.

Trotzdem lässt sich aus dem Leserecho selten viel lernen, außer: Dieser Artikel hat gezündet, dieser nicht. Schlicht, weil die Kritik der Leser nur höchst selten den Kern der Arbeit trifft.

Was lässt sich daraus für die Praxis schließen? Folgendes:

1. Das Erfreuliche an der Unsicherheit des Erfolgs beim Schreiben ist, dass man die Frage ignorieren kann. Ihre Beantwortung lohnt sich nicht. Man wird es schon sehen: danach.

2. Der einzig maßgebende Leser bleiben somit Sie selbst. Nicht, weil Sie unfehlbar sind. Sondern weil es schlicht vernünftiger ist, mit einem Text zu scheitern oder zu reüssieren, den man auch schreiben will.

3. Falls Sie trotzdem ein Erfolgsrezept brauchen: Im Prinzip können Sie immer damit rechnen, dass Ihnen jemand zuhört, wenn Sie etwas zu sagen haben.

4. Setzen Sie dabei im Zweifel auf Kühnheit statt auf Routine. Denn Letzteres wird nie ein Publikum hinreißen. Jedes Publikum liebt Stunts: große Bögen, atemberaubende Recherchen, Angriffe auf Mächtige, Unerhörtes aller Art. (Auch, wenn Sie dasselbe Publikum in der Luft zerreißt, falls Sie scheitern.)

5. Jeder gelungene Text folgt dem Modell der Achterbahn. Da-

her gibt es nur zwei Pflichten gegenüber dem Leser. Erstens die Pflicht zur Klarheit. Denn niemand setzt sich in eine Achterbahn mit lottrig montierten Schienen. Sie haben die Pflicht zur Klarheit der Fakten, Gedanken, der Dramaturgie.

6. Diese Klarheit gilt übrigens nicht für die Meinung. Diese können Sie in der Schwebe lassen, wenn Sie den Rest vernünftig montieren. Denn wenige Fragen, Personen, Probleme sind wirklich eindeutig beschreibbar.

7. Was aber oft zur Klarheit gehört, ist die Vorgeschichte.

8. Die zweite Pflicht ist die der Überraschungen: egal, ob durch ein Bonbon, scharfe Schnitte, eine Erkenntnis, eine Volte, eine Ohrfeige: Ein Text, in dem nichts passiert, ist sein Eintrittsticket nicht wert.

9. Lesen Sie die Kommentare zu Ihren Artikeln wie ein Leser Ihre Artikel: Nehmen Sie daran – an Lob, an Tadel, an Ergänzungen – vor allem das wahr, was Sie interessiert. Und ignorieren Sie den Rest.

10. Bei sehr beleidigenden Kommentaren hilft das dritte Gebot allen Schreibens: »Es ist die heilige Pflicht jedes Schreibenden, Idioten zu ärgern.« Vergleichen Sie kurz Ihren Ärger bei der Lektüre des Kommentars mit dem Zorn seines Verfassers. Und Sie werden sehen: Der Saftsack hat sich über Sie noch weit mehr geärgert als Sie sich über ihn. Ätsch!

8.3 Geliebt werden
Wie verführe ich Menschen?

William Gladstone, Führer der Liberalen Partei und Premierminister im viktorianischen England, war ein strenger Moralist. Seine Antrittsvisite bei der Königin nutzte er, um ihr in einer langen Rede seine Royalismus-Prinzipien bekannt zu geben. Dann, bei den wöchentlichen Briefings, hielt er endlose Monologe über wirtschaftliche Fakten und politische Zusammenhänge.

Der Chef der Konservativen und Nachfolger Gladstones, Benjamin Disraeli, dagegen schmeichelte Königin Viktoria von Beginn an. Er parlierte über ihre Schönheit, erklärte seine Ideen als die ihren und berichtete über Politik und Parlament wie folgt:

> Seiner Statur nach misst mein neuer Minister sechs Fuß und vier Zoll; wie bei St. Peter in Rom ist sich seiner Dimensionen auf den ersten Blick niemand bewusst. Doch er hat nicht nur die Ausmaße, sondern auch den Scharfsinn eines Elefanten.

Das Resultat war absehbar: Die Queen hasste Gladstone, neben dem sie sich dumm und langweilig fühlte. Vom charmanten Disraeli hingegen schwärmte sie wie ein Backfisch. Und gewann so erneut Interesse an der Politik. Die Folge: Das britische Weltreich blühte auf.

Niemand schätzt Intelligenz, Informationen oder Ideen. Trotzdem wimmelt es weiterhin von Gladstones: in der Politik, der Wirtschaft, der Universität, sogar in der Medienbranche.

Die Gladstones der Gegenwart versuchen noch immer, den Willen der Leserschaft mit Fakten, Meinungen und Moral zu brechen. Zwar kommt die Moral heute kaum mehr mit Kreuz, Kanzel und Soutane daher, sondern meist im Kleid von Power-Point-Präsentationen. Dort betreibt sie dann Marketingkonzepte, Vollkostenrechnungen und andere Bibelexegesen. Dabei besteht der Journalistenjob eigentlich darin, Leserinnen und Leser wie Königinnen zu verführen. Und zwar unter Berücksichtigung ein paar simpler Ideen:

1. **Menschen hassen es, sich dumm zu fühlen.** Ob durch überlegene Faktenkenntnis oder – in den Zeitungen von heute die weit häufigere Variante – durch routinierte Anbiederung. Das Publikum wagt zwar in beiden Fällen nicht zu widersprechen, wird sich aber bei der ersten Gelegenheit rächen. Zumindest durch Desinteresse. Wer hingegen etwas riskiert, wird geliebt oder zumindest respektiert. Wagen Sie in Ihren Artikeln Farbe, Frechheit, Zweifel und offene Schlüsse!

2. **Menschen wollen keine Parade von Fakten, sie wollen Geschichten.** Der Norm der Polit- und Wirtschaftsberichterstattung mangelt es jedoch an den Vorzügen, die sogar der banalste Groschenroman beherrscht: die fesselnde Schilderung von Schauplätzen, Verwicklungen und Handelnden aus Fleisch und Blut, inklusive ihrer früheren Abenteuer. Viel zu oft haben Storys aus den Zentren der Macht die Ausstrahlung von Aktenordnern.

3. **Menschen verabscheuen neue Ideen. Außer die eigenen.** Persönlich wie schriftlich ist es das Wirksamste, die eigenen Einfälle (oder Interessen) dem Gegenüber, also dem Chef, Kollegen oder Leser, zuzuschreiben. Und gute Ideen nie neu und ungeschützt in eine Sitzung bringen, sondern sie vorher herumerzählen, dass man sie kennt.

4. Das wirksamste Mittel der Verführung ist das Zuhören.
Eine englische Prinzessin bemerkte einmal: »Nach dem Essen, das ich an der Seite von Mister Gladstone verbracht habe, dachte ich, er sei der klügste Mann Englands. Doch nachdem ich neben Mister Disraeli gesessen habe, denke ich, ich bin die klügste Frau von England.« In der Tat verlieben wir uns praktisch nie in brillante Menschen, wir bewundern sie nur. Verlieben tun wir uns in Menschen, in deren Gegenwart wir brillant sind. Oder uns wenigstens so fühlen. Wenn wir es schaffen, Leuten ernsthaft zuzuhören, werden sie uns mögen: verführt durch den Klang der eigenen Stimme.

Und nebenbei gesagt: Das Maß für die Brillanz eines Chefs – gerade in der Medienindustrie – ist nicht dessen persönliche Eindrücklichkeit, sondern die Brillanz seiner Untergebenen.

8.4 Zeit für Rache
Wie Sie einen Journalisten abschießen können

Dieses Kapitel richtet sich zur Abwechslung nicht an Journalisten. Sondern direkt an die Leser. Denn viele, oft die aktivsten Leserbriefschreiber zeigen den Wunsch, ausgewählte Journalisten auf ihrem Weg ein Stück weit zu begleiten. Auf dem Weg um die Ecke, in die Depression oder, wenn möglich, in die Berufsaufgabe.

Nur sind die Methoden, Rache zu nehmen, noch unausgereift. Populär sind bisher folgende Strategien:

- Die tödlichste Variante: Man weist einem Journalisten ernsthafte **Schummeleien** bei der Recherche nach. Doch dieses Glück hat man selten.
- Häufiger, aber harmlos ist die **Deutschlektion**: Rechtschreib- und Grammatikfehler beweisen die Inkompetenz des Ganzen und der Person. Der Haken: Das funktioniert nur, wenn die Zielperson ebenfalls an den Duden glaubt. (Ich etwa berufe mich auf die Goethezeit, in der ein Wort in bis zu fünf Varianten schreibbar war. Mit dem Resultat von Regalmetern Klassik.)
- Viel effektiver ist purer **Schwurbel**. Es wird nicht etwas gegen, nicht für, nicht zum Text gesagt. Sondern irgendetwas. Das tut wirklich weh. Denn jeder ernsthafte Schreiber hat ein feines Ohr für Geschwätz entwickelt: Guter Stil besteht im Wesentlichen darin, Unfug zu streichen (→ Kap. 4). Zudem ist Schreiben eine Quälerei. Und man quält sich auch aus Achtung vor dem Publikum. (»Qualität – das ist Respekt vor dem Volk!«, schrieb Mao.) Das heißt, Sie können jeden Jour-

nalisten durch spontanes Geschwätz gleich doppelt deprimieren: Durch die schiere Hässlichkeit Ihres Beitrags. Und durch die Vorstellung, für Dummköpfe zu schreiben.

Doch das alles sind erst Kratzer. Es bleibt die Frage, wie man den Journalisten seiner Wahl nachhaltig lahmlegen kann. Mein Vorschlag wäre: Versuchen Sie es mit einem langsamen, süßen, aber tödlichen Gift – dem **Lob**.

- Schon ehrlich gemeintes Lob bringt – gehäuft verabreicht – jeden Produktionsmotor ins Stottern. Das Opfer wird versuchen, sofort etwas ähnlich Begeisterndes aufs Papier zu bringen. Die Folge: Es sieht auf die Wirkung, nicht auf die Sache. Was zuverlässig dazu führt, dass der nächste Text grausam missrät.
- Zerstörungswillige Leser können diesen Effekt nutzen und ihre Zielperson möglichst schamlos loben. (»Sie sind ein Genie!« Und dann langsam steigern.)
- Am besten, Sie verstopfen dabei den berufsnotwendigen Schwurbelfilter Ihres Opfers, indem Sie die unklarsten Passagen und die banalsten Texte am heftigsten loben. (»Ich möchte Ihnen herzlich zu dem Mut gratulieren, dass einer endlich mal was gegen Handybenutzer schreibt!« Oder: »Der komplexe Endlossatz in Abschnitt zwei hat mich hingerissen! Der hatte *NZZ*-Niveau!«)
- Konsequent, aber zeitaufwendig ist der Aufbau einer Fanbeziehung. Sie loben zunächst schamlos. Dann, bei einem wirklich gelungenen Text, melden Sie vorsichtig Enttäuschung an. Und dann, beim nächsten Text, ein weiteres Mal. Sie fragen schüchtern nach, was los ist: Müdigkeit? Schreibstau? Private Probleme? Und dann loben Sie wieder beim ersten missratenen Text. Und loben auch den nächsten. Aber mit der Einschränkung, dass der Autor sich ein wenig wiederhole. Sie werden viel Arbeit, aber auch viel Spaß haben.

- Nicht wenig Melancholie bei Ihrem Opfer erwecken Sie, indem Sie den Text missverstehen. Also indem Sie das Gegenteil des Gesagten loben. Nach einer einfühlsamen Sozialreportage etwa danken Sie für den Mut, diese Schmarotzer ans Licht gezerrt zu haben. Einem *Weltwoche*-Journalisten hingegen danken Sie dafür, es »zwischen den Zeilen« der SVP kräftig gegeben zu haben.
- Überlebt Ihr Opfer das alles, setzen Sie die Atomwaffe ein. Sie loben Ihr Opfer erneut – bei seinen Kollegen. Möglichst mit dem Zusatz, diese sollten sich »ein Vorbild« an ihm nehmen. Der Betreffende wird bald das Gefühl eines kleinen, bebrillten Jungen kennen, der nach einer guten Note den Pausenplatz betritt.
- Wollen Sie das ganze Biotop ausräuchern, adressieren Sie Ihr Lob an die Spitze. Das perfekte Ziel sind ältere, meinungsstarke Herren in formeller oder informeller Machtposition. Sind diese erst einmal süchtig nach Lob, werden sie wie alle Junkies zuverlässig ihre ganze Umgebung demoralisieren. Etwa mit Anrufen an Untergebene, in denen sie offiziell Kritik an ihren Werken fordern, in Wahrheit aber immer nur fantastischeres Lob. Das Resultat: Große Teile der Redaktion verlieren das Rückgrat, den klaren Blick, den Respekt. Die Lüge blüht. Und Sie haben gewonnen.

So weit einige Vorschläge für aktive Leser. (»Die höchste Form der Aggression ist die Umarmung«, schrieb der Zürcher PR-Berater Klaus Stöhlker.) Viel Glück damit!

8.5 Blattkritik

Der Ein-Wochen-Chefredakteur

Hier zur Abwechslung einmal ein Vorschlag für die Strategen in den Chromstahletagen.

Und zwar handelt es sich um ein schlankes Projekt zur Verbesserung und Vermarktung von Tageszeitungen. Es ist fast gratis. Der organisatorische Aufwand ist klein. Es braucht eigentlich nur etwas Mut. Dafür bietet es mehrere Chancen: die Chance auf eine ehrgeizigere Qualitätsdebatte in der Redaktion. Und die Chance auf einen souveräneren Auftritt in der Welt. Und wer weiß, vielleicht verkauft es sogar Zeitungen.

Es ist – soweit ich weiß – weltweit unerprobt. Der ersten Zeitung, die es wagt, winkt der Ruhm als Pionier.

Die Idee ist sehr einfach. Beim *Tages-Anzeiger* gibt es ein internes Dokument mit dem geheimnisvollen Namen »Job 25«. Im Prinzip handelt es sich um eine nachmittägliche Blattkritik, geschrieben von einem Mitglied der Chefredaktion.

Wenn man die Datei liest, ist die Reaktion immer die gleiche: Die Ermahnungen nimmt man äußerst ernst, aber vergisst sie sofort. Die einzigen Fehler, aus denen man lernt, sind die eigenen: Man lernt nur durch Schmerz.

Wirksam ist der Text vor allem als Lektüreempfehlung: Wird ein Artikel eines Kollegen gelobt, den man beim Morgenkaffee verpasst hat, liest man ihn nach. In der uralten Kinderhoffnung auf ein Stück Konfekt. Wurde ein Artikel besonders verrissen, liest man ihn auch. In der uralten Kinderhoffnung auf ein spektakuläres Unglück. Und um zu sehen, ob das Ding wirklich so grottenschlecht war, wie die Chefetage glaubt.

Die Idee wäre nun, das Ganze öffentlich zu tun.

Klar ist, dass man die interne Kritik nicht einfach freischalten kann. Die Chefredaktion würde bei Verrissen eigene Redakteure öffentlich schwächen. Oder so diplomatisch schreiben, dass niemand die Sache mehr liest.

Die Kritik muss daher kommen, woher sie sonst immer kommt: von außen. Am praktischsten wäre, dafür einen Chefredakteur für jeweils eine Woche zu ernennen. Dieser verpflichtet sich, täglich vor neun Uhr morgens eine Blattkritik zu diesen drei Punkten online zu stellen:

- Welche Artikel waren begeisternd? Warum?
- Welche Artikel waren schrecklich? Warum?
- Was hat gefehlt?

Ausgewählt würde der Chef von Woche zu Woche zu je einem Drittel aus folgenden Pools: aus möglichen Kollegen, möglichen Opfern und möglichen Abonnenten. Infrage kommen also: Profis (befreundete und verfeindete Leute aus TV und Presse), Prominente (aus Politik, Industrie, Banken, Kultur, Kirche und anderen Gewerbezweigen) sowie Leute aus dem erweiterten Kundenkreis (interessante Einwohner der Stadt, interessante Leserbriefschreiber, interessante Netzkommentatoren). Die Wirkung:

1. **Selbstbewusstsein nach außen.** Sich kritisieren zu lassen, sogar die eigene Kritik zu suchen, ist ein starkes Zeichen für Souveränität. Nur wenige Präsidenten, Chefs oder Könige haben das je gewagt. Aber es ist eine zeitgemäße Haltung. Und eine unvermeidliche: Schon allein, weil im Zeitalter des Netzes Kritik allgegenwärtig ist.

2. **Debatte nach innen.** Interne Kritik in Zeitungen ist fast immer zu friedlich. Warum? Man kennt sich gut. Man muss täglich zusammenarbeiten. Man macht selbst Fehler. Und vor

allem: Jede Redaktion interessiert sich kaum für die aktuelle Ausgabe – nur für die morgige. Eine öffentliche Kritik hingegen ist schwieriger zu ignorieren. Sie würde die Debatte befeuern – zu den zentralen Fragen, was gut ist, was schlimm und warum. Zugegeben: Meist mit dem Resultat, dass man den Ein-Wochen-Chefredakteur hasst. Aber Debatte ist Debatte. Und je mehr Feedback sie haben, desto ehrgeiziger schreiben Journalisten.

3. **Verkaufsankurbelung.** Diese funktioniert nicht nur darüber, dass die Zeitung diskutiert, also interessanter wird. Sondern vor allem darüber, dass jeder der zweiundfünfzig jährlichen Chefredakteure seinen ganzen Bekanntenkreis mit der Zeitung in Kontakt bringt. Kritisiert etwa ein Industrieboss, so werden Hunderte von Leuten seine Kritiken lesen müssen, schon allein, um herauszufinden, was der Chef denkt. Oder ob.

4. **Risiko**: Das Risiko ist, eine Woche einen Langweiler oder einen Pitbull am Hals zu haben. Aber eine Woche Ärger ist überschaubar. Und vielleicht hat der Pitbull nicht nur herumgebissen, sondern sogar eine echte schwache Stelle entdeckt. Schließlich gibt es auch für verletzte Eitelkeit einen Trost. Denn zumindest auf dem Buchmarkt gilt für harte Kritik das Gesetz: Brutal verrissene Bücher verkaufen sich fast so gut wie hochgelobte. Hauptsache, man schreibt deinen Namen richtig.

5. **Finanzen**: Die Ein-Wochen-Chefredakteure dürfen keinesfalls als bestechlich gelten. Das hat für die Zeitung die erfreuliche Konsequenz, dass ein ernsthaftes Honorar entfällt. Zwei Flaschen Wein, ein Händedruck und ein Sie-waren-Chefredakteur-Diplom zur Erinnerung genügen.

Die Zukunft
der Zeitung

9.1 Das Anti-Mainstream-Konzept
Eine Rede vor den Aktionären der Basler Zeitung

Am 9. November 2012 veranstaltete die Besitzerin der Basler Zeitung, die Medienvielfalt Holding AG, einen geschlossenen Anlass zum Thema »Die Rolle der Medien in der Demokratie«. Referenten waren Markus Spillmann, Chefredakteur der NZZ, Rudolf Matter, Direktor vom Schweizer Radio und Fernsehen, Roger Köppel, Verleger der Weltwoche, und ich. Hier die Rede, nicht nur zu Presse und Demokratie, sondern auch zum Konzept einer rechtskonservativen Kampfzeitung:

Sehr geehrte Damen und Herren,

ich danke Ihnen für Ihre Einladung. Es ist ein Privileg, hier kurz über Journalismus und Demokratie nachzudenken, denn Journalismus ist ein Handwerk und Demokratie eine große Sache, und normalerweise sitzt man in seinem Büro mit halb geleerten Eisteeflaschen und halb fertigen Texten und denkt nicht an Demokratie.

Im Grunde braucht es das auch nicht. Denn bei den spektakuläreren Momenten des Schreibens – den Momenten der Erkenntnis, des Zorns, des Witzes – ist man ganz bei sich, und das ist gut so. Denn am stärksten ist Journalismus, wenn er so einfach wie möglich ist: Wenn er die Stimme eines einzelnen Menschen ist, der sagt, was er gesehen oder gedacht hat.

Der wichtigste Moment, wo ich im Alltag an die Wirkung, also das Publikum, also im weitesten Sinne an die Demokratie denke, passiert in den stillsten, unspektakulärsten Teilen des Textes. Dort, wo ich unauffällig Erklärungen nachschiebe, etwa, was zum Teufel ein Derivat ist oder wie sich eine Transaktion genau abspielt.

Ich feile oft am längsten an diesen stillen Passagen, denn sie müssen klar und genau sein, trotz aller Knappheit. Sie müssen Volkshochschule sein, ohne dass sie nach Volkshochschule klingen.

Denn das ist meine wichtigste Aufgabe als Journalist, mein Service an die Öffentlichkeit: präzise die Grundlagen für Diskussionen zu liefern. Mein Job ist, eine komplexe Welt verständlich zu machen, ohne ihre Komplexität zu verraten. Der Rest, nicht zuletzt meine Meinung, ist sekundär: Es ist der Anstrich des Hauses, nicht sein Fundament.

Deshalb zweifle ich auch an der Art Journalismus, den Sie als Verein fördern. Sowohl handwerklich als auch, ob dieser die Demokratie stützt. Ihre Medienvielfalt Holding AG hat bisher in ähnlicher Besetzung zwei Blätter neu lanciert: die *Weltwoche* und die *Basler Zeitung*. Beide mit Herrn Tito Tettamanti als Hauptaktionär, Herrn Rudolf Matter als Banker, Herrn Martin Wagner als Anwalt, Herrn Filippo Leutenegger als Verlagschef. Und mit Herrn Christoph Blocher als Hauptgesprächspartner des Chefredakteurs.

Ihre Zeitungen sollen, wie Ihr Verein im Namen schon sagt, die Medien- und die Meinungsvielfalt fördern. Dazu, wie man in Interviews liest, wollen Sie Transparenz schaffen und Denkblockaden abbauen. Doch mit welchen Mitteln tun Sie das?

Nun, wenn man die *Weltwoche* ansieht, so ist deren technischer Haupttrick, das Gegenteil vom sogenannten Mainstream zu schreiben. Das erscheint zunächst als gute Idee: Das Gegenteil der allgemeinen Gedanken ist oft ein inspirierender Gedanke. Die Frage ist nur, ob es auf lange Sicht eine kluge Strategie ist.

Ich glaube das nicht, aus folgenden Gründen:

1. Zunächst ist schon die Annahme seltsam, dass der Mainstream immer falschliegt. Noch seltsamer ist die Annahme, dass er immer *genau* falschliegt: um hundertachtzig Grad, so wie eine Kompassnadel, die stets nach Süden zeigt.

2. Am Anfang kann man mit Anti-Mainstream die Leute verblüffen, ärgern, vielleicht sogar zum Denken, ja zum Ändern der eigenen Meinung bringen. Aber ziemlich bald ist diese Strategie nichts als negativer Opportunismus: Man sagt stets das Gegenteil des vermuteten Konsenses. Und ist dadurch im Kopf vom Mainstream genauso abhängig wie sonst nur der modischste Mensch. Und genauso blind: Denn es geht einem nicht um die Tatsachen, nur um die Meinungen über die Tatsachen in der Öffentlichkeit.

3. Die Themenwahl eines solchen Blatts wird extrem berechenbar: Die eskalierende Finanzkrise – existiert nicht; Fukushima – war keine Katastrophe; Berlusconi und Putin – sind ehrenwerte Männer; das Weltklima – kühlt sich ab; Frauen – sind das regierende Geschlecht; Radioaktivität – ist gesund.

4. Die Folge: Sie werden unglaubwürdig. Zwar wären viele Thesen interessant – etwa dass Radioaktivität gesund, Bundesrätin Widmer-Schlumpf eine Landesverräterin oder der Klimawandel eine Massenverblendung von Tausenden Experten ist. Aber dadurch, dass gar nichts anderes in dem Blatt stehen kann – also kein positives Wort über Widmer-Schlumpf, nicht, dass Fukushima doch eine Katastrophe war – ist ihr Dynamit nass geworden: Man hat nun bei jeder These in der *Weltwoche* das Gefühl, man müsse sie erst persönlich nachrecherchieren. Und dazu fehlt einem die Zeit. Ich habe ein Kind, einen Job, einen Blog und eine Liebe. Da bleibt kein Platz für die *Weltwoche*.

5. Die Zeit fehlt mir auch, weil das Blatt durch seine Berechenbarkeit längst kaum mehr aufregt. Es langweilt.

Die Folge davon: Um die *Weltwoche* überhaupt lesen zu können, muss man ihr glauben. Durch ihre Strategie des konstanten Anti-Mainstreams ist die ganze Zeitung en bloc zur Glaubensfrage geworden: Man glaubt ihr alles oder nichts. Es ist kein Zufall, dass einige Anhänger sie ihre Bibel nennen. Doch mit diesem Sprung von Informationsmedium zur Glaubenssache verkörpert sie nicht nur das Gegenteil von Kritik. Sondern ist auch das Gegenteil von Service für die Demokratie.

Denn die Aufgabe der Presse ist es, mal recht, mal schlecht, einen Mainstream herzustellen: eine holprige, vage, aber dennoch brauchbare Einigung über Fakten und Einschätzungen, auf deren Fundament man debattieren kann.

Wenn aber nun mit Mainstream und Anti-Mainstream zwei Paralleluniversen mit je eigenen Fakten und Logiken bestehen, ist das ein Schaden für die Demokratie. Dann gibt es keine Gemeinsamkeiten, keine Grundlagen mehr, sondern nur noch Meinungen. Und Anhänger davon. Also zwei Lager, die nicht verschiedene Ansichten, sondern verschiedene Wirklichkeiten haben.

Es ist kein Wunder, dass die *Weltwoche* dieses Lagerdenken intern wie in ihren Artikeln immer stärker betont: Es gibt nur noch *wir* und *ihr*. Kein Wunder, dass sich paranoide Züge in ihre Weltsicht einschleichen: Etwa, wenn sie ernsthaft behauptet, die seit mehr als hundertfünfzig Jahren solid bürgerliche Schweiz werde in Wahrheit von getarnten Sozialisten regiert. Und typisch wie für jedes Lagerdenken ist ihre zunehmende Polizeimentalität: Politiker, Publizisten, Professoren erscheinen auf wie Fahndungsplakate gestalteten Titelblättern als Irrlehrer oder Landesverräter. Diese Art Grafik ist kein Scherz. Es ist ein Zeichen der Verachtung für alle, die die Meinung des Blatts nicht teilen.

So kommt es, dass – wegen ihrer Berechenbarkeit, aber auch wegen ihrer Isolation – die Kraft der *Weltwoche*, Themen durchzusetzen, zunehmend erodiert: Nichts, was sie schreibt, überrascht mehr. Aber ihr Drohpotenzial ist gewachsen: Schon wegen des engen Bündnisses mit dem reichsten Politiker des Landes wird die *Weltwoche* gefürchtet. Das nicht zuletzt in der SVP, der Partei von Christoph Blocher selbst.

Der Aufbau einer Parallelwelt ist aber auch gefährlich für Sie, meine Damen und Herren. Für alle, die an die *Weltwoche* glauben. Das große Vorbild für alle Medien, die vor allem politischen Einfluss suchen, ist Fox News. Fox hat den Durchbruch geschafft: Die republikanische Partei der USA hat mit der Speerspitze Fox ein eigenes, geschlossenes Mediensystem aus Radioshows, Magazinen und Blogs errichtet. Und damit ihre eigene Wahrheit, ihre eigenen Fakten, ihr eigenes Universum. Und hat sich dadurch zunehmend radikalisiert. So radikalisiert, dass nicht nur die Politik des ganzen Landes durch zwei Wirklichkeiten gelähmt ist. Sondern auch die republikanische Partei sich selbst sabotiert: Bei der jüngsten Wahl sorgten etwa vier ultrakonservative, steinreiche Milliardäre im Bündnis mit ultrakonservativen Fox-Moderatoren dafür, dass in den parteiinternen Vorwahlen die untauglichen Konkurrenten von Mitt Romney fast bis zum Schluss im Rennen blieben. Und ihn weit in ihre Parallelwelt nach rechts trieben, obwohl Präsidentschaftswahlen in der Mitte gewonnen werden.

Am Ende glaubte der unglückliche Kandidat Romney selbst an die Fox-Welt: Er glaubte, wie man später las, tatsächlich, dass sämtliche Zahlen von neutralen Umfrageinstituten falsch seien. Also dass in Wahrheit er weit vorne liege, weil alle außer den parteieigenen Spezialisten und den Fox-Experten sich irrten. Darauf baute Romney dann eine vollkommen falsche Kampagnentaktik. Die Niederlage traf den Kandidaten, sein Team, seine Geldgeber, die ganze Partei dann völlig unerwartet. Das Paralleluniversum zerschellte an der Wirklichkeit.

Sie, meine Damen und Herren, riskieren also als Investoren in eine mediale Gegenwelt mehr als nur viel Geld: den Realitätsverlust.

Denn die Denkverbote sind heute längst auf Ihrer Seite. Etwa wenn der *Weltwoche*-Chefredakteur Roger Köppel sagt:

> Die Wirtschaft wird durch den Wettbewerb kontrolliert. Als Journalist kann ich mir nicht anmaßen, Unternehmen oder das Management zu kritisieren. Kritische Unternehmensberichterstattung ist nicht Sache des Journalismus.

Wenn ein Profi-Beobachter die halbe Welt aus der Kritik, ja überhaupt aus dem Blick ausschließt, und dies einfach aus Prinzip, dann sollten Sie gewarnt sein: Das ist die Haltung eines bereits blinden Ideologen.

Damit zu Ihrem aktuellen Projekt, der *Basler Zeitung*. Es ist unschwer zu erkennen, dass Sie damit versuchen, das Projekt *Weltwoche* zu kopieren, »die ja schon das Richtige tut«, wie Ihr Hauptaktionär Tito Tettamanti sagt.

Und tatsächlich läuft alles wieder gleich ab: Sie haben Köppels langjährige Nummer zwei Markus Somm als Chefredakteur eingesetzt, wie in der ersten Zeit nach der Machtübernahme Köppels gibt es Verwirrung und Protest überall, der neue Chef beschwört – wie einst Köppel – den »Pluralismus«: und zwar mit demselben Konzept von Pluralismus als Polemik von beiden Seiten. In der Praxis heißt das: Einige linke Alt-Politiker schreiben Feigenblatt-Kolumnen, während wie damals bei der *Weltwoche* mehrere Säuberungswellen durch die Zeitung jagen. Die alten Redakteure gehen, linientreues Personal kommt.

Die Frage bleibt, wie Sie hier Ihre großen Ziele Medienvielfalt, Transparenz, Pluralismus verwirklichen wollen. Sie haben dabei mindestens zwei Probleme:

1. Ihr Chefredakteur, Markus Somm, ist ein Mann, der sein halbes Leben lang sämtliche Leute als zu wenig links kritisierte. Heute kritisiert er sie als zu wenig rechts. Dieser Mann ist im

Kern kein Journalist. Er ist nicht einmal ein politischer Mensch. Denn sein Standpunkt ist immer – links wie rechts – jenseits des politisch Möglichen. Sie haben als Boss einen Prediger gewählt.

2. Sie, meine Damen und Herren, stehen selbst im Verdacht, Marionetten zu sein. Nehmen wir die berühmte Vorgeschichte Ihrer Übernahme der *Basler Zeitung*: Ein Parteiführer und Milliardär, Herr Blocher, lässt im Geheimen seine Tochter eine Zeitung kaufen und schiebt gegenüber der Öffentlichkeit einen Flugunternehmer als Besitzer vor und gegenüber den Banken den ehemaligen Chef einer Großbank. Und all das, um seinen Biografen Somm als Chefredakteur einzusetzen. Das ist eine Geschichte, die klingt wie aus Russland. So etwas tun Oligarchen.

Zwar behaupten Sie, Herr Blocher habe in Ihrem Unternehmen nichts mehr zu sagen. Er würde nur noch das Defizit decken. Was ich dann nicht verstehe, ist: Warum haben Sie den gesamten Jasstisch eines seiner beiden Strohmänner, des Ex-UBS-Chefs Marcel Ospel, in den Verwaltungsrat gesetzt, wenn Ihnen Ihre Reputation als Unabhängige lieb ist?

Kein Wunder, dass Sie mit Ihrer Zeitung furchtbare Probleme haben: Die Auflage hat ein Viertel verloren, Herr Blocher hat bereits zwanzig Millionen eingeschossen und fungiert, wie erst letzte Woche in der *NZZ am Sonntag*, als Unternehmenssprecher, der die Strategie – eine »nackte Zeitung ohne Druckerei« – bekannt gibt. Und der politische Erfolg hält sich auch in Grenzen: Nach einer monatelangen Kriminalitätskampagne in der *Basler Zeitung* wurde kein Einziger der Politiker, die darauf einstiegen, in die Regierung gewählt; und im Parlament gewann die SVP nur einen kümmerlichen Sitz dazu. Diese Rechnung ist sogar für einen Milliardär teuer: Zwanzig Millionen Franken pro gewonnenen Sitz in einem Regionalparlament.

Was also können Sie tun? Hier drei Ratschläge zum Schluss:

- Nun, wenn Ihnen – trotz allen Argumenten – eine **rechtskonservative Parallelwelt** am Herzen liegt, dann deklarieren Sie die *Basler Zeitung* offen als Parteiblatt. Die Schweiz hat eine lange Tradition von Parteiblättern. Zwar waren diese meist gemäßigter als die *Basler Zeitung*, weil sie sich an der Basis der Partei orientierten. Und nicht am Chef. Aber es gibt enorm Kraft, nicht mehr dauernd Versteck spielen zu müssen.

- Wenn Ihnen hingegen die **Pressevielfalt** am Herzen liegt, dann schaffen Sie mit Ihrem Geld, statt es in Basel zu verbrennen, eine Stiftung, die bestehenden kritischen Journalismus unterstützt. Meinetwegen auch nur konservativen. Denn die von Ihnen zu Recht kritisierte Uniformität in einigen Teilen der Presse geht nicht auf Denkverbote oder Ideologie zurück, sondern meist auf die Arbeitsbedingungen: auf Zeit-, also auf Geldmangel.

- Wenn Ihnen aber politische Ziele wie **Deregulierung, Stärkung der Banken und Konzerne sowie Einfluss von finanzkräftigen Individuen** am Herzen liegen, so tun Sie am allerbesten gar nichts. Denn Erfahrung zeigt: Je schlechter die Leute informiert sind, desto mächtiger sind die bereits Mächtigen. Und bei der wirtschaftlich bedingten Schrumpfung der Presse regelt Ihr Anliegen diesmal tatsächlich am besten der, der angeblich alles regelt: der Markt.

Ich danke Ihnen für Ihre Einladung. Eine kritische Stimme einzuladen, beweist Toleranz, zumindest Neugier. Deshalb bedaure ich sehr, Ihnen sagen zu müssen, dass ich für Ihr Projekt, so wie es sich derzeit darstellt, keine Chance auf Erfolg sehe: nicht publizistisch, nicht finanziell, nicht politisch. Und dass ich auch zweifle, dass ein Erfolg Ihres Projekts – sowohl für die Presse wie für die Demokratie – überhaupt wünschbar wäre.

Die Medienvielfalt Holding entschied sich für Variante 1. Ende Juni 2013 nahm sie offiziell den Milliardär und Parteiführer Christoph Blocher mit zwanzig Prozent als Minderheitsaktionär an Bord. Die Zeitung Der Sonntag rechnete vor, dass Blocher bereits über 100 Millionen Franken in das Projekt gesteckt hat.

9.2 Die Strategie für die Zeitung von morgen, Teil I
Das Modell HBO

Wer ist der größte Künstler des noch jungen 21. Jahrhunderts? Wenn Sie mich fragen, ist es – nicht untypisch für dieses Jahrhundert – kein Mensch, sondern ein Konzern: der amerikanische Bezahlsender HBO.

Dabei war Fernsehen ein Medium, das unter seinen Machern als kreativ so gut wie tot galt. Das Rückgrat der meisten Programme besteht seit Jahren unverändert aus Kopien von Kopien: dem endlosen Reigen von Talk-, Casting- und Realityshows. Vieles ist billig, einiges böse, im besten Fall glitzert es.

Doch HBO erfand das Geschäft neu. Es eroberte den Markt mit einem Produkt, von dem zuvor niemand auch nur geträumt hätte: mit Fernsehserien von ungesehener Eleganz.

Dank HBO wurde die Fernsehserie die aufregendste Kunstform des beginnenden 21. Jahrhunderts. Es ist ein Erlebnis, heute vor dem Fernseher zu sitzen. Man steht klarer und mit weiterem Herzen wieder auf – als größerer Mensch, als der man sich setzte. HBO-Serien wie *The Sopranos, Six Feet Under, In Treatment, The Wire, Hung, Newsroom* sind die modernen Enkel des Fortsetzungsromans des 19. Jahrhunderts. Sie sind so kompromisslos und kompromisslos unterhaltend wie die besten Romane von Balzac, Dickens und Tolstoi. Und wie diese sind sie gleichzeitig ein Kunstwerk, eine scharfe Zeitdiagnose und ein Bombengeschäft. Nur: Wie kam es dazu?

Zwar gaben sich die Manager von HBO nach ihren Erfolgen gern als Dandys. »Wir suchen keine Hits«, sagte etwa der HBO-Präsident Simon Sutton: »Wir bemühen uns nur um gute Geschichten.« Und plauderte dann von Kunst.

Das war 2009, als HBO schon Dutzende Hits gelandet und Hunderte Millionen Dollar gemacht hatte. Doch Kunst ist fast nie das Ziel, nicht bei Konzernen, nicht einmal bei den Künstlern selbst. Kunst ist fast immer nur das Nebenprodukt einer anderen Idee.

Die Revolution des Fernsehens geschah aus Verzweiflung. Am Anfang stand der Zusammenbruch eines Geschäftsmodells. HBO hatte auf zwei Produkte gesetzt, um sein Publikum zum Bezahlen zu bringen: Sport und Hollywood-Premieren. Mitte der Neunzigerjahre brachen Letztere weg: Die großen Studios begannen, ihre Filme im TV selbst zu vermarkten.

Die HBO-Bosse fragten sich, was tun. Und kamen darauf, dass man dem Publikum etwas »Ungewöhnliches« bieten müsse. Sie überlegten, was das sein könnte. Und taten etwas Kühnes. Sie investierten den Löwenanteil ihres Budgets – 400 Millionen Dollar – in Eigenproduktionen.

Und dann taten sie etwas noch Kühneres. Etwas, was Medienmanager erschreckend selten tun: Sie dachten ihr Konzept radikal durch. Für die Idee des »Ungewöhnlichen« hieß das: Sie sahen sich an, wie Fernsehserien bei der Konkurrenz gemacht wurden. Und taten auf allen Ebenen das Gegenteil:

- **Sie definierten das Publikum neu.** Herkömmliche Serien suchten ein möglichst breites Publikum. Das hieß: Niemanden vor den Kopf stoßen. HBO erkannte, dass für einen Bezahlsender eine mittlere Zufriedenheit nicht reichte. Geld zahlten nur Überzeugte. Also setzte der Sender nicht auf Mehrheiten, sondern auf Begeisterung: auf kleine Gruppen, die so begeistert waren, dass sie zahlten. Und die bei Absetzung Protest organisierten.
- **Sie foutierten sich um Tests.** Statt wie die Konkurrenz Ideen zu Tode zu testen, setzte HBO auf etwas Uraltes: die Magie einer Geschichte. Wie alle echten Erzähler fragten sie nicht groß. Sie erzählten und sahen, was passierte. Der Hit, der

HBO den Durchbruch brachte, die Vorstadtmafiaserie *The Sopranos*, hätte nie das Licht der Welt erblickt, hätte man vor dem Start auf das Testpublikum gehört. Denn dort fiel der Pilotfilm durch.

- **Sie setzten auf neues Führungspersonal – Autoren.** HBO gab denen, die etwas von guten Geschichten verstehen, in der Filmindustrie nie gekannte Macht: den Autoren. Zuvor standen diese in der Hierarchie auf der Stufe der Zulieferer. Die Entwicklung eines Drehbuchs glich einem Nacktbad in einem Standmixer. Alle hatten mitzureden: Regisseure, Produzenten, Marketingprofis. Bei HBO wurden die Autoren zu den Verantwortlichen – dadurch kam das Produkt aus einer Hand, in einem Guss.
- **Sie erschlossen einen neuen Kontinent**: die Nachtseite der USA. Die Produkte der Konkurrenz waren vom eigentlichen Kunden geprägt, der Werbung. Diese lebt in einer Welt, in der ewiger Tag herrscht. Im werbefreien HBO setzte man auf das radikale Gegenteil: auf Sex, Melancholie, Flüche, Verirrung und Scheitern. Nicht nur im Inhalt, auch in der Ästhetik. Bei der ersten Version der Bestatterserie *Six Feet Under* kritisierte der damalige HBO-Boss Chris Albrecht: »Das fühlt sich zu sauber an. Wir wollen es düsterer und makaberer haben.« Das Resultat war, wie immer, wenn eine neue Ästhetik probiert wird, für das Publikum ein überwältigendes Gefühl von Realismus. Die USA entdeckte sich neu.
- **Sie bezahlten in einer neuen Währung – Freiheit.** Zu Anfang arbeitete HBO mit höchst moderaten Löhnen und ohne Stars. Denn für wirklich gute Köpfe gibt es immer zwei Währungen: Geld und Freiheit. HBO zahlte einen Teil der Gage in Freiheit. (Kam der Erfolg, floss richtig Kohle nach.)
- **Sie vertrauten dem Publikum als Publikum.** Herkömmliche Serien vertrauen ihrem Publikum höchstens halb: Die Charaktere bleiben ewig gleich. So kann ein Zuschauer über Wochen fernbleiben und dann beim Hineinzappen sofort

wieder zu Hause sein. HBO hingegen sagte sich, dass eine wirklich starke Geschichte genügend Sog entwickeln müsste, den Zuschauer von Folge zu Folge zu fesseln. Sie riskierte etwas Neues: Hauptfiguren, die sich verändern, teils sogar sterben. Das – nicht etwa Sex, Fluchen oder Finsternis – war der wahre Tabubruch und der wichtigste Schritt in die Freiheit.

- **Sie züchteten nicht Würmer, sondern Angler.** Das revolutionäre Motto beim Start des Privatfernsehens war der Satz des RTL-Chefs Helmut Thoma: »Der Wurm muss dem Fisch schmecken, nicht dem Angler.« Es war der Start des Trash-TVs. HBO tat nun das Gegenteil: Es setzte radikal auf den Geschmack der Angler. Es finanzierte das Beste, was seine Macher hinkriegen konnten. Ein Akt souveränen Vertrauens, der HBO zum Marktführer machte.

Warum diese Aufzählung? Weil das HBO-Management der Pionier für die gesamte Medienbranche ist. Es begriff am klarsten die neuen Gesetze im Aufmerksamkeitsmarkt nach der Jahrtausendwende. Im Business der Zukunft geht es zunehmend nicht mehr um Nicht-Enttäuschung, sondern um die *Erzeugung von Begeisterung.*

Das ist ein völlig neues Produkt. Denn bislang verkauften die großen Medien nur vordergründig News oder Unterhaltung. In Wahrheit verkauften sie Gewohnheiten: den Morgen mit Zeitung und Zigarette, den Abend mit Tagesschau und Tatort.

Diese Gewohnheiten waren ein fast unzerstörbares Geschäftsmodell. Der einzige Fehler, den ein Medium wie Zeitung oder TV früher machen konnte, war, seine Kunden mit Gewalt zu vertreiben. Das primäre Produktionsziel war also die Nicht-Enttäuschung: eine Art gehobene Routine.

Doch das ist Geschichte. Der Schock des Internets geht für traditionelle Medien weit über den Einbruch an Werbeeinnahmen hinaus. Er trifft den Kern des Produkts. Nachrichten und Unterhaltung lösten sich von den Trägermedien und von festen

Zeiten. Damit bricht ein Jahrhundertgeschäft zusammen: der Verkauf von Ritualen.

Sowohl klassisches TV wie klassische Zeitungen waren primär Gratismedien: TV war durch Gebühren und Werbung, die Zeitung zu mehr als achtzig Prozent durch Werbung finanziert. Deshalb sind auch die wichtigsten Routinen dieser Medien darauf getrimmt, möglichst viel Quote und möglichst wenig Ärger zu machen.

Doch jetzt wandelt sich die Kundschaft radikal: Sie wurde durch das Internet wählerischer, flexibler, untreuer, unzufriedener und ist zunehmend atomisiert.

Es ist kein Wunder, dass Zeitungen gerade bittere Jahre erleben. Denn alles, was jahrzehntelang als gute Arbeit galt, wird nicht mehr honoriert. Die Werbung springt ab, die Leser zahlen nicht, Prestige und Macht bröckeln, die eigene Verlagsetage wird zur Mördergrube: Jahr für Jahr plant sie neue Entlassungen.

Das hängt damit zusammen, dass das Produkt nicht mehr stimmt. Die Verwaltung von Nachrichten, die tägliche Lieferung einer Portion Wissen und Unterhaltung konkurriert heute nicht nur mit dem gigantischen Informationsangebot des Netzes, sondern mit dem gesamten Unterhaltungsangebot: mit Games, Filmen, Twitter, Facebook, YouTube und Co.

Das Publikum ist immer weniger bereit, für traditionelle Arbeit zu zahlen, also dafür, dass es nicht enttäuscht wird. Es muss zuverlässig immer neu erobert werden, um das Abonnement zu halten oder um über die Paywall zu springen. Es darf nicht passiv zufrieden, es muss aktiv begeistert sein.

9.3 Die Strategie für die Zeitung von morgen, Teil II
Das Wagnis

Wie aber schafft die Zeitung den Sprung ins 21. Jahrhundert? Die zentrale Maßnahme fast aller Zeitungen während der Krise waren Sparprogramme. Die wichtigste publizistische Frage hieß dabei: Wo nicht sparen?

Einige versuchten es mit der Nischenstrategie. Sie massierten ihre Kräfte an einem Punkt: etwa im Lokalen, in der Meinung oder in der Kriminalberichterstattung. Doch das Resultat waren schmale Blätter mit schmälerem Publikum.

Etwas erfolgreicher bei den Lesern waren die Zeitungen, die ihre reduzierten Kräfte täglich neu bei den großen Themen sammelten. Die also den Pflichtanteil an mittellangen Nachrichten reduzierten – zugunsten von Schwerpunkten, Hintergrund, Kür.

Die vornehme Formel für diese Strategie lautet: Die Tageszeitung wird zur täglichen Wochenzeitung. Aber man könnte dieselbe Idee mit gleichem Recht anrüchiger formulieren: Heute fahren auch seriöse Zeitungen eine Boulevardstrategie. Sie überlassen den Fluss der Nachrichten dem Netz und setzen die Themen selbst. Damit arbeiten sie im Kern wie Boulevardblätter: Es geht nicht primär um die Nachrichtenlage, sondern um die Einfälle dazu.

Das zeigt: Die Leute, denen die Tageszeitung nur als verblassendes Auslaufprodukt gilt, sehen nicht genau hin. In ihrem Überlebenskampf mutiert die gute, alte, biedere, zuverlässige, bürgerliche Tageszeitung zu einem ziemlich aufregenden Hybrid von Tageszeitung, Wochenzeitung und Revolverblatt. Die Zeitung des 21. Jahrhunderts ist quasi Bürgerin, Grand Dame und Nutte in einem.

Damit ist die heutige Zeitung von ihrer Konzeption her ein aufregendes Produkt: die Zuverlässigkeit eines Pedanten, gepaart mit dem Blick eines Professors und den Überlebensinstinkten eines Verbrechers – der totale Journalismus.

Nur: Ganz so aufregend liest sich das Resultat nicht, bis heute jedenfalls. Es ist auch nicht allzu erfolgreich. Die Auflage selbst renommierterer Zeitungen stagniert bestenfalls. Etwas fehlt.

Nur was? Das Problem der Tageszeitung ist nicht nur der Mangel an Geld. Sondern auch an Gedanken.

Zwar haben die Tageszeitungen unter dem Druck der Krise ihre Formel für den täglichen Mix verändert. Aber sonst nichts. Ihr Produkt bleibt der Mix. Dieser war früher einfach: alle Nachrichten plus eine Prise Unterhaltung. Heute ist er einiges komplexer. Beim *Tages-Anzeiger* gilt etwa die Faustregel, dass jeder veröffentlichte Text (idealerweise) in einer von drei Kategorien hervorragend sein sollte: in Stil, Relevanz oder Recherche.

An einigen Tagen gelingt das erstaunlich gut: Man findet oft zwei, drei wirklich hinreißende Artikel. An einigen Tagen sogar bis zu fünf oder sechs. Also genug, um einen Leser zufriedenzustellen.

In der Tat ist die Zeitung mit der Konzentration auf weniger, aber konsequentere Artikel besser als vorher. Nur löst auch diese Strategie das Kernproblem langfristig nicht: Wie das heutige Publikum – verwöhnt und zersplittert vom riesigen Informations- und Unterhaltungsangebot im Netz – eng an das Blatt gebunden wird. Und zwar so eng, dass es zahlt.

Um ihr Publikum zuverlässig immer wieder neu zu erobern, muss eine Zeitung mehr sein als eine Anthologie guter Texte. Gut gemachte Routine befriedigt zwar, reißt aber niemanden hin. So wie tüchtige Beamte zwar respektiert, aber nicht geliebt werden.

Doch genau das ist das harte Geschäft der Medien im 21. Jahrhundert: Damit Leute auch in Zukunft abonnieren, damit die Paywall übersprungen wird, braucht es mehr als Zufriedenheit:

Es braucht echte Überzeugung. Nur fehlt, um ein Publikum wirklich zu begeistern, die entscheidende Zutat: das Wagnis.

Ein öffentliches Wagnis fesselt ein Publikum durch weit mehr als nur den Thrill. Kühnheit schafft auch Komplizenschaft: durch die gemeinsame Furcht vor dem Misslingen, durch die gemeinsame Erleichterung, wenn man noch einmal davonkommt.

Klassiker (das vornehmere Wort für Longseller) sind fast immer Kühnheiten von gestern. In der Literatur, in der Kunst, aber auch im Business: Henri Ford erfand neben seinem Ford-T nicht nur den Fertigungsprozess neu, das Fließband, sondern auch einen radikal neuen Kundenkreis: Er bezahlte die Arbeiter so gut, dass sie das Auto auch kaufen konnten. VW lancierte mit seinem Käfer in der Zeit der schiffgroßen Autos auch gleich eine neue Philosophie: *Small is beautiful.* Und Apple eroberte seine Anhänger mit radikal neuem Design und radikal neuen Produkten.

Kühnheit schafft zwischen Machern und Publikum etwas, was als gemeinsames Projekt begriffen wird. Es ist die Zutat, die ein Nice-to-have-Produkt in einem Massenmarkt zu einem Must-have-Produkt macht. Auch Zeitungen waren bei ihrer Geburt einst kühne Produkte, die Waffe des erwachenden Bürgertums.

Doch das ist zweihundert Jahre her.

Ganz verblasst ist der Geist nicht. Wenn man fragt, wann sich ein Leser in ein Medium verliebt hat, dann war es immer ein Wagnis: eine gefährliche Enthüllung, eine atemberaubende Analyse, ein unglaublich frecher Kommentar. Das Problem bei der Produktion davon jedoch ist: Echte Enthüllungen und Geistesblitze sind auch in großen Redaktionen seltener Stoff: förderbar, aber nicht industrialisierbar. Die Frage ist, wo die systematisch arbeitende Kühnheit ansetzen sollte. Also welche Tabus gebrochen werden sollten.

Gesellschaftlich sind nur wenige übrig: Sex und Angriffe auf Politiker sind längst Industrieartikel. Seit der Finanzkrise ist selbst Kritik an Banken und Managern tief in der bürgerlichen Mitte der Gesellschaft angekommen. Außerdem sind einige der bestehenden Tabus schlicht sinnvoll: etwa ein Minimum an Höflichkeit, der Verzicht auf Verschwörungstheorien oder die Treibjagd auf Minderheiten.

Der Weg nach rechts ist auch versperrt. Wie die Auflageentwicklung von *Weltwoche* und *Basler Zeitung* beweisen (beide haben zweistellig Prozente verloren), bleiben als Unterstützer nur ein paar missionarische Milliardäre.

Wo also Tabus verletzen, ohne Dummheiten zu schreiben? Der Trick besteht darin, systematisch die eigenen Gewohnheiten zu brechen – wie HBO. Denn dies sind die Tabus, bei denen man kompetent ist: die der eigenen Branche. Und an Auswahl herrscht kein Mangel. Journalismus ist ein über Jahrhunderte erprobtes Gewerbe – kein Wunder, dass es in Ritualen erstarrt ist.

Die Frische, die Wucht, der Erfolg der HBO-Serien basiert nur oberflächlich auf dem Bruch amerikanischer Prüderie. Zwar gibt es Sex, Flüche, Verbrechen, aber das ist das Gewürz, nicht das Fleisch. Entscheidend war bei HBO der Bruch mit den Konventionen der eigenen Branche.

HBO war auf mehreren Gebieten gleichzeitig Pionier. Es arbeitete mit Autoren als Verantwortlichen statt als Zudienern, mit der Eroberung der Nachtseite des Daseins als zentralem Serien-Stoff, mit dem Verzicht auf ein breites und der Konzentration auf ein überzeugtes Publikum, dem Setzen auf Geschichten statt auf Tests und mit veränderbaren Hauptfiguren statt ewig gleichen Charakteren. HBO brach systematisch die ästhetischen, produktions- und marketingtechnischen Regeln der eigenen Branche.

Das Resultat beim Publikum war mehr als Zufriedenheit: Komplizenschaft. Eine, die weit genug ging, nicht nur das

Abonnement zu zahlen. Sondern die auch die Kabelgesellschaften einschüchterte, die von HBO höhere Gebühren wollten. Der berühmteste Slogan von HBO lautete: »Es ist nicht Fernsehen. Es ist HBO.« Es ist die Revolte gegen das eigene Medium, die ein Publikum fesselt.

Und so ist das zentrale Erlebnis, das eine Zeitung heute noch der Leserschaft liefern kann, die Neuerfindung der Zeitung selbst.

Was würde HBO tun, angenommen, es wäre ein Verlag? Sieht man die Tageszeitung, diese routinierte Riesenmaschine, einmal mit dem Blick der HBO-Bosse an, dann kommt man sehr schnell auf sehr viel. Hier nur eine unvollständige Skizze dessen, was fehlt – was neu, was riskant, was aufregend wäre.

- **Weißer Fleck 1**: Das Dunkle. Der riesige, finstere Bereich des Existenziellen wird im Journalismus höchstens gestreift: das Scheitern einer Ehe, das Sterben, die wahren Motive, Ängste, Nebengedanken. Das Geständnis wäre eine kühne, neue journalistische Form.
- **Weißer Fleck 2**: Das Helle. Erstaunlicherweise existiert auch das Gegenteil kaum: ein Journalismus der Freundlichkeit, der Höflichkeit, des Charmes. An positivem Journalismus gibt es fast nur das tote Verkäuferlächeln der PR-Artikel. Ein ganzes Genre ist zu erfinden.
- **Weißer Fleck 3**: Das Intellektuelle. Das Feld der Intellektuellen ist von den Intellektuellen verlassen. Dabei bestünde – wie etwa der Erfolg der *NY Review of Books* zeigt – enormer Bedarf nach Klarheit: nach den großen Erzählungen zur komplexen Welt von heute.
- **Weißer Fleck 4**: Die Großstadt. Die großen Städte werden von ihren Zeitungen falsch angegangen: durch Lokalpolitik und Geografie. Dabei sind die großen Städte im Kern Brutstätte des Ehrgeizes. Sie zerfallen in Szenen. Etwa in Banker-,

Theater-, Hip-Hop-, Werber-, Presse-, Schwulen-, Kunst-, Politikszene. Eine Zeitung brauchte Szenenkorrespondenten, die die jeweiligen Karrieren, die Dos und Don'ts, die Skandale und Erfolge beschreiben. Damit übertragen sie die nervöse eklektische Energie der Städte ins Blatt. Und werden für ein neues Publikum unverzichtbar: Die Zeitung nicht zu lesen, würde zum Karrierenachteil.

- **Weißer Fleck 5**: Das Nichtweiße. Soziologisch gesehen, dominiert in den Redaktionen eine Monokultur: weiße Männer mittleren Alters aus der Mittelklasse. Redaktionen gleichen, vor allem, wenn man sich der Chefetage nähert, Südafrika vor Aufhebung der Apartheid. Dort treffen sich die Chefs gelegentlich zu Brainstormings, wie man den schrumpfenden Lesermarkt erweitern könnte. Etwa um Frauen, Junge und Eingewanderte.

- **Ungenutzte Ressource 1**: Stil. Dieser ist die Hälfte der Botschaft. Warum zum Teufel kennen Zeitungen fast nur einen?
- **Ungenutzte Ressource 2**: Fortsetzungen. Mit dem Konzept der Konzentration auf die großen Themen betritt die seriöse Zeitung zwar das Reich des Boulevards. Was die seriöse Zeitung aber nicht beherrscht, ist die Kunst des Ziehens von Geschichten über mehrere Tage: Wie sehen Interviews, Recherchen, Geständnisse, Nachrichten als Fortsetzungsroman aus? Brauchen langfristige, mal eskalierende, mal ruhende Entwicklungen wie die Finanzkrise nicht auch im Print flexible, also blogartige Gefäße, die mal kurz, mal ausführlich, mal ironisch, mal Volkshochschule sind?
- **Ungenutzte Ressource 3**: Relaunches. Warum läuft die Erneuerung meist top-down? Und endet in mühsam kommunizierten Retuschen? Warum daraus nicht ein Ereignis machen, mit Leserkonferenzen, Redaktionskonferenzen, einen öffentlichen Wettbewerb der Ideen? Ein Spektakel, das – da die Chefetage am Ende entscheidet – schon genügend zivili-

sierte Ergebnisse bringen wird? Das aber den Vorteil hat, dass mehr Leute sich mit dem Blatt identifizieren? Und dass der vermehrte Energieaufwand wieder eingespart werden kann, weil die Neuerungen nicht mehr endlos kommuniziert werden müssen? Und warum immer eine Totalrevision statt einem rollenden Relaunch, der nicht das Gesamtblatt, sondern Einzelteile renoviert?

- **Ungenutzte Ressource 4**: Expeditionsteams. Warum nicht aus dem Kern des Journalismus selbst ein Spektakel machen: den Fragen und der Recherche? Etwa mit Expeditionsteams, die über Wochen hinweg eine (von den Lesern bestimmte) ungelöste Frage bearbeiten, bis sie gelöst ist: Wie beeinflusst Lobbying die Politik? Verschwindet die Mittelklasse? Gibt es eine Möglichkeit, die Managerherrschaft wieder loszuwerden?
- **Ungenutzte Ressource 5**: Selbstausbeutung. Warum macht kein Verleger den Vorschlag, die Gehälter um zwanzig Prozent zu kürzen, dafür weitere Leute einzustellen und das beste Blatt der Branche zu machen? Die meisten Journalisten, die ich kenne, wären verrückt genug, darüber sogar glücklich zu sein.

Einer der ersten Haupteinwände gegen Obiges ist das Risiko: Bekenntnisjournalismus etwa könnte, schlecht gemacht, grausam peinlich werden, Expeditionsteams könnten sich in Details verlieren wie ihre Vorgänger in der Arktis – und der Gedanke an eine Zwanzig-Prozent-Lohnkürzung im Gegenzug für einen ernsthaften verlegerischen Plan ist schlicht ekelhaft.

Doch genau so sollten Ideen für eine Zeitung von morgen sein: Ohne echtes Risiko keine Kühnheit, keine Atemlosigkeit im Publikum, kein Beweis des Könnens der Redaktion.

Der zweite Haupteinwand ist ernsthafter: Die Größe des Publikums. HBO hat das Glück, in den USA zu arbeiten. Hier zählt selbst ein überzeugtes Nischenpublikum (oder genauer bei

HBO: mehrere Nischenpublika) Millionen von Köpfen. Die Monatsgebühr beträgt 12 Dollar. In Deutschland oder der Schweiz kostet ein Zeitungsabonnement das Drei- bis Vierfache. Klappt das?

Dazu ist zu sagen: Die Alternativen sind kaum risikoärmer. Bis auf große Finanzblätter und die beste Zeitung der Welt, die *New York Times*, hat sich die Paywall so gut wie nirgendwo rentiert. Fragt man in den Verlagsetagen in Deutschland oder der Schweiz oder in Österreich nach, was das Geschäftsmodell in der Zukunft sein wird, ist die Antwort ein verständnisloses Schweigen: Das weiß doch niemand.

Und auf die simple Frage »Was ist unser Kerngeschäft in drei, fünf, fünfzehn Jahren: Print, Paywall oder Online-Reichweitenwerbung?« kommt die Antwort: Irgendwie alles.

Das Beruhigendste, was die Verlagsbranche mitteilt, ist ein halbes Schreckensszenario: Fakt ist, dass die Gesellschaft stark überaltert. Und Zeitungen sind in der Seniorenunterhaltung führend – bei Leuten, die in ihrer Jugend die Gewohnheit der Zeitung beim Morgenkaffee annahmen. Das heißt: Zwanzig Jahre geht das Geschäft sicher noch weiter. Nur gemeinsam mit dem Publikum schrumpelnd.

Etwas vom Seltsamsten ist die Zuversichtslücke von Journalisten und Verlagsetage. Auf Verlegerkongressen herrscht die allgemeine Meinung: Wir machen ein hervorragendes Produkt. Das einzige Problem sind ein paar Professoren, die kritische Artikel über Demokratie und Presse schreiben. Und Google. Und die Subventionen für das staatliche Fernsehen.

Ich fürchte, das stimmt nicht. Das Produkt selbst ist faul. Die Zeitungen von heute sind zwar professionell gemacht und oft besser als ihr Ruf. Doch sie sind Produkte einer Vergangenheit, entworfen für ein Publikum, das aufhört, zu existieren. Und das gilt nicht nur im Print, sondern im Kern auch für die Online-Ausgabe. Beide sind nicht an eine neue, fragmentierte Leserwelt angepasst.

Um in der neuen Welt erfolgreich zu sein, muss die Zeitung mehr als nur ins Netz gebracht werden: weg von der Befriedigung des alten Gewohnheitspublikums, hin zur Erzeugung von Begeisterung und Überzeugung bei einem neuen. Die Zeitung braucht Können und Kühnheit: eine neue Ästhetik, neue Routinen, neue Ziele.

Wir müssen mit der Zeitung tun, was HBO mit dem Fernsehen getan hat: das Medium neu erfinden. Das wäre die Aufgabe unserer Generation.

Nachwort zum Problem der Magie
Warum es beim Schreiben keine Garantie gibt

Das Buch ist zu Ende. Es ist Zeit für eine peinliche Wahrheit. Eigentlich geht es immer um Magie. In der Liebe, auf der Bühne, beim Schreiben, im Sport. Fleiß und Handwerk sind nur die Voraussetzung. Aber ohne Zauber sind sie nur der Ersatz für die wirkliche Sache.

»Kunst«, so die Gegenthese zu Arno Holz, »ist Natur plus x.« An dieser Formel ist vor allem das x interessant. Tatsächlich ist der Unterschied zwischen einem handwerklich tadellosen und einem wirklich gelungenen Text so deutlich fühlbar wie nicht zu definieren. Der eine arbeitet sich vorwärts, der andere schwebt. Wer das nicht weiß, hat wenig begriffen. Raymond Chandler nannte die Schriftsteller, die ohne Inspiration arbeiten, »Maschinenwärter der Literatur«. Oder: »Kleine Leute, die vergessen haben, wie man betet.«

Der religiöse Akzent trifft die Sache unangenehm genau. Das Verblüffende an jeder Kunst ist – wenn es klappt – die Verwandlung von Totem in Lebendiges. Dass eine Konstruktion von abstrakten Zeichen – Farben, Noten, Buchstaben – plötzlich zu atmen beginnt. Nicht umsonst bedienen sich fast alle Beschreibungen von Kunstwerken beim Vokabular von Religion und Magie. Hier der Schluss einer der berühmtesten Schilderungen eines Kunstwerks, Thomas Manns Beschreibung des Faust-Oratoriums:

Nein, dies dunkle Tongedicht lässt bis zuletzt keine Vertröstung, Versöhnung, Verklärung zu. Aber wie, wenn der künstlerischen Paradoxie, dass aus der totalen Konstruktion sich der Ausdruck – der Ausdruck als Klage – gebiert, das religiöse Paradoxon entspräche, dass aus tiefster Heillosigkeit, wenn auch als leise Frage nur, die Hoffnung keimte? Es wäre die Hoffnung jenseits der Hoffnungslosigkeit, die Transzendenz der Verzweiflung – nicht der Verrat an ihr, sondern das Wunder, das über den Glauben geht. Hört nur den Schluss, hört ihn mit mir: Eine Instrumentengruppe nach der anderen tritt zurück, und was übrig bleibt, womit das Werk verklingt, ist das hohe G eines Cellos, das letzte Wort, der letzte verschwebende Laut, in pianissimo-Fermate langsam vergehend. Dann ist nichts mehr – Schweigen und Nacht. Aber der nachschwingend im Schweigen hängende Ton, der nicht mehr ist, dem nur die Seele noch nachlauscht, und der Ausklang der Trauer war, ist es nicht mehr, wandelt den Sinn, steht als ein Licht in der Nacht.

Eine etwas nüchternere Definition des Sachverhalts gibt Walter Moers in seinen Zamonien-Romanen. Eine Substanz namens »das Orm« entscheidet beim Schreiben, was ein echter Wurf und was sofortiges Altpapier ist. Die trockenste Definition liefert eine Fansite mit folgendem Lexikon-Beitrag:

Das sogenannte »Orm« ist eine Art gestalterische Machtenergie, die jedes wahrhaft künstlerisch schaffende Wesen durchzieht und es zu immer neuen Höchstleistungen antreibt. »Orm« ist das Öl auf dem Mitternachtslicht, die Fahrkarte vom Genie zum Wahnsinn und wieder zurück.

Nicht jeder Künstler besitzt das Orm, ja, es wird von vielen minderen Köpfen, die es nie verspürt haben, für eine Fabel gehalten, in Witzen verspottet und ins Reich des Nicht-Existenten verwiesen. Für den jedoch, der seiner Wirkung auch nur ein einziges Mal erlag, steht seine Existenz felsenfest.

Leider gelingt es den wenigsten, das Orm festzuhalten oder es auch nur als regelmäßigen Gast ins Atelier oder in die Schreibstube zu bekommen. Wo Kreativität sich in Gelderwerb wandelt, wo die Inspiration dem Schaffensdruck weichen muss, wo die Fantasie auf dem Altar der unbezahlten Rechnung geopfert wird, da flieht nach Ansicht erfahrener, durchormter Künstler diese Kraft; und wenn man Pech hat – auf Nimmerwiederspüren.

Das Verblüffende im Leben ist ja, dass die Dinge, die wirklich zählen, nicht zuverlässig fabrizierbar sind. Sie sind Geschenke. Man kann sich zwar mit einigem Aufwand jemandem angenehm machen – aber zur Verliebtheit bleibt ein riesiger Sprung. Man kann nachdenken – aber eine echte Erkenntnis trifft einen meist als Blitz. Man kann tippen, aber zum Schreiben – ja, verdammt.

Kein Wunder, dass die meisten vernünftigen Autoren süchtigen Spielern gleichen. Tricks, Erfahrungen, Fleiß, Zähigkeit sind nur die Chips, die man setzt. Sie sind unverzichtbar als Einsatz – ohne sie sitzt man nicht mal am Tisch. Aber sie enthalten keine Garantie auf Gewinn. Manchmal scheint sogar, dass die Chancen mit der Höhe des Einsatzes sinken: Zäh erarbeitete Texte sind oft nur okay. Die paar wirklich zählbaren Sachen entstehen fast immer in der Übermüdung, im blinden Flug, fast ohne Zutun – keine Ahnung, wie man das zustande gebracht hat. Die Autorenzeile darüber ist dann fast immer Betrug.

Die brutale Willkür des Gelingens hat Folgen. Man wird abergläubisch und lebt in ständiger Furcht: Dass es das gewesen ist. Für immer. Dass es nie wiederkommt. Oder nie da war. Dass man ein vertrockneter Zweig ist; ein Stück aufrechter Tod.

Der Trost dabei ist, dass Schreiben zwar ein grausames Spiel ist. Aber eines der wenigen, das sich zu spielen lohnt. Denn das Leben selbst geht nicht anders vor. Das wirklich Neue kommt fast immer per Geburt in die Welt, nicht durch Entwicklung.

Die Dinge, die Geschichte machen – der Fall der Berliner Mauer, das Internet, die Finanzkrise, der arabische Frühling – sehen nur im Nachhinein unvermeidbar aus. Sie kamen unberechenbar, unvorhersehbar, in Schüben.

Dies ist auch der Grund, warum Hochrechnungen immer nur im langweiligen Fall stimmen. Warum die Risikoberechnungen der Banken alle paar Jahre an einem Ereignis scheitern, das laut Statistikern nur alle tausend Jahre vorkommen dürfte. Und warum der Staunende oft mehr sieht als der Wissende. Denn wirkliche Neuigkeiten – gute und schreckliche – haben regelmäßig die Struktur eines Wunders: Etwas ist plötzlich da. Die Geburt des Neuen zu entdecken – oder ersatzweise der neue Blick auf Bekanntes –, ist die wichtigste, anspruchsvollste Aufgabe des Journalismus.

Dass das Publikum nicht die berechenbare Ware, sondern die Sensation, nicht das routiniert Gemachte, sondern den Wurf im Gedächtnis behält, ist ein altes Gesetz der Branche. Es mag einem manchmal unfair erscheinen. Etwa, wenn das Publikum die Meldung über die Ente mit drei Köpfen liest, aber den Leitartikel zur Finanzpolitik nicht. Trotzdem zeigt das Publikum damit einen feinen Instinkt. Denn das Unwahrscheinliche, Plötzliche bleibt zwar meist nur Anekdote. Aber es könnte auch ein Anfang sein.

Die Unberechenbarkeit der Welt – und die Unberechenbarkeit des Schreibens – macht Journalismus zu einem romantischen Beruf. Sicher, meist ist man mit Routine beschäftigt, mit einem Obduktionsbericht, einer Mängelrüge oder anderen Aufräumarbeiten. Aber das ist nur die Art, wie man sich die Zeit beim Warten vertreibt.

Kein anderer Text verändert das Leben wie eine Geburtsanzeige.

Dank

Man ist im Journalismus nur so gut wie die Leute an seinen Nebentischen. Ich danke den unabezähmbaren, klugen, aufsässigen und inspirierenden Kollegen aus der *WOZ*, insbesondere dem Inlandressort. Und den fast ebenso unmöglichen Kollegen des *Tages-Anzeigers*, insbesondere dem Reporterteam. Ohne Euch wäre der Beruf sehr einsam.

Dank auch Michael Spittler, mit dem zusammen ich den Krimi *Das Unglück* schrieb. In den drei Wochen, wo wir das Buch Satz für Satz durchsprachen – und versuchten, uns gegenseitig die schlechtesten und besten Passagen zu killen –, habe ich mehr zum Reden über das Schreiben gelernt als in zehn Jahren Germanistikstudium.

Dank aber auch den Auftraggebern: Professor Ulrich Stadler, der nichts gegen die Idee hatte, als Licentiatsarbeit ein How-to-do-it-Buch mit dem Titel *Blut aus Tinte. Das Handwerk des Krimischreibens* anzunehmen. Dank an Oliver Classen, der für die *Werbewoche* eine (leicht unterbezahlte) Kolumne über Journalismus bestellte. Und meinen heutigen Chefs Michael Marti, Peter Wälti und Res Strehle, die für den »Deadline«-Blog das Budget bewilligten. Wie der Dichter Brendan Behan sagte:»Möge die gebende Hand nie zittern.«

Dank auch an Rachel Vogt, die das ganze Projekt mit Ideen, Rat und Kritik unterstützte. Und an Lynne, die das ganze Projekt ebenso kompetent zu sabotieren versuchte.

Ich liebe euch sehr.

Register

Adjektive 97, 148 f.
Anders machen 35 ff., 296 ff., 301 ff.
Anekdoten 79 ff., 134, 162 ff., 234
Anti-Mainstream 133, 287 ff.
Archivstorys, große 52 ff., 155 ff.
Arendt, Hannah 40 f.
Auftrag, Gefahren des 63 ff.
Autorenzeile 312

Begeisterung, als Ziel 19 ff., 297 ff., 303 ff.
Bekenntnisse 186, 307
Betrügen, sich und andere 92, 132, 137, 179, 234
Blattkritik 281 ff.
Blick, neuer 57 ff., 313
–, um 360 Grad herum 63 ff.
Blindheit, eigene 58, 63 ff., 132 ff.,
–, fremde 54 ff., 58, 84, 287 ff.
Bodyguards, bei Polemiken 107
Buchkritiken 101 f.

Chandler, Raymond 85, 94 f., 117, 130, 310
Chefredaktion 140 f., 208, 225 ff., 281 ff.
Checkliste, Größe 246 f.
–, Ideen 36 ff., 67 ff.
–, Kolumnen 224
–, Lesernutzen 273 ff.
–, Thesen 134 f.
Close-up 121 ff.

Debatte, gesellschaftliche 46 f., 133 f., 245, 287 ff.
Demokratie 239, 287 ff., 308
Denkverbote 251, 292 ff.
Detektiv, der Journalist als 50 ff.
Doppelnatur 239 ff.
Dramaturgie 92, 106, 161 ff., 174, 184
Dreimaster 145 f.
Dreispalter 159 ff.

Ehrungen 248 ff., 260 ff.
Eigennamen 146
Erfolg, gefährlicher 260 ff.
Experten 136 ff.

Fälschungen 201 ff.
Fragen 46 ff., 140
Frechheiten, das Überleben von 237 ff., 250, 105 ff.
Freiheit, als Währung 257 ff., 298
Friedell, Egon 162 f.
Frühpensionierung 236

Gegenöffentlichkeit 52
Gehalt und Honorar 225 ff., 263 f., 307
Geheimnisse, Ort der 50 ff., 57 ff.
Genres, undankbare 136 ff., 159 ff., 177 ff.
Gerechtigkeit, bösartige 220 ff., 257 ff.
Gernhardt, Robert 194, 267 ff.

315

Gewohnheiten, beim Zeitungs-
lesen 17, 267ff., 299ff., 308f.
Größe, Pflicht zur 244ff.
Großstadt, Zeitung für die 301ff.

Hammett, Dashiell 116f.
HBO 296ff., 304ff.
Heine, Heinrich 192
Historiker, Journalist als 155ff.
Hitchcock, Alfred 35, 45, 122, 178

Ich-Artikel 181ff.
Ideen, der Lärm um 45f.
–, zerstörerische 67ff.
–, zu entwickelnde 57ff.
Idioten, Umgang mit 270ff., 278ff.
Improvisieren 79, 178
Inspiration 33ff., 79f., 210ff.,
    220ff., 310ff.
Intellektuelle 21, 305
Interviews 37ff., 166ff., 185, 306
Ironiezeichen 150f.

Jargon 145, 166, 189f.

Kameraführung 120ff.
Kaninchenzüchter-Artikel 27ff.
Kinderfragen 58ff.
Klickzahlen 271
Klischees, umgedrehte 61f.
Kolumnen 205ff.
Kommentare 67ff., 106f., 139f.,
    144ff.
Kommunikationsmodell, in Kürze
    27ff.
Kompetenz, ausgestrahlte 21, 37
Königsdrama 171ff.
Körper, Beschreibungen von 114ff.
Korrektheit, politische 248ff.,
    287ff.

Korruption 252ff., 257ff.
Kritik, Umgang mit 248ff., 278ff.
Krugman, Paul 53ff.

Leib-Seele-Problem 114ff.
Lesererwartungen 267ff.
Leserkommentare 177ff., 244ff.,
    270ff., 278ff.
Lesernutzen 31ff.
Lichtenberg, Georg Christoph 102,
    104, 118, 150, 222, 247
Lieblinge, umzubringende 67ff.,
    144ff.
Liveticker 177ff.
Lob 92, 272ff., 279f.

Machthaber 110ff., 166ff., 171ff.,
    287ff.
Magie 98, 297, 310ff.
Mann, Thomas 110, 310
Marke, der Journalist als 181ff.
Meinungen 210ff., 217, 272ff.,
    287ff.
Metaphern, lebendige 93ff.
–, tote 151f.
Mittelklasse 69ff., 200, 306f.
Motto 40f., 105f.
Mut 53, 66, 208, 248ff., 279ff.

Naseweisheiten, coole 84f.
Niederlagen 37, 184ff.

Offensichtliches, unentdecktes 51,
    57ff.
Opportunismus 132, 237f., 239ff.,
    289
Orm 311f.

Paralleluniversen, publizistische
    290ff.

Plausibilität, Bedingung für 130
Poe, Edgar Allan 50
Polemiken 31 ff., 292
Porträts 63, 114 ff., 161 ff., 166 ff.
Privatleben, als Quelle 211 ff.

Quark, zu verarbeitender 101 ff.,
    136 ff., 166 ff.

Radio 38, 91
Ratteninseln 77 ff., 79 ff.
Recherche 27 ff., 35 ff., 50 ff., 63 ff.,
    79 ff., 134, 184, 246
Redaktion 147 f., 160, 207 ff., 231 ff.,
    239 ff., 301 ff.
Redigieren 127 ff.
Regieanweisungen, stehen
    gelassene 151
Relaunches 160, 306 f.
Relevanz, Formel für 167
Reportage 65 f.
Respekt 18, 103, 110 ff., 249, 257
Ressorts, Grenzen der 37 ff., 241 ff.
Rhythmuswechsel 85, 120 ff.

Salgarismus 146 f.
Satire 220 ff., 238
Schachtelsätze 130, 144 ff.
Schande, die eigene 263 ff.
Scheiß-Detektor 129 ff., 132 ff., 136 ff.
Schluss, Disclaimer 72
–, Durchlesen vor dem 141 ff.
–, Verbindung des Anfangs mit
    dem 124 ff.
Schockeffekte 95 f., 187 ff.
Schreiben, Kompliziertheit
    des 67 ff., 263 ff.
Schwurbel 103, 110 ff., 145, 278
Scoops 18, 55, 181
Sicherheit, der Fluch der 46 f.

Spezialist, wie man einer wird
    249 f.
Sprache, als Gegenwelt 98 ff.
Sprecher, Margrit 65 f.
Stil, geklauter 192 ff., 199 ff.
–, guter 129 ff.
Storyideen, uralte 45
Storys, ein Skelett für 87 ff., 91 ff.,
    171 ff., 192 ff., 199 ff.
Stunts 183 f., 273
Synonyme, unnötige 150
Szenetexte 187 ff., 268, 305 f.

Tabu, das größte im Journalismus
    59
Tageszeitung, Strategie der 31 ff.,
    161 ff., 252 ff., 285 ff.
Telefonterror 137 f.
Themen, große 46, 244, 246, 306
Thesenartikel 132 ff., 287 ff.
Trends 133, 136 f., 233 ff.

Übergänge 87 ff.
Umfragen 139 f.
Unbestechlichkeit, der Ruf von 237
Ungewöhnliches, als Kon-
    zept 35 ff., 73 f., 297 ff.
Unique selling proposition 31

Verführung, von Lesern 275 ff.
Verkaufen, von Artikeln 137, 185 f.,
    231 ff.

Waffen, publizistische 97, 105 ff.,
    165, 239, 249, 301 ff.
Wagnisse 181 ff., 237 f., 248 ff., 301 ff.
Watergate 53, 239
Weitwinkel 50 ff., 120 ff.
Wie-Vergleiche 93 ff., 117
Wilde, Oscar 102, 104

Wirklichkeit, unperfekte 63 ff.,
177 ff., 244 ff.
Witze 81 ff.
World Economic Forum 46, 111,
167, 183

Zeit, komprimierte 31 ff.
–, nicht komprimierte 177 ff.

Zitate 80 f., 101 ff., 105 ff.
Zuverlässigkeit, aber welche 240,
302
Zuversichtslücke, zwischen
Journalisten und Verlegern
308
Zwischentitel 87 ff.

Quellenangaben

Arendt, Hannah: *Wahrheit und Politik*, in: *Wahrheit und Lüge in der Politik. Zwei Essays.* © Piper Verlag, München 1972.

Bär, Hans J.: *Seid umschlungen, Millionen.* © Orell Füssli, Zürich 2004.

Büttner, Jean-Martin:»König Pascal der Erste nervt die Republik«, in: *Tages-Anzeiger*, 23. 05. 2003. © Jean-Martin Büttner 2003.

Chandler, Raymond: *Die simple Kunst des Mordes.* © Diogenes Verlag, Zürich 2009.

Chandler, Raymond: *Lebwohl, mein Liebling.* Aus dem Amerikanischen von Wulf Teichmann. © Diogenes Verlag, Zürich 1976, 2009.

Dittli, Mark:»Weshalb Austerität nicht funktioniert«, in: *Never Mind the Markets* (Blog *Tages-Anzeiger*, 26. 04. 2013). © Mark Dittli 2013.

Gernhardt, Robert: *Letzte Ölung.* © Robert Gernhardt 1985. Alle Rechte vorbehalten S. Fischer Verlag GmbH, Frankfurt am Main.

Gernhardt, Robert: *Materialien zu einer Kritik der bekanntesten Gedichtform italienischen Ursprungs*, in: *Wörtersee.* Zweitausendeins, Frankfurt am Main 1981. © Nachlass Robert Gernhardt, durch Agentur Schlück.

Glauser, Friedrich: *Der Chinese.* © Diogenes Verlag, Zürich 1989.

Goldt, Max: *Ä.* © Rowohlt Verlag, Reinbek 2004.

Hammett, Dashiell: *Der Malteser Falke.* Aus dem Amerikanischen von Peter Naujack. © Diogenes Verlag, Zürich 1974, 2011.

Krugman, Paul: *The Great Unraveling. Losing Our Way in the New Century.* W. W. Norton & Co, New York 2003.

Kuhn, Albert:»PJ HARVEY, Sängerin. Himmelschreiend«, in: *DAS MAGAZIN* des *Tages-Anzeigers*, Nr. 47/1995. © Albert Kuhn 1995.

Mann, Thomas: *Doktor Faustus.* © S. Fischer, Frankfurt am Main 1990.

Merz, Hans-Rudolf: *Die aussergewöhnliche Führungspersönlichkeit.* © Rüegger Verlag, Grüsch 1987.

Sprecher, Margrit; Hermann, Kai: *Sich aus der Flut des Gewöhnlichen herausheben. Die Kunst der Großen Reportage.* © Picus Verlag, Wien 2001.

Truffaut, François: *Mr. Hitchcock, wie haben Sie das gemacht?* © Heyne Verlag, München 2003.